Horst Petersen

Werla

gewidmet
Wolfgang, der mich zum Schreiben ermutigt hat,
sowie Susanne, Irma, Reinhard und Dörte,
die nützliche Kritik geübt haben,
und vor allem Bernd,
dem ich wertvolle Anregungen verdanke

Horst Petersen

Werla

Historischer Roman aus Niedersachsen

2. verbesserte Auflage

Impressum:

Horst Petersen
Werla
Historischer Roman aus Niedersachsen

2. verbesserte Auflage 2013

© 2013 BookOnDemand - vabaduse

ein Imprint der Westarp Verlagsservicegesellschaft mbH
Kirchstr. 5
39326 Hohenwarsleben
www.westarp.de

ISBN: 978-3-86386-560-3

Erstauflage im Selbstverlag erschienen unter ISBN 978-3-00-039392-1.

Cover: Horst Petersen

Druck und Bindung: Druckerei Kühne & Partner GmbH & Co. KG
www.unidruck7-24.de

Printed in Germany.

Alle Rechte vorbehalten, insbesondere die der
fotomechanischen Vervielfältigung oder Übernahme
in elektronische Medien, auch auszugsweise.

Vorwort

Wir hatten in der Zeitung darüber gelesen. In Werlaburgdorf bei Schladen im nördlichen Harzvorland sollte in einem Neubaugebiet ein altsächsisches Gräberfeld aus dem 10. Jahrhundert entdeckt worden sein. Da wir beide, meine Frau und ich, uns schon länger mit der deutschen Geschichte und besonders mit der Entstehungsgeschichte des deutschen Volkes und Staates beschäftigt hatten, sind wir zusammen dorthin gefahren, um uns selbst einen Eindruck zu verschaffen.

In Werlaburgdorf angekommen, fragten wir uns nach der Örtlichkeit durch und standen bald am Hang eines Hügels am Nordrand des Dorfes, wo schon eine Gruppe hübscher Einfamilienhäuser entstanden war. Vor uns lag eine große, zum alten Ortsrand hin abfallende, grün bewachsene Brachfläche, die offenbar noch bebaut werden sollte. An vielen Stellen zeigten braune, aufgeworfene Erdklumpenhügel an, dass dort gegraben worden war. Am Rande des Geländes entdeckten wir einen einsamen Bauwagen, offenbar Unterkunft und Materiallager der Archäologen. Aber von diesen war weit und breit nichts zu sehen.

Es war ein feuchter, regnerischer Tag. Die Ausgräber hatten wohl deshalb ihre Arbeit unterbrochen und das Feld verlassen. Auch am Bauwagen fand sich niemand. Als wir uns einigen Grabungsstellen näherten, stellten wir fest, dass es sich um flache Gruben handelte, die mit Plastikplanen gegen Regenauswaschung und wohl auch gegen versehentliche oder absichtliche Veränderungen durch Unbefugte gesichert worden waren. Gesichert? Konnte denn damit verhindert werden, dass jemand eine

Plane aufhob und private „Schatzsuche" betrieb? Hatten die Wissenschaftler denn keine Wache zurückgelassen?

Als wir noch suchend umherblickten, sahen wir vom Rand des alten Dorfes her einen Mann mit einem Hund auf uns zu kommen. Nachdem wir uns bekannt gemacht und den Zweck unseres Hierseins erklärt hatten, erfuhren wir, dass der Anwohner dankenswerterweise die Aufgabe übernommen hatte, während der Abwesenheit der Archäologen auf das Grabungsfeld aufzupassen. Er war auch bereit, die Plane von einer Grube etwas beiseite zu ziehen, damit wir in das flache Grab hineinschauen konnten. Wir erblickten das vollständige, unveränderte Skelett eines großgewachsenen Menschen. Aus der Form der Beckenknochen war erkennbar, dass es sich um einen Mann handelte. Er war mit dem Kopf nach Westen bestattet worden, „blickte" also nach Osten, in Richtung auf das Heilige Land, wie man in alten Zeiten annahm. Das war ein Hinweis darauf, dass die Beisetzung in christlicher Zeit stattgefunden hatte.

Um was für einen Menschen mochte es sich hier gehandelt haben? Woran mochte dieser Mensch gestorben sein? – Als wir das Skelett näher betrachteten, machten wir eine schreckliche Entdeckung. Der Mann hatte einen Schädelbruch erlitten. An seiner rechten Schläfe war der Knochen zertrümmert. Die wahrscheinlichste Ursache für diese absolut tödliche Verletzung war ein kraftvoller Hieb mit einer stumpfen Waffe. Offensichtlich war der Mann in einen Kampf verwickelt worden. Die Vermutung lag nahe, dass wir einen gefallenen Krieger vor uns hatten.

Wie mochte das Leben dieses Mannes verlaufen sein?

Das Ende der Kindheit

In den Kirchen und Klöstern des Ostfränkischen Reiches schrieb man das Jahr 915 nach der Geburt des Herrn. Der zehnjährige Volkmar saß träumend am gewundenen Ufer der Warne, die am Rande des Burgdorfes entlangfloss. Das Schiffchen aus Weidenholz, das er sich mit dem vom Vater geschenkten Messerchen geschnitzt hatte, war an den Stängeln von Wasserpflanzen hängen geblieben und drohte umzukippen. Er beobachtete es schweigend und geduldig. Geduld war seine Stärke, ebenso wie seine gute Beobachtungsgabe. Gespannt wartete er auf den Augenblick, in dem irgendein Treibgut oder ein Fisch sein kleines Fahrzeug anstoßen und befreien würde. In seiner Fantasie befand sich sein kleines Boot auf einer Erkundungsfahrt gegen die Wikinger, die die Nordgrenze des Reiches bedrohten, so hatte ihm sein Vater erzählt. – Oder hießen sie Dänen?

Bald würde auch er ein Krieger werden wie sein Vater. Er konnte es kaum erwarten. Manchmal hatte er sehnsüchtig den schweren Sax, das einschneidige Hiebschwert, angeschaut und vorsichtig berührt, das zusammen mit dem breiten Ledergürtel und dem Schwertgehänge griffbereit an der Wand hing. Der bemalte, runde Kriegsschild und die Lanze aus Eschenholz mit der scharf geschliffenen Eisenspitze lehnten in der Ecke daneben.

Er wusste, dass sein Vater Gerold regelmäßig zum Dienst in die Werlaburg, den befestigten Adelshof des herzoglichen Gefolgsmannes Thankmar, gerufen wurde, wenn sich wichtige Gäste angekündigt hatten. Gerold war zwar freier Bauer, aber dem Burgherrn zur Gefolgschaft verpflichtet. Nachdenklich blickte der Junge hinauf zu dem langgestreckten Hügel im Osten, hinter dem die Burg lag. Sein Vater hatte ihn einige Male dorthin mitgenommen. Er kümmerte sich mehr um seinen Jüngsten, seitdem sein Ältester bei einem Kriegszug gegen die Slawen gefallen war. Seine Ehefrau Uta war bei der Geburt des jüngsten Kindes gestorben. Der Säugling hatte nur noch eine Woche lang gelebt. So lagen jetzt alle drei auf dem Begräbnisplatz an dem Berghang nördlich des Dorfes. Auch Volkmars großer Bruder lag dort bestattet. Die Krieger hatten ihre Gefallenen damals nach ihrem Sieg über die Daleminzier als traurige Fracht mit nach Hause gebracht. Volkmars Vater hatte ihm das alles später erzählt, denn zur Zeit jenes Feldzuges war der Knabe erst fast zwei Jahre alt gewesen. Vater hatte auch erzählt, dass die Daleminzier Verbündete der Ungarn waren, die von den Hunnen abstammten, sich selbst Magyaren nannten und sich nach der Niederlage ihrer Waffengefährten an den Sachsen gerächt und mit einem Reiterheer in deren Gebiet eingefallen waren.

Als Volkmar sechs Jahre alt geworden war und schon etwas mehr von den Gesprächen der Erwachsenen verstand, hatte er gehört, dass König Ludwig, der letzte der ostfränkischen Karolinger, gestorben, und der Frankenherzog Konrad sein Nachfolger geworden sei. Volkmar konnte sich unter einem Karolinger nichts vorstellen und einen Franken hatte er auch noch nicht kennengelernt. Es mussten wohl besondere Menschen sein, wenn sie sogar König werden konnten. Und was ging ihn der König auch an? König des Ostfränkischen Reiches, was war das überhaupt? Hier war doch Sachsen! Ein König hatte sich hier noch nicht blicken lassen. Vielleicht hatte er gar kein Interesse daran, die Sachsen vor den Angriffen der räuberischen Ungarn zu schützen. Die Angegriffenen mussten sich eben selbst helfen. Es war ein Glück für sie, dass ein Jahr nach der Erhebung Konrads auf den Königsthron der tatkräftige Heinrich, ein Enkelsohn Herzog Liudolfs und Sohn Herzog Ottos, ebenfalls Herzog von Sachsen wurde. Er war beliebt und genoss das Vertrauen seiner Landsleute.

Nun waren inzwischen wieder vier Jahre vergangen, und dem Jungen stand eine einschneidende Veränderung seines Lebens bevor. Er hatte seinem Vater schon seit Tagen angesehen, dass er etwas mit ihm vorhatte, was er ihm aber noch nicht sagen wollte. Als sie beide vor ein paar Tagen abends zum Gräberfeld am Nordhang hinaufgegangen waren und am Grabe des großen Bruders standen, legte der Vater ihm seine großen Hände auf die Schultern und sagte in ernstem Ton: „Volkmar, du bist nun seit Thietmars Tod mein Ältester und sollst einmal in seine Fußstapfen treten. Dazu gehört, dass du Erfahrungen außerhalb unseres Hofes sammelst. Ich habe daher beschlossen, dich für einige Zeit zu meinem Schwager und Kriegskameraden Ingo in Sudburg zu geben. Er ist ein welterfahrener Mensch und ein tüchtiger Kämpfer. Da er wegen einer Verletzung nicht mehr regelmäßig zu den Waffenübungen eingezogen wird, hat er mehr Zeit als ich, dich so auszubilden, wie es sich für einen gesunden jungen Mann aus unserem Sachsenvolk gehört. Außerdem wirst du dort eine andere landschaftliche und dörfliche Umgebung kennenlernen, die deinen Gesichtskreis erweitert und dich schneller erwachsen werden lässt. Durch einen Boten, der von der Werla nach dem Goselager aufbrechen musste, habe ich Ingo meinen Wunsch ausrichten lassen. Derselbe Bote hat mir die

Antwort überbracht: Ingo ist einverstanden und freut sich, mir einen Gefallen zu tun. Außerdem kann sein Hof eine tüchtige Hilfe gebrauchen". Bei diesen Worten klopfte der Vater ihm ermutigend auf die Schulter und beendete seine ungewohnt lange Rede mit den Worten: „Nächste Woche am Morgen nach dem Tag des Herrn reiten wir".

Die nächsten Tage verbrachte Volkmar in angespannter und aufgeregter Erwartung. Bald würde er Abschied nehmen müssen vom väterlichen Hof, der bisher seine ganze bekannte Welt gewesen war – abgesehen von den kurzen Ausflügen zu Thankmars Burg. Erst jetzt wurde ihm bewusst, wie schön und vertraut das ganze Gehöft war. Gedankenlos war er überall herumgelaufen und hatte alles als selbstverständlich genommen. Erst jetzt, wo die Trennung bevorstand, betrachtete er Haus und Hof bewusst und mit ganz anderen Augen. In Gedanken versunken umrundete er mit langsamen Schritten den Schutzzaun, den sein Vater aus Eichenpfählen gesetzt und mit einem Flechtwerk aus Haselruten versehen hatte. Wotan, der schwarze Wachhund, ließ es sich nicht nehmen, ihn dabei zu begleiten. Ständig hatte er dabei seine Nase am Boden, um nach Spuren von Hase, Reh und Igel zu fahnden. Vom Hofgelände wehte der vertraute Geruch des Misthaufens herüber, von dessen Höhe der bunte Hahn seinen weithin schallenden Ruf ertönen ließ. Der Hund ließ sich dadurch nicht beirren. Die Hühner wie auch das übrige Federvieh und die Schweine, Schafe, Rinder und Pferde gehörten zu seiner Familie und waren seinem Schutz anvertraut. Diese ganze Tierfamilie lebte nach alter Sitte gemeinsam mit den Menschen unter dem weit heruntergezogenen, strohgedeckten Dach des langen

Wohn-Stallhauses, dessen Fachwerk mit lehmbeworfenem Weiden- und Haselgeflecht gefüllt war. Im Winter hatten es alle zusammen schön warm. Es fiel dem Jungen erst jetzt auf, dass der Dachfirst etwas gewölbt war, so dass das Ganze ein wenig wie ein großes, umgedrehtes Boot aussah. Das Wohnhaus für das Gesinde war ähnlich gebaut. Es war nur nicht so groß wie das Haupthaus. Etwas abseits stand der Speicher auf seinen vier Stelzen. Er war nur über eine Leiter zu betreten. Volkmar hatte manchmal dort oben gesessen und über den Hofzaun hinweg die Umgebung beobachtet.

Mit etwas Wehmut umfasste der Knabe mit einem Rundblick das ganze Gehöft, auf dem wie immer emsiges Leben und Treiben herrschte. Die unfreien, an den Hof gebundenen Bewohner des Gesindehauses, die zur Gesellschaftsschicht der Laten gehörten und nur innerhalb ihres Standes heiraten durften, waren mit den verschiedensten Arbeiten beschäftigt. Es wurden Werkzeuge hergestellt und ausgebessert und die vielen Tiere versorgt. Eine Kinderschar – Volkmars Spielgefährten – tollte auf dem teilweise mit Feldsteinen gepflasterten Hofplatz herum und versuchte mit viel Geschrei ein Schwein einzufangen, das beim Füttern aus seinem Stall entwischt war. Einem Jungen, der es an den Ohren packen wollte, war es zwischen die Beine geraten, und so musste er unter dem schadenfrohen Gelächter der anderen eine Strecke rücklings auf dem quiekenden Borstentier reiten.

Im Augenblick bereitete man sich auf die Aussaat des Getreides vor, das auf den rundum angelegten Feldern wachsen sollte. Das Dorf zog sich am Ufer des Warnebaches entlang. Jede Hofstelle lag wie eine Insel inmitten der kleinen Ackerflächen, für die jeder Bauer allein verantwortlich war. Jeder Friling saß wie ein König auf seinem eigenen Land. Das schloss aber nicht aus, dass man sich in Notfällen untereinander half.

Diese kleine Welt, mit der Volkmar bisher untrennbar verbunden gewesen war, sollte er nun bald für längere Zeit verlassen.

Die Reise nach Sudburg

Nun war es soweit. Gerold hatte seine beiden Kriegspferde gesattelt und ein Packpferd beladen, da er seinem Schwager noch einiges mitnehmen wollte. Seinen Hof hatte er in der Obhut eines bewährten Laten gelassen. In einer Woche wollte er wieder zurück sein.

Volkmars Pferd war ein ruhiges Tier und folgte willig dem temperamentvollen Hengst des Vaters, der das Packpferd neben sich führte. Volkmar musste sich erst an den harten Sattel gewöhnen, dessen Holzgestell mit dem Fell eines Damhirsches bezogen war. Damit seine Beine bis zu den hölzernen Steigbügeln reichten, hatte Gerold die Bügelriemen stark kürzer schnallen müssen. Wenn der Sattel nicht so hart gewesen wäre, hätte man sich darauf wohl fühlen können, denn die Form war vorn und hinten stark hochgezogen, so dass der Reiter einen festen Sitz hatte. Der Sattelgurt wurde von Zeit zu Zeit auf strammen Sitz überprüft. Wie viele erfahrene Reitpferde hatten auch Gerolds Tiere die Angewohnheit, beim Aufsatteln den Brustkorb zu weiten, damit der Gurt später nicht so ungemütlich fest saß. Volkmar hätte allenfalls seitlich aus dem Sattel gleiten können. Aber er hatte ja schon einige Male auf einem Pferd gesessen und gelernt, sich mit den Knien festzuklammern. Er war ja – wie jeder sächsische Junge – früh an den Umgang mit Pferden gewöhnt worden und hatte keine Scheu vor den großen Tieren. Schon öfter hatte er, auf einem ungesattelten, ruhigen Pferd sitzend, die kleine Herde seines Vaters zur Schwemme bei der Warnefurt geführt. Aber ein so langer Ritt in einem Kriegssattel war doch ungewohnt. Deswegen ritt der Vater aber auch die ganze Zeit im Schritt, um seinen Jüngsten nicht gleich zu überfordern.

Gerold war bis auf ein Messer am Gürtel unbewaffnet, da auf ihrem Ritt keine Gefahr zu befürchten war. „Na, Volkmar, kannst du noch? Was machen deine Beine?" rief er mittags dem hinter ihm reitenden Jungen zu.

„Es geht noch" antwortete Volkmar mit nicht ganz überzeugender Stimme.

„Wir kommen heute Mittag an eine Herberge. Da können die Tiere und wir uns ausruhen", beruhigte ihn der Vater und fügte hinzu: „Du wirst bald ein tüchtiger Reiter werden. Dafür wird dein Onkel Ingo schon sorgen".

Sie ritten auf einem alten Handelsweg, der in Windungen durch das fruchtbare, hügelige Harzvorland nach Süden führte. Von beiden Seiten rückten lichte Eichen- und Buchenwälder immer wieder dicht an den Weg heran, auf dem viele Wagen- und Hufspuren zu sehen waren, die den Pfad mal breiter und mal schmaler werden ließen. Wenn ein größerer Felsbrocken im Wege lag, führten die Spuren auch wohl zu beiden Seiten drum herum. Wenn ein Dorf in der Nähe war, wich der Wald zurück und machte kleineren und größeren Feldern Platz. Der Handelsweg folgte ungefähr dem Lauf des Okerflusses und verließ das Gewässer immer dort, wo es galt, eine größere Stromwindung abzuschneiden.

Wo die Baumwipfel einen Blick auf das langsam näher rückende Harzgebirge erlaubten, sah Volkmar scheu zu den dunklen Hängen hinüber, die von dem gewaltigen Brockenmassiv überragt wurden. Insgeheim fürchtete er sich ein wenig vor den Unholden, die dort oben ihr Wesen treiben sollten. Aber er beruhigte sich bei dem Gedanken, dass sein Onkel ja nicht oben in den Bergen wohnte, sondern unten am Rande des Gebirges, wo der Okerfluss zwischen den Felswänden herauskam. So hatte sein Vater ihm das erklärt.

Gegen Mittag kamen die beiden tatsächlich bei dem Dorf an, in dem die ersehnte Herberge lag. Schon aus einiger Entfernung konnten sie erkennen, dass zufällig ein Händler dort Station gemacht hatte. Seine beiden mit Handelsgütern beladenen Wagen standen unter Bewachung zweier Knechte vor dem Gasthof. Die Zugpferde waren abgeschirrt und wahrscheinlich in einen Stall gebracht worden. Vor dem Gebäude aber hatte sich eine ungewohnt große Menschenmenge versammelt. Alle blickten auf jemanden, der in der Mitte stand und offenbar etwas Interessantes zu berichten hatte. Selbst die zahlreichen Dorfhunde, die sonst jeden Neuankömmling anzukläffen pflegten, strichen neugierig um die Menschentraube herum, ohne von den beiden näherkommenden Reitern Notiz zu nehmen.

Gerold und Volkmar freuten sich schon auf den erfrischenden Trunk, den sie in der Herberge zu sich nehmen wollten, und veranlassten ihre Tiere zu einer etwas schnelleren Gangart. Als sie jedoch nahe genug heran waren, erkannten sie an den besorgten Mienen der Menschen, dass etwas Ernstes und Wichtiges diskutiert wurde. Als die außen Stehenden den näher kommenden Hufschlag vernahmen, wandten sie sich um und blickten mit fragenden Mienen zu Gerold hoch, so als wenn sie von ihm eine Nachricht erwarteten. Nun war auch dessen Interesse geweckt. Er zügelte sein Pferd und sprang ab. „Was ist denn hier los?", fragte er einen jungen Mann, der gerade aus der Herberge herauskam und schnellen Schrittes in Richtung Stall ging.

„Hast du es noch nicht gehört?", erwiderte der andere, „Die Ungarn sind wieder ins Sachsenland eingefallen. Der Händler hat die Neuigkeit mitgebracht. Sie kamen diesmal von Süden und sind durch die westfälischen Gaue nach Norden gezogen. Im Sturmigau sollen sie geplündert und Häuser in Brand gesteckt haben. Der Händler hat von Flüchtlingen gehört, dass Verden sich auf einen Angriff vorbereitet. Im ganzen Stammesgebiet sind die Meldereiter unterwegs. Die Krieger werden zu ihren Sammelplätzen befohlen, um weitere Anweisungen abzuwarten. Alle übrigen Personen sind aufgefordert, die nächste erreichbare Fluchtburg aufzusuchen. Keiner weiß, in welcher Richtung die Räuber weiter vorstoßen werden. Herzog Heinrich zieht in aller Eile ein Heer zusammen, um den Gegner zu stellen. Wir wollen hoffen, dass es ihm diesmal gelingt! – Aber nun muss ich mich beeilen. Meine Verwandten im Nachbardorf wissen noch nichts von der Gefahr." Nach diesen alarmierenden, hastig ausgesprochenen Worten lief er zu den Stallgebäuden hinüber, holte sein Pferd heraus, warf sich auf das ungesattelte Tier und jagte davon.

Vater und Sohn waren nun sehr beunruhigt. Sie banden schnell ihre Pferde an einen in der Nähe stehenden Pfahl und drängten sich zu dem Händler durch, der immer noch neben dem Wirt in der Mitte der Menschenansammlung stand und aufgeregte Fragen beantwortete. Schon an seiner Kleidung war erkennbar, dass es sich um einen Franken handelte. Ruhig und sachlich gab er Auskunft. Er war über Hameln und Hildesheim gekommen und dann weiter in Richtung Harz gezogen. Zu seinem Glück war er mit seinen Begleitern nicht ahnungslos in das ungarische Heer hineingelaufen, da er von Flüchtlingen rechtzeitig gewarnt worden war. Die Ungarn hatten eine Schneise der Verwüstung durch das Land gezogen. Der Händler war an zahlreichen niedergebrannten Gehöften vorbeigekommen, als er die Zugrichtung des feindlichen Heeres kreuzte. Nun war er froh, dieser Geißel der Menschheit vorläufig entronnen zu sein.

Gerolds vorher entspanntes Gesicht war sorgenvoll. „Volkmar, wir müssen sofort weiter. Aus der Pause wird nichts. Wenn ich dich zu Ingo gebrachte habe, muss ich sofort zurückreiten und mich auf der Werlaburg melden. Ich rechne zwar nicht damit, dass der Feind so nah an den Harz heranzieht, dass ihr in Gefahr geratet. Aber jetzt lass uns keine Zeit verlieren!" Sie liefen zu ihren Pferden, banden sie eilig los und stiegen auf. Aus dem vorher geruhsamen Schritttempo wurde nun abwechselnd Trab und Galopp. Im Trab musste sich Volkmar mühsam im Sattel halten, da er noch nicht darin geübt war, leicht zu traben, indem er jeden zweiten Schritt des Pferdes mit seinen Beinen abfederte, um so den harten Stoß auf den Rücken des Tieres zu vermeiden. Im Galopp hingegen ritt es sich wesentlich einfacher. Trotzdem war der Junge erleichtert, als sie endlich gegen Abend am felsigen Gebirge und bei dem Dorf seines Onkels angekommen waren.

Der nichtsahnende Ingo empfing sie freudig, wurde jedoch schnell ernst, als er die beunruhigenden Neuigkeiten erfahren hatte. Gerold entschied sich, den Pferden eine Nacht Ruhe zu gönnen und erst am nächsten Morgen die eilige Heimreise anzutreten.

In Ingos Dorf entwickelte sich noch am Abend eine fieberhafte Tätigkeit. Alle wehrfähigen Männer rüsteten sich mit ihren Waffen aus, bestiegen ihre Pferde, und bald danach galoppierte die kleine Truppe in Richtung Goselager davon. Über die zurückbleibende Bevölkerung, die aus Frauen, Kindern und älteren Männern bestand, übernahm Ingo das Kommando, der zwar auf Grund seiner Beinverletzung nicht mehr wehrtauglich war, aber durch seine langjährige Kriegserfahrung genau wusste, was jetzt zu tun war. Er wählte einige Jungen aus, die unter Aufsicht eines alten Kriegers von erhöhten Geländepunkten aus das Harzvorland zu beobachten hatten. Wenn es zu dunkel wurde, sollten sie sich zum Dorfeingang zurückziehen und rechts und links des Weges in Deckung Wache halten. Es wurden regelmäßige Ablösungen eingeteilt. Auch der junge Volkmar musste sich daran beteiligen.

Die verbliebenen Männer und die Frauen bekamen Anweisung, die Ochsen vor die Ackerwagen zu spannen und so viele Nahrungsvorräte wie möglich für Mensch und Vieh aufzuladen. Auch wichtige, schwer ersetzbare Gegenstände wie zum Beispiel Ackergeräte, Werkzeuge und Webstühle mussten mitgenommen werden. Die kleinen Rinder-, Schaf- und Ziegenherden wurden zusammengetrieben, und dann bewegte sich der ganze Zug ein Stück weit in das Okertal hinauf, wo zwischen den Felsen schon vor Generationen ein sicherer Zufluchtsort vorbereitet war, der einer ganzen Dorfgemeinschaft Platz bot und leicht zu verteidigen war. Der schmale Zugang konnte durch absichtliches Hinabstürzen von Felsbrocken fast unpassierbar gemacht werden. Jedenfalls konnten Pferde dann nicht mehr hindurch. Und das war bei der Abwehr von Reitern natürlich sehr wichtig. An bestimmten Stellen lagen Haufen von faustgroßen Steinen bereit, die als Wurfgeschosse verwendet werden konnten. Die Männer hatten einen Vorrat an gebündelten Wurfspeeren geschultert, ihre langen Eschenbögen in der Hand, und ihre ledernen Pfeilköcher waren prall gefüllt.

Die alte, am Hang des Suderberges gelegene Wallanlage, die vor langer Zeit zur Bewachung der nahen Okerfurt angelegt worden und später nach einem verheerenden Brand aufgegeben worden war, erschien Ingo als Rückzugsort nicht mehr sicher genug, da die Befestigung schon lange nicht mehr instand gehalten worden war.

Drei Tage lang hielten sich die Leute in ihrer Fluchtburg versteckt. Als aber die Posten auch am vierten Tage nichts Auffälliges entdecken konnten und ein reitender Bote meldete, dass zwischen dem Goselager und der Hornburg alles ruhig sei, zogen sie wieder in ihre verlassenen Gehöfte zurück. Ingo bestand aber darauf, die Wagen mit dem Fluchtgepäck abmarschbereit stehen zu lassen und lediglich regensicher abzudecken. Auch wurde zunächst ein regelmäßiger Wachdienst beibehalten, jedoch nach ein paar ereignislosen Tagen wieder aufgegeben, da auf den Höfen jede helfende Hand gebraucht wurde. Ingo schickte lediglich einen berittenen Doppelposten etwa drei Kilometer ins Flachland hinein, wo an der ersten Wegegabelung an einem erhöhten Punkt eine Beobachtungsstelle eingerichtet wurde. Die beiden Wachleute wurden täglich abgelöst.

So vergingen vierzehn Tage, in denen sich das gewohnte Dorfleben wieder einspielte. Natürlich blieb unterschwellig immer das Gefühl einer drohenden Gefahr bestehen. Die zur Heerfolge gerufenen Krieger waren noch nicht zurückgekehrt. Über die allgemeine Lage im Reich war niemand unterrichtet.

Die Erzählung des Großvaters

Volkmar hatte zuerst Mühe, sich in die neue Familie hineinzufinden, zumal sein Mutterbruder ein strenger, herrischer Mann war. Aber Tante Hiltrud und seine beiden fünfzehn- und siebzehnjährigen Vettern machten es ihm etwas einfacher, indem sie ihn mit allen notwendigen Arbeiten in Haus und Hof vertraut machten. Vieles kannte er zwar schon von zuhause, aber einiges war ihm doch fremd. In der Pferdepflege kannte er sich schon aus, aber ungewohnt waren ihm die vielen Ziegen, die sein Onkel hielt und deren Milch getrunken und zu Butter und Käse verarbeitet wurde. Wie gebuttert wurde, wusste er schon, weil sein Vater zwei Kühe im Stall stehen hatte. Die Arbeit am Butterfass wurde meistens von der Magd, der Tochter eines Laten, verrichtet. Und so war es auch hier beim Onkel. Allerdings schmeckte die Ziegenbutter ungewohnt streng. Mit der Zeit gewöhnte er sich aber daran. Auch mit den Ziegen kam er bald ganz gut zurecht, obwohl mit dem Bock nicht zu spaßen war. Es war man gut, dass sich Volkmar schnell mit Luchs, dem Hütehund, angefreundet hatte. Der wies den Ziegenbock, wenn der angriffslustig wurde, in seine Grenzen. Die Hörnertiere merkten aber bald, dass ihnen von dem neuen Sippenmitglied keine Gefahr drohte, sondern dass sie hinaus ins Freie durften, wenn er auftauchte. Denn es war Volkmar zur Aufgabe gemacht worden, die Tiere regelmäßig auf die Bergweide zu treiben und sie dort gemeinsam mit dem Hund zu bewachen.

Ab und zu wurde er stundenweise von einem anderen Jungen beim Hüten abgelöst, wenn er sich beim Onkel zu Reit- und Waffenübungen einfinden musste. Ingo versammelte dann eine Gruppe von Jugendlichen verschiedenen Alters um sich, um sie im Kriegshandwerk zu unterrichten. Außer dem Reiten standen Bogenschießen und der Umgang mit Schild, Schwert, Sax, Lanze und Wurfspeer auf dem Plan. Laufen, Springen und Klettern brauchten sie nicht zu lernen, denn die Jungen waren ja von Kindesbeinen an von morgens bis abends draußen unterwegs und wetteiferten in ihren abenteuerlichen Spielen miteinander. Die Übungswaffen waren für die Jüngeren natürlich leichter als für die Älteren. Schwerter und Saxe waren selbstverständlich aus Holz gefertigt und stumpf. Mit den Übungsbögen aus Eschenholz wurden sie von einem Nachbarn versorgt, der im Bogenbau besonders erfahren war. Dabei waren Länge und Stärke der Waffe der jeweiligen Körpergröße und Kraft des Schützen angepasst. Die Pfeile wurden von den Jungen selbst hergestellt. Das war weit schwieriger als es aussah und musste oft geübt werden, da die werdenden Krieger auch manchen verschossenen Pfeil ersetzen mussten, der im

Gelände nicht wiederzufinden war. Das Anleimen der vom Schmied gefertigten eisernen Spitzen mit Birkenteer an die Pfeilschäfte aus Kiefernholz und besonders das Festkleben und spiralige Anwickeln der zugeschnittenen Gänsefedern erforderte viel Feingefühl.

Ingo ließ bald erkennen, dass er mit seinem neuen Schüler zufrieden war. Volkmars Geschicklichkeit wuchs von Woche zu Woche. Abends durften die Jungen schon mit den Erwachsenen zusammen auf der Diele des Langhauses um die Feuerstelle sitzen und den Erzählungen der Alten zuhören. Damit hatte Volkmar anfangs einige Schwierigkeiten, da er mit dem ungewohnten Dialekt der Dorfleute nicht zurechtkam. Eines Abends wagte er zu fragen: „Warum sprecht ihr so ein seltsames Sächsisch? Ich kann eure Mundart schwer verstehen." Die Männer schmunzelten über den vorlauten Knirps, der sich in das Gespräch der Erwachsenen eingemischt hatte. Onkel Ingo sagte: „Wir sprechen Sächsisch, aber du hast recht: unsere Abstammung ist cheruskisch. Wenn du hören würdest, wie sich unsere Dorfältesten unterhalten, würdest du wahrscheinlich kaum ein Wort verstehen."

Das Gespräch drehte sich immer wieder um die Einfälle der ungarischen Reiterhorden in das Sachsengebiet. Hier am Tor zum Harzgebirge fühlte man sich einigermaßen sicher. Aber die letzten Meldungen erzeugten doch ein mulmiges Gefühl. Bisher war es den sächsischen Kriegern trotz kleinerer Erfolge noch nicht gelungen, die Gefahr endgültig zu bannen. Die fremden Reiterscharen auf ihren flinken, ausdauernden Pferden waren einfach zu schnell im Lande und ebenso schnell mit ihrer Beute wieder weg. Und wenn es einmal zu einer militärischen

Begegnung kam, dann war man im freien Gelände meistens der beweglichen Taktik des Gegners nicht gewachsen. Besonders dem mörderischen Pfeilhagel, den die Feinde schon von weitem im rasenden Galopp vom Pferderücken aus von ihren, kurzen, aber weittragenden Reiterbögen losließen, hatten die Sachsen wenig entgegenzusetzen. Die einheimischen Krieger suchten nach alter, germanischer Tradition den Nahkampf. Aber dazu ließ der Feind sie nicht kommen. Es war jedes Mal zum Verzweifeln! Die sächsischen Kämpfer hatten Verluste an Männern und Pferden, ohne ihre eigenen Waffen wirksam einsetzen zu können.

Einer der jungen Nachwuchskrieger stellte die Frage in den Raum: „Ob es uns jemals gelingen wird, mit den Ungarn fertig zu werden?" Ein nachdenkliches Gemurmel war zunächst die Antwort.

Da ergriff der Großvater, der auf seinem Ehrenplatz in der Nähe des Feuers saß, das Wort. „Wir müssen nur zusammenhalten und klug und energisch vorgehen", sagte er. Als alle ihn fragend ansahen, stemmte er sich ächzend von seinem Lehnstuhl hoch und fügte hinzu: "Ich will euch mal etwas zeigen". Mit langsamen Schritten ging er zur Wand, an der eine schwere Eichentruhe stand. Er öffnete die Riegel, klappte den Deckel zurück und begann, in dem Inhalt herumzukramen. Von ganz unten förderte er längliches Bündel aus Leinentuch zutage, das er in beide Hände nahm und schweigend damit in die Runde zurückkehrte. Die anderen hatten ihm gespannt zugesehen. Nun faltete der weißhaarige Alte feierlich das Tuch auseinander. Zum Vorschein kam eine breite, gerade, reich verzierte Messerscheide aus Bronze, die unten in ein knaufartiges Ende auslief. Der oben herausragende Griff der Waffe war ebenfalls durch eingearbeitete Silberfäden verziert. Der Großvater zog den eisernen Dolch kurz heraus und zeigte ihn den anderen, die sich neugierig ebenfalls erhoben hatten. „Dies ist ein uraltes Familienerbstück", sagte er, „das seit langer, langer Zeit immer an den ältesten Sohn oder – wenn kein Sohn vorhanden war – an den ältesten Schwiegersohn weitergegeben wurde. Es ist ein Beutestück und erinnert an einen großen Sieg, den unsere Vorfahren vor vielen hundert Jahren errungen haben, als ebenfalls fremde Truppen, die aber von Sonnenuntergang über den Rhein gekommen waren, in unserem Lande wüteten. Ein Held aus unserem Volke, ein Cherusker, führte damals eine Armee aus cheruskischen Kriegern und Kämpfern befreundeter Stämme an. Mit List und Tapferkeit gelang es ihm, den gewaltigen Heerwurm der Gegner zu besiegen. Dies hier ist ein Kampfmesser der feindlichen Soldaten. Es hat wohl einem Höhergestellten gehört." Damit steckte er die gut eingefettete Waffe wieder in die Scheide zurück, deren ehemals goldfarbenes Metall sich im Laufe der langen Zeit mit grünlich schimmernder Patina überzogen hatte.

„Dieses kostbare Stück bedeutet ein Vermächtnis", fuhr der Alte fort, „Es soll uns immer daran erinnern, dass Einigkeit stark macht. Ich bin zuversichtlich, dass wir eines Tages auch mit dem heutigen Gegner fertig werden". Nach diesen Worten wickelte er das Beutestück sorgfältig wieder ein und legte es in die Truhe zurück.

Nun konnten sich die Jungen in ihrer Neugierde nicht mehr zurückhalten. „Wie nannte man diese fremdartige Waffe?", fragte einer, „ein Sax ist sie nicht. Man konnte sehen, dass sie beidseitig geschliffen ist. Und wer war dieser cheruskische Held, den du erwähnt hast?"

„Die Waffe nannte man *Pugio*, ein Wort aus der Sprache der Feinde; und der Held, der unsere Freiheit erkämpft hat, hieß Sigifred. Bei den Feinden hieß er aber *Arminius*."

Der Bericht des Großvaters war natürlich das Hauptgesprächsthema für den Rest des Abends. Einige hatten an langen Winterabenden schon einmal eine der alten Geschichten gehört, in denen Sigifred eine Rolle spielte. Es war etwas Aufregendes, plötzlich einen Gegenstand zu sehen, der aus der Zeit dieses sagenhaften Helden stammte.

Die erste Begegnung

Volkmar hatte sich bei seinem Onkel als Ziegenhirt bewährt. Er genoss jedes Mal den Duft der von der Morgensonne erwärmten Kräuter auf der sanft ansteigenden Bergwiese, die gleich jenseits des Weges begann, an dem das Haus seiner Verwandten lag. Luchs, der Wolfsspitz, der ihm beim Hüten Gesellschaft leistete, konnte es immer kaum erwarten, nach draußen zu kommen. Volkmar und der Hund hatten sich angefreundet. Sie verbrachten ja auch die meiste Zeit miteinander. Das Tier hatte sich angewöhnt, vor dem Lager des Jungen zu schlafen, so als wenn er ihn bewachen müsste. Sobald Volkmar morgens die Augen aufschlug und sich auf seinem Lager reckte und dehnte, saß der Hund sofort mit aufgestellten Ohren neben ihm und stupste ihn ungeduldig mit der Nase an.

Dann folgte ein leichtes Kratzen mit der Pfote. Wenn das alles noch nicht half, leckte er seinem Freund über das Gesicht. Das machte den Jungen vollends munter. Gähnend wühlte er sich aus seinen Decken. Onkel und Tante waren schon vorher wach geworden. Die Frau hantierte bereits an der Feuerstelle, um die Morgenspeise zu bereiten.

Luchs stand schon an der Tür und blickte auffordernd zum Jungen hoch in der Erwartung, dass er ihn gleich nach draußen ließe. Volkmar tat ihm gern den Gefallen. Wusste er doch, dass der Hütehund es liebte, morgens erst einmal die nähere Umgebung zu erkunden, um mit seiner feinen Nase festzustellen, wer sich alles während der Nacht in der Nähe des Gehöfts herumgetrieben hatte. Luchs stellte sogleich fest, dass der Marder wieder da gewesen war. Der interessierte sich für die Hühner. Aber die saßen des Nachts auf ihren Stangen über den Ziegen im Stallteil des Hauses. Für den Marder rochen sie zwar verführerisch, aber gleichzeitig witterte er auch den Hund, seinen Todfeind, und so traute er sich nicht, durch den Spalt in der Bretterwand zu schleichen.

Aufmerksam folgte der Hund der Spur des Marders, die rund um das Haus führte und auf das dichte Gestrüch jenseits des Weges zustrebte. Emsig schnuppernd ging Luchs um das Gebüsch herum und blieb dann plötzlich wie angewurzelt stehen, während seine Nackenhaare sich sträubten. Die Witterung eines Bären wehte auf ihn zu. Bär und Wolf, das waren Feinde, von denen Gefahr ausging, vor allem für die kleine Ziegenherde, die Volkmar und er zu schützen hatten. Der Bär war hier gewesen! An manchen Stellen konnte man die Abdrücke seiner Füße im sandigen Boden sehen. Aber die Prankenabdrücke interessierten den Hund nicht. Er ließ sich von dem alarmierenden Duft führen, der in der Luft neben der sichtbaren und manchmal auch unsichtbaren Fährte zu spüren war. So lief er eine Weile mit gesenkter Nase neben der Spur entlang und kehrte dann um. Er war beruhigt, weil die Fährte sich von dem Gehöft seines Herrn entfernte. Der Bär war nicht mehr in der Nähe.

Inzwischen hatte Volkmar sich an einem Wassertrog vor dem Hause gewaschen und mit Onkel und Tante das einfache Frühstück aus Dörrobst und Gerstenschrot mit Ziegenmilch eingenommen. Der Junge trat vor die Tür, um nach dem Hund zu sehen und ihm seine Portion in einem Holznapf auf den Boden neben dem Eingang zu stellen. Da war sein vierbeiniger Freund auch schon! Mit dankbarem Schwanzwedeln nahm er sein Frühstück entgegen.

Nun wurde es auch Zeit, die Ziegen auf die Weide zu führen. Schon stieg die Morgensonne über die in der Nähe aufragenden Granitfelsen und ließ die Tautropfen auf den Halmen der Gräser und Kräuter wie bunte Edelsteine blitzen. Als Volkmar die Stalltür öffnete, drängten die braunen, gehörnten Tiere auch schon mit freudigem Meckern nach draußen, wo der Spitz sie mit hellem Gebell in Empfang nahm. Der alte Bock gab dem Hund einen freundlichen Stups mit den Hörnern und führte seine Herde dann den grasbewachsenen Hang hinauf zu den vereinzelt stehenden Hasel- und Holunderbüschen, von deren Blättern die Tiere gern naschten. Auch die Schlehen und die jungen Ahornbäumchen waren vor ihnen nicht sicher. Man konnte es den Büschen ansehen, dass die Ziegen sich für sie interessierten: Die unteren

Teile der Sträucher waren fast kahlgefressen. Die gehörnten Nimmersatte stellten sich schon mit den Vorderfüßen an den Stamm und auf die unteren Äste und machten einen langen Hals, um mit ihrem gefräßigen Maul noch mehr Blätter und dünne Zweige zu erreichen, die zwischen ihren unermüdlichen Zähnen zermahlen wurden.

Volkmar saß auf einem von der Sonne angewärmten Felsblock und beobachtete eine Eidechse, die im Geröll mit der Fliegenjagd beschäftigt war. Der Eschenspeer mit der eisernen Spitze, den sein Onkel ihm als Waffe gegen Raubzeug gegeben hatte, lag neben ihm am Boden. Der Hütehund hatte es sich in einiger Entfernung zwischen ihm und der verstreut grasenden Herde im Kraut gemütlich gemacht, knabberte an seiner Pfote, wo ihn wohl irgendetwas gestochen hatte, und blickte ab und zu beiläufig zu den Ziegen hinüber. Ein junges Zicklein sprang auf den Spitz zu wie um ihn zum Spielen aufzufordern. Der Hund sah dem Spielkameraden entgegen, erhob sich auf den Vorderpfoten, blaffte leise und wedelte. Doch dann plötzlich ruckte sein Kopf nach rechts in Richtung auf den Weg und er sprang auf. Seine Ohren waren aufgestellt, und ein leises Knurren kam aus seiner Kehle.

Volkmar wurde aufmerksam. Er blickte zum Weg hinüber, den er aber nicht voll übersehen konnte, da ein Brombeergebüsch ihm die Sicht versperrte. – Und jetzt hörte er es auch. Ein Geräusch kam langsam näher. Es war eindeutig der Hufschlag eines Pferdes. Kam ein Nachbar auf Besuch zu seinem Onkel? Der Junge erhob sich schon, um zum Weg hinunter zu laufen, wich aber sofort hinter einen Strauch zurück, als er den Reiter erblickte, der langsam im Schritttempo den Weg heraufkam. Er war mit Sicherheit kein Sachse, sondern ein Fremder. Volkmar hatte noch nie einen solch fremdartigen Krieger gesehen. Denn ein solcher war es. Das ließ sich unschwer an seiner Kleidung und Bewaffnung erkennen. Er war mit pelzbesetztem Leder bekleidet und trug eine Fellkappe. Die starke Lederjacke hatte hinten einen hohen Kragen, der den Nacken schützte. Auf dem Rücken hing außerdem ein runder, lederner Schild. Die Beine des Reiters steckten in kniehohen Stiefeln. In der linken Hand, die gleichzeitig die Zügelhand war, hielt er quer über den Sattel einen gespannten Bogen, der kürzer war als die langen Eiben- und Eschenbögen der Sachsen, aber dennoch stark aussah. Auch hatte er eine ungewohnte, eigenartig geschwungene Form, während die sächsischen Bögen im gespannten Zustand eine gleichmäßige Biegung hatten. Der Mittelteil des Bogens war mit Fell umwickelt. Dadurch – das wusste auch der sächsische Junge – war der Abschuss eines Pfeils, dessen Holzschaft sonst direkt am harten Material des Bogens entlanggleiten würde, so gut wie unhörbar. Auch die sächsischen Jäger benutzten diesen Trick. Der Köcher mit den Pfeilen hing an der linken Seite des Pferdes vor dem Sattel. Die gefiederten Enden der Geschosse ragten griffbereit über das Sattelhorn hinaus. Vor dem linken Knie des Reiters hing am Sattelknauf ein in Schlaufen zusammengelegtes, dünnes Seil. Am breiten, mit bunten Fäden verzierten Ledergürtel des Fremden war ein langes, gekrümmtes Messer in einer ledernen Scheide befestigt. Außerdem hing in einer Lederschlinge eine keulenartige Waffe. Das Pferd, ein brauner Hengst oder Wallach, war kleiner als die Sachsenpferde, aber kräftig gebaut. Es war auf eine fremde, nichtsächsische Art aufgezäumt. An den

Verbindungsringen der einzelnen Lederriemen baumelten anscheinend irgendwelche Amulette.

Volkmar hatte Gelegenheit, alles in Ruhe zu betrachten, denn der fremde Krieger ließ sein Ross immer noch im Schritt gehen, wobei er aufmerksam den gewundenen Weg vor sich beobachtete. Augenscheinlich handelte es sich um einen Kundschafter. Zu welchem Volk gehörte er? Für wen war er unterwegs? Was wollte er hier? Ein eisiger Schreck durchzuckte den Jungen. War das etwa einer von den gefürchteten Ungarn? Volkmar spürte, dass von dem Mann eine Gefahr ausging. Sein Herz begann stark zu klopfen. Seine Hände, die unbewusst den im Grase liegenden Speer aufgenommen hatten, wurden feucht vor Aufregung. Noch hatte der Fremde ihn nicht gesehen!

Volkmar sah das Gehöft seines Onkels dort hinten an der Wegbiegung liegen. Im Augenblick war dort niemand zu sehen. Die Leute waren ahnungslos! – Aber was konnte ein einzelner Krieger ihnen schon anhaben? Der Onkel und seine beiden Knechte wussten sich zu wehren! Trotzdem – man musste sie warnen! Jedoch als der Junge sich gerade in Bewegung setzen wollte, um auf einem kleinen Umweg durch die Büsche zum Gehöft zurückzulaufen, blieb er wie erstarrt in Deckung stehen. Auf dem Weg war ein zweiter Reiter aufgetaucht. Er war dem ersten in einigem Abstand gefolgt. Auch er blickte sichernd nach allen Seiten und hatte seinen Bogen schussbereit quer über dem Sattel liegen. – Und dreißig Schritte zurück kam nun noch ein dritter, der sich immer wieder im Sattel umwandte, um den Weg hinter sich zu beobachten!

Es war Volkmar nun klar, dass es sich um einen Spähtrupp handelte, der den Eingang zum Okertal erkunden sollte, und dass irgendwo im Vorland eine größere Truppe auf das Ergebnis der Erkundung wartete. Die drei Kundschafter hatten die weidenden Ziegen sicher längst gesehen, kümmerten sich aber noch nicht darum. Der junge Sachse überlegte fieberhaft, wie er seine Leute warnen könnte, ohne von den Fremden gesehen oder gehört zu werden.

Da zügelte der vorderste Reiter plötzlich sein Pferdchen und hob wortlos die rechte Hand. Offenbar hatte er das etwa drei Pfeilschussweiten vor ihm liegende Gehöft entdeckt. Auch die beiden anderen hinter ihm hielten sofort ihre Tiere an und verharrten regungslos, wobei sie ihre Abstände zueinander beibehielten. Der Führer des Spähtrupps ließ sein Pferd einige Schritte seitwärts treten, um hinter einem Gesträuch besser gedeckt zu sein. Seine Zügelhand bewegte er dabei nicht. Offenbar gehorchte das Tier allein dem Schenkeldruck.

Einen Augenblick herrschte Stille. Dann konnte Luchs, der treue Hirtenhund, der bislang im hohen Gras kaum zu sehen gewesen war, nicht mehr an sich halten. Er machte ein paar Sätze in Richtung auf die Fremden und stieß ein drohendes Gebell aus. Die Köpfe der Reiter zuckten in seine Richtung, und die Späher übersahen mit einem Blick die Lage. Der vordere gab, ohne seinen Beobachtungsposten zu verlassen, ein paar kurze Handzeichen. Sofort legte der zweite mit einer fließenden Bewegung einen Pfeil auf die Sehne seines gespannten Bogens, zog das gefiederte Ende an seinen Mundwinkel und ließ den Todesboten in Richtung auf den in erreichbarer Entfernung stehenden Hund los. Das Geschoss traf ihn in die Hinterkeule. Luchs jaulte auf und hinkte noch ein paar Schritte weiter. Da traf ihn auch schon ein zweiter Pfeil mit tödlicher Genauigkeit und mit solcher Wucht zwischen die Rippen, dass er auf der anderen Seite ein Stück herausragte. Der Hund fiel lautlos auf die Seite und bewegte sich nicht mehr.

Der Anführer der Gruppe zeigte jetzt stumm auf das Ziegenlamm, das sich immer noch in der Nähe des Hundes aufhielt. Sofort zischte ein dritter Pfeil durch die Luft, der das Tier in den Rücken traf und es zusammenbrechen ließ. Schon hatte der Schütze sein struppiges Pferdchen den Hang hinaufgetrieben und war im Handumdrehen bei dem tödlich verletzten Zicklein angekommen. Elastisch glitt er aus dem Sattel, zog sein Messer und durchschnitt seiner Beute die Kehle. Den mitgebrachten Bogen legte er neben sich ins Gras. Dann machte er sich sofort daran, die Pfeile aus den Körpern von Ziege und Hund herauszuschneiden. Volkmar, der aus seinem Versteck heraus alles atemlos mit angesehen hatte, konnte erkennen, dass es sich um Geschosse mit Widerhaken, also um Kriegspfeile handelte.

Der erste und der letzte Reiter hatten währenddessen ihre Standorte nicht verlassen. Nur der mittlere befand sich jetzt auf der Bergwiese und – wie Volkmar bei seinen Übungen schätzen gelernt hatte – in Speerwurfweite. Nun konnte es der Junge nicht mehr fertigbringen, weiter in Untätigkeit zu verharren. Sein Zorn über den Mord an seinem vierbeinigen Freund und an dem seinem Schutze anvertrauten Lamm besiegte seine Angst. Mit einem Satz sprang er aus seiner Deckung heraus, holte weit aus und schleuderte seine Waffe mit aller Kraft gegen den Tiermörder. Der jedoch hatte aus dem Augenwinkel die Bewegung gesehen und war geduckt zur Seite gesprungen. So verfehlte der Sachsenspeer sein Ziel und blieb zitternd im Boden stecken.

Im Nu hatte der ungarische Reiter seinen Bogen in der Hand und einen der eben herausgezogenen Pfeile aufgelegt. Er senkte jedoch seine Arme, als er nach einem kurzen Rundumblick erkannte, dass er nur einen Knaben vor sich hatte, der jetzt unbewaffnet war. Ein Grinsen erschien auf seinem braunen Gesicht. Mit einem Sprung saß er wieder im Sattel seines Kriegsponys, das grasend dicht bei ihm geblieben war, und trieb es in Richtung auf den Jungen.

Volkmar wurde es schlagartig klar, dass der Fremde ihn lebend und unverletzt fangen wollte. Nach einem kurzen Augenblick des Zögerns drehte er sich um und rannte, so schnell ihn seine Beine trugen, zwischen die Büsche und Felsbrocken, dorthin, wo sie am dichtesten standen. Zum Glück kannte er hier jeden Winkel. Der Reiter war bald nicht mehr in der Lage, ihm zu folgen und gab nach kurzer Zeit die Jagd auf. Volkmar lag schwer atmend hinter einem Felsen, von wo aus er den größten Teil der Bergwiese übersehen konnte. Er sah, wie der Späher sein Pferd in Richtung auf den Weg lenkte und bei dem erschossenen Zicklein Halt machte. Er sprang wieder vom Pferd, legte seine Beute mit geübten Griffen hinter dem Sattel auf sein Reittier und band sie dort fest. Dann stieg er auf und ließ sein Pony in einen kurzen Galopp fallen. Bei dem getöteten Hund zügelte er es. Und dann geschah etwas Seltsames: Der Reiter nahm seine Fellkappe ab, drückte sie gegen seine Brust und senkte kurz den Kopf. Danach stülpte er sich die Mütze wieder über und ritt zu seinen Kameraden zurück, die sich die ganze Zeit über nicht vom Fleck gerührt hatten.

Die ganzen Geschehnisse hatten höchstens eine Viertelstunde gedauert, doch war dem jungen Sachsen die Zeit sehr lang vorgekommen. Nun, da er nicht mehr unmittelbar bedroht war, nahm er allen Mut zusammen und stieß einen durchdringenden und weithin hörbaren Warnschrei aus. Er blickte zum Gehöft seines Mutterbruders hinüber, wo sich noch immer nichts rührte. Dann konnte er jedoch sehen, wie sich die Tür des Wohnhauses öffnete, der Onkel heraustrat und zur Wiese herüberschaute. Volkmar schrie mit aller Kraft: „Alaaarm – Alaaarm!" Sofort war der Onkel wieder verschwunden. Einen Augenblick später war er wieder draußen und trug Schild und Lanze in den Händen. Hinter dem Haus sah man Erik, den Altknecht, schon zum nächsten Gehöft rennen, um die Alarmierung weiterzugeben. Jetzt erschien auch Otto, der zweite Knecht, auf dem Wege. Er hatte einen Helm auf dem Kopfe und drei Wurfspeere in der Hand.

Volkmar richtete seinen Blick wieder auf die Wegbiegung, an der die drei fremden Reiter gehalten hatten. Er konnte gerade noch sehen, dass sie kehrtgemacht hatten und in gestrecktem Galopp den Weg hinab in Richtung auf die Ebene zurückpreschten.

Onkel Ingo konnte es sich kaum verzeihen, dass er den Postendienst offensichtlich zu früh eingeschränkt hatte. Vor allem machte er sich Sorgen um die beiden Vorposten. Warum hatten sie keine Warnung geschickt? Hatten sie etwa geschlafen? Ingo ergriff aber sofort die schon bewährten Vorsichtsmaßnahmen. Die Fluchtburg wurde in aller Eile wieder aufgesucht und doppelte Wachen aufgestellt. Auch Volkmar saß am Abend auf einem Ausguck oben auf einer Felsenklippe. Weit konnte er in das Harzvorland hinausschauen. Wenn die schon ziemlich tief stehende Sonne den richtigen Fleck beschien, konnte er sogar erkennen, wo die Werlaburg lag. Ob wohl sein Vater jetzt dort Dienst tat? Vielleicht war er auch irgendwoanders im Land eingesetzt? Volkmar hätte es gerne gewusst. Aber es waren schon seit gut zwei Wochen keine Nachrichten in dem kleinen Dorf am Fuße der Harzberge eingetroffen.

Als es dunkel geworden war, bemerkte Volkmar fern im Vorland einen flackernden Feuerschein, der die tief hängenden Wolken beleuchtete. Sollte es dort etwa ein Gewitter gegeben haben? Nach einiger Zeit wurde der rote Schein schwächer und war kaum noch zu erkennen. Böse Ahnungen stiegen in dem Jungen auf. Brannte dort etwa ein Gehöft? Die Entfernung ließ sich schlecht schätzen. Kurz nach dieser Beobachtung kam sein Onkel vorbei, um die Wachen zu kontrollieren. Volkmar berichtete ihm seine Beobachtung. Ingo lobte ihn für seine Aufmerksamkeit und teilte ihm mit, dass er in Kürze abgelöst werde. Bald darauf kam dann auch ein etwas älterer Kamerad aus der Ausbildungsgruppe und nahm Volkmars Platz ein.

Volkmar ging langsam den Bergpfad in Richtung auf die von Felsen umsäumte Fluchtburg zurück, um sein mit Stroh und Decken ausgelegtes Schlafzelt aufzusuchen. Seine weichen Lederstiefel verursachten auf dem felsigen Untergrund kaum ein Geräusch. Plötzlich vernahm er in der Nähe einen ungewohnten Laut. Es klang wie eine menschliche Stimme. Vorsichtig schlich er in die Richtung des Geräusches. Als er sich zwischen zwei Granitfelsen hindurchquetschte, gewahrte er einen kleinen ebenen Platz, auf dem sich ein hoher, einzelner Felsblock erhob. Vor diesem Fels sah er im schwachen Sternenlicht eine Gestalt, die beide Arme zum Himmel emporhob und irgendwelche Worte murmelte. Als die Stimme ein wenig lauter wurde, verstand er die Worte „Sahsnota" und „Wodan". Den Rest konnte er nicht verstehen, da wahrscheinlich in cheruskischem Dialekt gesprochen wurde. Volkmar begriff, dass dies ein alter, heiliger Ort war, und dass hier jemand die alten Götter um Beistand anrief. Als der Unbekannte das Gesicht etwas drehte, erkannte Volkmar zu seiner Überraschung, dass es der Großvater war, der dort betete. Vorsichtig zog er sich wieder auf den schmalen Pfad zurück, der zur Fluchtburg führte. Es war ein Glück, dass der Alte schon etwas schwerhörig war, sonst hätte er den Lauscher vielleicht bemerkt.

Der Junge beschloss, keinem Menschen von seinem Erlebnis zu erzählen. Trotz seines geringen Alters wusste er schon, dass man in Schwierigkeiten geraten konnte, wenn man sich zu den alten Göttern bekannte. Hatte sein Vater ihm doch erzählt, dass die Sachsen gezwungen worden waren, den alten germanischen Göttern abzuschwören und die neue, von den Franken mitgebrachte Religion anzunehmen, die von einem Jesus aus einem fernen Land gen Sonnenaufgang erzählte. Still schlich er sich in das Zelt, um niemanden zu wecken, und war bald darauf eingeschlafen.

Die beiden Vorposten waren weder in der Nacht noch am nächsten Morgen zurückgekommen. Noch in aller Frühe wurde ein schwerbewaffneter Suchtrupp losgeschickt, der unter Beachtung aller Vorsichtsmaßnahmen in das ebene Gelände vorrückte, um nach den beiden jungen Kriegern zu forschen. Dort, wo sie Wache gestanden hatten, war nichts Auffälliges zu sehen. Entmutigt machte sich die Suchmannschaft flussaufwärts auf den Rückweg. Da stieß plötzlich der an der Spitze Reitende einen lauten Ruf aus und wies auf die schnell strömende Oker. Die übrigen trieben ihre Pferde an, um im Galopp zu ihrem Truppführer aufzuschließen. Und da sahen sie es auch: Am gegenüberliegenden Ufer lag halb im Wasser eine reglose, menschliche Gestalt. Sie erkannten, dass es einer der beiden Wachposten war. Aus seinem Rücken ragte ein gefiederter Pfeil.

Sie bargen den Toten und transportierten ihn vorsichtig bergauf in die Fluchtburg. Dort verursachte dieses schreckliche Ereignis große Trauer und auch Zorn gegen die grausamen Feinde. Wie hatte das geschehen können? Ingo kam zu dem Ergebnis, dass die beiden jungen Leute unaufmerksam gewesen und überrumpelt worden waren. Der getötete Jungmann wurde am Rande der Fluchtburg feierlich beigesetzt. Sein Kamerad und die beiden Pferde waren und blieben spurlos verschwunden.

Dienst in der Werlaburg

Das Jahr 919 war ein denkwürdiges Jahr. Dem Sachsenvolk widerfuhr eine große Ehre: Herzog Heinrich wurde zum König des Ostfränkischen Reiches gewählt. Damit war er nicht nur Herr über sein eigenes Volk, sondern auch über die Stämme der Mainfranken, Thüringer, Schwaben und Bayern. Eine große Verantwortung war ihm dadurch aufgebürdet worden. Das Reich war von Norden, Osten und Südosten bedroht. Fast ständig gab es Krieg zur Sicherung der Grenzen gegen beutegierige Nachbarn. Der sterbende König Konrad aus dem Volk der Franken hatte Heinrich selbst als Nachfolger vorgeschlagen, obwohl der eigentlich nicht gerade sein Freund gewesen war. Er hatte sogar gegen ihn Krieg geführt. Aber der Sachsenherzog schien ihm der einzige zu sein, der genügend Macht und Willenskraft besaß, um das Reich in der augenblicklichen Krise zu sichern. König Konrad ließ sich auch nicht dadurch beirren, dass Heinrich mit einer Nachfahrin des legendären Sachsenherzogs Widukind verheiratet war, der gegen die Franken einen mehr als 30jährigen Krieg geführt hatte, der schließlich mit seiner Kapitulation und christlichen Taufe endete. Aber das war immerhin schon 100 Jahre her.

Der inzwischen 14jährige Volkmar hatte seine kriegerische Grundausbildung in Sudburg beendet und war mit den besten Wünschen und Grüßen seines Mutterbruders versehen nach Burgdorf zurückgekehrt. Da sein Vater mit dem Herrn der Werlaburg gut bekannt war, wurde der Nachwuchskrieger in die dortige Jungmannschaft aufgenommen. In der vorher oft geruhsamen Burg war emsige Betriebsamkeit eingekehrt. König Heinrich hatte befohlen, die Werla zu einer Pfalz auszubauen. Das bedeutete Arbeit in Hülle und Fülle. Aus dem befestigten Adelssitz wurde eine königliche Festung. Zunächst einmal sollten Wall und Palisade noch einmal außen in einigem Abstand durch eine dicke, etwa fünf Meter hohe Mauer aus Felsgestein umschlossen werden. Aus allen Steinbrüchen der

Umgebung wurden Felsbrocken auf Ochsenwagen herangekarrt und aus dem eigenen und den Nachbargauen wurde ein Heer von Handwerkern verpflichtet, die täglich – ausgenommen am Tag des Herrn – beschäftigt waren, solange das Tageslicht reichte. Die Mauer sollte schließlich die gesamte Burganlage umfassen und eine Länge von fast 500 Schritten erreichen. An der gesamten Innenseite entlang war ein überdachter Wehrgang aus dicken Holzbohlen geplant. Die beiden Tore sollten von Türmen gekrönt werden, von denen man weit in das Land hinausblicken konnte. Im Osten und Süden reichte die Anlage bis an das hohe Steilufer, von dem das Überschwemmungsgebiet der Oker begrenzt wurde, die unterhalb der Festung vorbeifloss.

Nach Norden wurde die Pfalz um eine große, durch Mauer, Wall und Graben gesicherte Vorburg erweitert, die Platz für viele Handwerkerhütten und Speichergebäude bot. Überall wurde gehämmert, gemauert und geschmiedet. Die ganze Burganlage glich einem Ameisenhaufen. Wege wurden durch Steinschotter befestigt, damit die schwer beladenen Ochsenkarren an ihr Ziel gelangen konnten. Einige hundert freie Bauern aus den umliegenden Dörfern waren mit ihren leibeigenen Knechten für die Erdarbeiten verpflichtet worden.

Gerold hatte sich auf der Burg eine Vertrauensstellung erworben. Als erfahrener Kriegsmann hatte er das Kommando über die Pfalzwache erhalten. Da sein Sohn jetzt gelernt hatte, mit den Waffen eines Kriegers umzugehen, hatte Gerold selbst ihn mit der Grundausrüstung versehen. Sie bestand aus einem eisernen Spangenhelm mit Nasenschutz, einem starken, hölzernen, metallumrandeten Rundschild mit eisernem Schildbuckel als Handschutz, einer Lanze, einem eisernem Langschwert und einem kurzen Sax. Ein Kettenhemd als Körperschutz war zunächst noch zu teuer. Alle Ausrüstungsstücke mussten ja selbst beschafft werden.

Alle Krieger, die nicht zum Wachdienst eingeteilt waren, mussten bei den Arbeiten mit anpacken, damit die Anlage so schnell wie möglich fertig wurde. Die Festung sollte in die Lage versetzt werden, einer möglichst großen Zahl von Flüchtlingen bei Gefahr Sicherheit zu bieten und einer längeren Belagerung standzuhalten. Man musste ja ständig auf den nächsten Überfall durch ungarische Reiterhorden gefasst sein. Deshalb wurden auch viele für das Heer wichtige Handwerksbetriebe zur Holz-, Leder- und Eisenbearbeitung hier oben angesiedelt. Auch sollten ausreichende Futter- und Lebensmittelvorräte ständig vorhanden sein. Für den entsprechenden Nachschub war ein großer landwirtschaftlicher Betrieb in Skladheim verantwortlich. Der Ausbau der Burg zu einer Pfalz bedeutete für die gesamte nähere und weitere Umgebung einen wirtschaftlichen Aufschwung.

Viele Leute aus Volkmars Heimatort Burgdorf arbeiteten jetzt auf der Werla-Baustelle mit. Dadurch traf Volkmar dort natürlich viele Bekannte. Er freute sich, auch Gertrude wiederzusehen, ein Nachbarsmädchen in seinem Alter. Sie hatte den Ruf einer geschickten Weberin und war hier damit beschäftigt, zusammen mit anderen Frauen in einem neu gebauten Grubenhaus eine kleine Weberei einzurichten. Volkmar half ihr, die durchbohrten Webgewichte aus getrocknetem Lehm als Vorrat in einer Ecke der Grube zu stapeln. Sie schenkte ihm dafür ein freundliches Lächeln. Er wollte den Frauen noch helfen, den Webstuhl zusammenzubauen. Aber da rief ihn das Hornsignal zur Wachablösung.

Volkmar wusste es so einzurichten, dass er Gertrude in seiner dienstfreien Zeit öfter zu sehen bekam. Seinem Vater war das nicht verborgen geblieben, aber er sagte nichts dazu, sondern betrachtete es mit Wohlwollen. Stammte das Mädchen doch genau wie er selbst aus einer geachteten Frilingsfamilie des Dorfes.

Eines Nachmittags in seiner dienstfreien Zeit lud Volkmar die junge Nachbarin zu einem kleinen Spaziergang über die Uferwiesen der Oker ein. Beide waren froh, dem lauten Getriebe eine Weile entronnen zu sein. Volkmar trug stolz seinen neuen Waffenrock mit dem breiten Ledergürtel, in dem ein langes Messer steckte. Gertrude hatte ein helles, sauberes Leinenkleid angezogen und einen buntgewebten Wollumhang um die Schultern geschlungen. Schweigend gingen sie einige Zeit nebeneinander dahin, immer bemüht, nicht über die großen Maulwurfshügel zu stolpern. Aber dann geschah es doch, dass das Mädchen mit dem Fuß gegen einen der Erdhügel stieß und fast das Gleichgewicht verlor. Aber der junge Krieger neben ihr war aufmerksam und fing sie auf. Er hielt sie etwas länger fest als es nötig gewesen wäre, und sie ließ es sich gefallen. Ungern ließ er sie los, aber er wusste ja, dass sie von der Baustelle aus beobachtet wurden. Sie hatten sich also so zu benehmen, wie es von ihren Familien erwartet wurde.

Ihr Gespräch drehte sich um die Arbeit auf dem Berg und auf den Höfen ihrer Familien. Gertrude wollte auch gern wissen, wie es am Harz gewesen war. Es war erzählt worden, dass Volkmar es dort schon vor einigen Jahren mit den Ungarn zu tun bekommen hätte. Aber der Jungmann berichtete nur sparsam über die damaligen Ereignisse. Er mochte nicht erzählen, dass er immer noch von Alpträumen heimgesucht wurde, in denen er den erschossenen Kameraden im Wasser der Oker liegen sah.

Der König kommt

Volkmar, der sich nun ständig in der Werlaburg aufhielt, beobachtete mit wachem Auge und großem Interesse den Fortgang der Umbauarbeiten und sah, wie langsam aus einem befestigten Adelssitz eine königliche Pfalz wurde. Die Ummauerung der Burg hatte natürlich Vorrang. Solange Mauer und Wachtürme noch nicht fertiggestellt waren, musste der nun innen liegende Graben mit Wall und Palisade die Anlage weiterhin vor Angriffen schützen. Erst später sollten die alten Wehranlagen eingeebnet werden. Was da an Neuem entstand, war wirklich beeindruckend. Solch eine gewaltige, aus Stein errichtete Anlage hatte Volkmar noch nirgends gesehen. Aber er war ja auch noch nicht weit herumgekommen.

Besonders ungewohnt waren die neuen Gebäude, die in der inneren Burg errichtet wurden. Der Umfang der Fundamente ließ schon erkennen, wie groß sie werden sollten. Und sie wurden ganz aus Stein gebaut! So etwas war völlig ungewöhnlich. Volkmar hatte bisher nur die üblichen strohgedeckten Fachwerkhäuser zu sehen bekommen. Aber der fränkische Baumeister, der die Arbeiten leitete, kannte sich offenbar mit der neuen Bauweise bestens aus.

Vor allem ein großes, schon im Grundriss in seinen Ausmaßen erkennbares Gebäude erweckte Volkmars Neugierde. Er beobachtete, wie die Bauarbeiter auf der festgestampften Grundfläche röhrenartige Ziegel in mehreren Reihen verlegten. Er ging auf einen der Leute zu und fragte ihn: „Was macht ihr da? Wozu sollen diese Röhren dienen?"

Der fränkisch gekleidete Maurer blickte auf und antwortete: „Ja, so etwas hast du wohl noch nicht gesehen, Sachse? Diese Technik stammt aus dem Westen." Er wischte sich die mit Mörtel verklebten Hände an seiner Arbeitshose ab und fügte hinzu: „Der Raum zwischen den Röhren wird mit Schotter aufgefüllt, und dann werden über dem Ganzen steinerne Fußbodenplatten verlegt. Durch die Röhren wird von einem Ofen aus heiße Luft geleitet. Und so bekommen die Leute in dem Saal keine kalten Füße mehr." Er lachte: „Dann brauchen die Herren und Damen im Winter nicht so früh ins warme Bett zu kriechen." Und wieder ernst geworden beendete er seine Erklärung: „Warmluftheizung nennt man so etwas. Unser Meister hat uns erzählt, dass unsere Vorfahren diese Technik in Landhäusern vorgefunden haben, die von den Römern verlassen waren. Man hat das dann so ähnlich nachgebaut."

„Von den Römern?", fragte Volkmar, „War das das Volk, das jenseits des Rheins gewohnt hat?"

„Da hast du recht", antwortete der Franke, „westlich des Rheins und südlich der Donau kannst du viele solche Häuser bewundern, die durch so eine Heizung warm gehalten werden. Übrigens sind jene Häuser auch aus Stein wie diese Gebäude hier, die wir gerade errichten."

Volkmar musste an den Großvater in Sudburg denken, der von einem feindlichen Heer erzählt hatte, das über den Rhein gekommen war. Das waren dann wohl die Römer gewesen. – Aber er staunte auch über das Wissen dieses fränkischen Bauhandwerkers. Wie weit diese Leute doch herumgekommen waren! Im Allgemeinen waren nur die Händler so weitgereiste Menschen, oder die Königsboten, manchmal auch Krieger, die an einem Feldzug in ein fremdes Land teilnehmen mussten. Für Volkmar selbst war schon die Reise nach Sudburg und zurück ein großes Erlebnis gewesen, und anfangs hatte er dort am Harzgebirge sehr unter Heimweh gelitten, weil er so weit von seinem Heimatdorf entfernt war.

Seine Grübeleien wurden von lauten Stimmen unterbrochen, die von den Torwächtern herüberschallten. Schnellen Schrittes eilte er in Richtung auf das Westtor, als er auch schon die Ursache der Aufregung erkannte. Gerade hatte er an die Königsboten gedacht, da erschien auch schon einer! Es war ein sächsischer Reiter, der jetzt sein schmutzbedecktes Pferd einem der Wächter übergab und sich zur Unterkunft des Burgherrn führen ließ. Ein auf seinen wollenen Umhang aufgenähtes Bild des königlichen Adlers wies ihn als Boten in höchstem Auftrage aus. In Begleitung des Wachsoldaten verschwand er in Thankmars Haus. Sofort bildete sich eine Traube von Neugierigen vor dem Eingang der Hütte. Jeder war begierig zu erfahren, welche Botschaft der Reiter überbracht hatte. Man brauchte nicht lange zu warten. Schon nach kurzer Zeit erschien Thankmar in der Tür, rief ein paar junge Männer zu sich und wies sie an, allen leitenden und aufsichtführenden Personen auf dem gesamten Baugelände mitzuteilen, dass sie sich unverzüglich vor seinem

Hause einzufinden hätten. Der wartenden Menge wurde erlaubt, zu bleiben. In einiger Entfernung vom Hauseingang bildete man einen Halbkreis und beobachtete, wie die Zusammengerufenen nach und nach eilig eintrafen. Thankmar hatte die ganze Zeit in der Tür seines Hauses gestanden und geschwiegen. Man konnte aber seinem Gesicht ansehen, dass er etwas Aufregendes mitzuteilen hatte. Die Spannung stieg. Was konnte von so großer Wichtigkeit sein, dass Thankmar so schnell eine Besprechung einberufen musste? Der Bote ließ sich auch nicht mehr blicken, sonst hätte man ihn vielleicht fragen können. Wahrscheinlich ruhte er sich im Hause aus. Man sah nur einmal einen Bediensteten mit einem Korb in das Gebäude treten. Es war allen klar, dass der müde und hungrige Reiter dort erst einmal mit Speise und Trank versorgt wurde.

Endlich stellte der Burgherr mit einem Rundblick fest, dass alle maßgeblichen Männer anwesend waren. Eine erwartungsvolle Stille breitete sich aus. Am anderen Ufer der Oker lärmten ein paar Krähen in den Wipfeln der Weidenbäume. Thankmar räusperte sich – ein Zeichen seiner Nervosität – und reckte sich zu voller Größe. „Liebe Stammesbrüder", begann er, „Krieger, Freunde, Männer und Frauen, eine große Ehre steht uns bevor!" – Er machte eine Kunstpause. – „In drei Tagen wird König Heinrich mit seinem Gefolge hier eintreffen, um sich persönlich ein Bild von dem Stand der Arbeiten zu machen. Ich erwarte von euch, dass die gesamte Baustelle einen tadellosen Eindruck macht, dass niemand untätig herumlungert, und dass kein Unrat herumliegt! Der König kommt nur mit einem kleinen Tross. Außer seiner Leibwache bringt er nicht mehr als zehn Personen mit.

Die Verpflegung und Betreuung dürfte daher keine großen Probleme bereiten. Trotzdem wird der Haushofmeister dafür sorgen, dass unseren hohen Gästen etwas besonders Gutes vorgesetzt werden kann. Der Koch wird ihm heute noch eine Liste der benötigten Waren zusammenstellen, die von Skladheim zu holen sind. – Und nun macht euch wieder an die Arbeit und denkt daran, was ich euch ans Herz gelegt habe!"

Damit drehte er sich um und ging in das Haus zurück. Die Menge der Anwesenden begann lebhaft zu diskutieren und zerstreute sich dann schnell. Jeder wusste ja nun, was er zu tun hatte.

Der Hammer

Die folgenden drei Tage vergingen mit fieberhafter Tätigkeit. Voller Ungeduld wartete man auf die Ankunft des Königs, von dem alle schon Rühmliches gehört, den aber nur wenige schon einmal gesehen hatten, als er noch Herzog war. Endlich meldeten die in Richtung Skladheim ausgesandten Beobachter die Annäherung des königlichen Trosses. Bald war der Zug der Reisenden auch von der noch unfertigen Mauerkrone aus zu sehen. Thankmar mit seiner Gemahlin Mechthild und die leitenden Männer der Baumannschaften traten vor das Westtor, um den hohen Gast zu empfangen. Sie hatten ihre besten Gewänder angelegt und waren – wie es die Sitte verlangte – von einer Gruppe ausgewählter Krieger in voller, blank geputzter Ausrüstung umgeben. Auch Gerold und sein Sohn Volkmar durften dabei sein.

Die Gäste hatten den Weg durch das flache, jetzt trockene Überschwemmungsgebiet der Oker genommen und gerieten für kurze Zeit aus dem Blickfeld der Wartenden, als sie durch den Hohlweg auf die Höhe der Burg emporstiegen. Viele fragten sich, wie der König wohl aussehen mochte. Aber da tauchte der Trupp schon in der Wegbiegung auf, die auf das Burgtor zu führte. Als die Gäste etwa fünfzig Schritte von dem Tor entfernt waren, löste sich ein einzelner Reiter aus der Gruppe, die respektvoll etwas zurückblieb. Es war ein kräftig gebauter Mann von hohem Wuchs, in mittlerem Alter, der einen temperamentvollen Apfelschimmel ritt. Er machte den Eindruck eines erfahrenen Kriegsmannes. Bewaffnet war er lediglich mit einem Langschwert, das in einer reich verzierten, metallverstärkten Lederscheide steckte. Er ritt barhäuptig. Ein eiserner Spangenhelm hing an seinem breiten Ledergürtel. Beim Näherkommen erkannte man ein energisches, sonnengebräuntes Antlitz mit freundlich blickenden Augen. Blondes, lockiges Haar umrahmte sein Gesicht bis unterhalb der Ohren und setzte sich in einem kurzgeschnittenen Vollbart fort. Nach altem Brauch des sächsischen Adels war der vordere Teil des Haupthaares abrasiert, was die Stirn über dem schmalen Gesicht noch höher erscheinen ließ.

Thankmar ging ihm einige Schritte entgegen, hob grüßend den Arm und rief: „Willkommen auf Werla, mein König! Dein Besuch ist uns eine große Ehre!" Die am Tor aufgestellten Burgmannen schlugen nach alter Sitte zum Zeichen der Freude und Zustimmung lärmend die Lanzen gegen ihre Schilde. Herr Heinrich sprang vom Pferd, das ihm sofort von einem Burgmann abgenommen wurde, und schritt – noch etwas steifbeinig nach dem langen Ritt – auf den Burgherrn zu, um ihm die Hand zu reichen. Sie standen jetzt dicht unter dem Turm, der das Westtor schützte.

Heinrich ging einige Schritte auf dem schmalen Inspektionsgang zwischen Mauer und Graben entlang, betrachtete prüfend das starke Mauerwerk und befühlte eine der verputzten Fugen. „Das ist gut gearbeitet", sagte er, zu Thankmar gewandt, „Es freut mich, dass ihr schon so weit vorangekommen seid!"

Volkmar hatte der Begrüßung stumm zugesehen. Auch er hatte, wie die anderen Kameraden der Wache, Schild und Lanze in den Händen. Vor einem Augenblick hatte er durch das offen stehende Tor zufällig gesehen, wie Gertrude über die noch unbebaute Fläche der Burganlage in Richtung auf den Wehrgang zu gelaufen war. Ob sie wohl von der Mauerkrone aus der Begrüßung zuschauen wollte? Unauffällig blickte er nach oben. Vielleicht konnte er sie dort entdecken, wo einige Handwerker standen und sich vorbeugten, um alles genau mitzubekommen. Einer kniete sich in eine der Schießscharten und lehnte sich besonders weit vor, wobei er sich mit einer Hand an den Steinen festhielt. Er befand sich genau über der Stelle, an der sich der König im Augenblick befand. Da bemerkte Volkmar, wie ein schwerer Hammer, den der Arbeiter in seinen Gürtel gesteckt hatte, herausrutschte und außen vor der Mauer herabfiel. Reflexartig machte der Jungmann einen großen Satz nach vorn und riss seinen Schild hoch, um Heinrich damit zu schützen. Gleichzeitig drängte er mit seinem Körper den König zur Seite, um ihn aus der Gefahrenzone zu bringen. Fast wäre Heinrich dabei in den tiefen, frisch ausgehobenen Spitzgraben gestürzt. Das Werkzeug prallte von Volkmars Schild ab und traf seine linke Schulter, von wo es zu Boden plumpste.

Von da ab ging alles sehr schnell. Im Nu hatten alle Leibgardisten des Königs die blanken Schwerter in den Fäusten und rissen Volkmar vom König weg. Einige rannten durch das offene Tor und kletterten in Windeseile von der anderen Seite auf den Wehrgang, um den Handwerker festzunehmen, der dort oben vor Schreck erstarrt stehengeblieben war. Auch König Heinrich hatte die Hand am Schwertgriff, und zwischen seinen Augenbrauen erschien eine drohende Falte. Doch er war es, der die Situation als Erster durchschaute. Ein Lächeln erschien auf seinem Gesicht. Er gab seinen Gardisten einen Wink, den jungen Krieger loszulassen, legte ihm die Hand auf die Schulter und sagte in anerkennendem Ton: „Gut gemacht, mein Sohn! Wie ist dein Name?"

„Volkmar Geroldsohn", antwortete dieser, vor Schreck noch ganz außer Atem.

Der König wandte sich an Thankmar, der daneben gestanden und die ganze Szene voller Bestürzung mit angesehen hatte: „Behaltet diesen jungen Mann im Auge! Er kann schnell und entschlossen handeln. Ein Krieger nach meinem Geschmack! Solche Männer brauchen wir."

Inzwischen waren einige Gardisten mit dem unglücklichen Handwerker beim König eingetroffen. Der Pechvogel wurde von den zornigen Kriegern fast herangeschleift und wand sich unter den schmerzhaften Griffen der Leibwächter.

Volkmar fühlte sich verpflichtet, etwas für den armen Kerl zu tun, und wandte sich an Heinrich: „Mein König, dieser Mann ist unschuldig. Ich konnte beobachten, wie sich das Werkzeug ohne sein Zutun vom Gürtel gelöst hat."

Heinrich blickte dem Jungen kurz in die Augen, wandte sich dann an seine Männer und sagte: „Lasst den Mann los!" Und zu dem eingeschüchterten Steinsetzer: „Na, mein Freund, wolltest du Thor spielen und deinen Hammer durch die Lüfte fliegen lassen?"

Diese scherzhafte Frage löste die allgemeine Anspannung. Als Heinrich anfing zu lachen, setzte sich das Gelächter nach einigem Zögern durch die ganze Runde fort. Auch Thankmar wischte sich verstohlen den Schweiß von der Stirn und quälte sich ein Lächeln ab. Jetzt war Gelegenheit, dem König seine Gattin Mechthild vorzustellen, die ihr bestes Leinenkleid mit farbigen Säumen angezogen hatte und eine große Bernsteinkette um den Hals trug. An einem schmalen Ledergürtel hing als Zeichen ihrer Würde als Hausherrin ein großes Schlüsselbund. Sie verbeugte sich höflich vor Heinrich. Dann begaben sich alle in den Burghof, wo es jetzt das Wichtigste war, den König und seinen gesamten Tross zu versorgen, bevor die Besichtigung der Anlage fortgesetzt werden konnte.

Der unglückliche Steinsetzer und der Baumeister blieben ein Stück weit zurück. Volkmar konnte beobachten, dass der Meister seinen Arbeiter mit finsteren Blicken betrachtete. „Na", dachte er, „dieses Missgeschick wird für den armen Mann noch Folgen haben. Die Sache ist sicher noch nicht ausgestanden". Er selbst rieb sich heimlich seine schmerzende Schulter, die jedoch – wie sich später herausstellte – bis auf einen blauen Fleck unbeschädigt geblieben war. Sein starker, hölzerner Rundschild mit dem eisernen Buckel hatte den ersten, gefährlichsten Aufprall abgefangen.

Das Gelage

Nach einem flüchtigen Rundgang mit dem Burgherrn über das Baugelände äußerte König Heinrich den Wunsch, die genaue Besichtigung auf den nächsten Tag zu verschieben, da Thankmar ihn und seine Begleitung zu einem Festessen in seinem großen, strohgedeckten Fachwerkhause eingeladen hatte, das zwischen West- und Nordtor der Burganlage, dicht an der alten Umwallung, bereits im Schmuck grüner Birkenzweige auf die Gäste wartete.

Volkmars Name war in aller Munde. Er war der Held des Tages; und der König bestand darauf, dass der Jungmann an der Seite seines Vaters an dem Gelage teilnehmen sollte. In Thankmars Hause hatten die zur Burg gehörenden Laten schon vor der Ankunft der königlichen Gesellschaft unter der strengen Aufsicht der Hausherrin alles für das festliche Mahl gerichtet. Der Koch und seine Gehilfen hatten alles an erlesenen Speisen und Getränken vorbereitet, was in der kurzen Zeit beschafft werden konnte.

Der König saß auf dem Ehrenplatz in der Nähe des Feuers. Neben ihm hatte der Gastgeber Platz genommen, einmal, um dem König ständig Rede und Antwort stehen zu können, und zum anderen, um dafür sorgen zu können, dass Heinrich als Erster Gelegenheit bekam, von all den Köstlichkeiten zu nehmen, die die festlich geschmückte Tafel zu bieten hatte. Die Hausherrin hielt sich bereit, die im Hintergrund wartenden Knechte und Mägde auf Trab zu halten, damit es nie an irgendetwas fehle. Gerold und Volkmar hatten ihre Plätze in der Nähe der königlichen Begleitmannschaft, bei der sich auch ein in eine braune Kutte gekleideter Mönch befand. Dieser hatte einen tragbaren Holzkasten mitgebracht, den er vor sich auf den Tisch stellte und aufklappte. Der König, der diesen Vorgang beobachtet hatte, stand auf und hob die Hand. Da ohnehin alle Blicke auf ihn gerichtet waren, trat sofort Stille ein.

„Liebe Anwesende, Krieger und Gefolgsleute", begann er zu sprechen, „Ich danke meinem Gefolgsmann Thankmar für seine gastfreundliche Aufnahme! Bevor wir jedoch den Speisen und Getränken zusprechen, bitte ich alle, sich von den Plätzen zu erheben und durch Vermittlung des ehrwürdigen Paters Wilbert Gott, dem Herrn, zu danken, der schützend seine Hand über uns hält!"

Die ganze Tischgesellschaft erhob sich, mehr oder weniger davon begeistert, dass sich der Beginn des Festmahls nun noch etwas verzögern sollte. Der Mönch, dessen Kasten – wie Volkmar feststellen konnte – einen Reisealtar enthielt, war ebenfalls aufgestanden und bekreuzigte sich feierlich. Alle Anwesenden wiederholten diese fromme Geste, die einen ehrfürchtig, die anderen flüchtig. Dann begann Wilbert einen lateinischen Singsang, von dem niemand ein Wort verstand, dem jedoch aufmerksam gelauscht wurde. Am Schluss bekreuzigten der

Geistliche und alle anderen sich ein zweites Mal. Darauf klappte der Mönch seinen Kasten wieder zu und stellte ihn neben seine Füße unter den Tisch. Thankmar hob seinen mit Met gefüllten Becher dem König entgegen, wünschte ihm Gesundheit und Glück und forderte alle Anwesenden auf, kräftig zuzulangen. Damit nahmen alle wieder Platz und das Gastmahl konnte beginnen.

Sofort begann ein munteres Stimmengewirr. Die hungrigen Gäste sprachen den angebotenen Speisen ausgiebig zu und verschmähten auch Wein, Bier und Met nicht. Das Glück hatte es so eingerichtet, dass gerade ein reisender Spielmann auf der Burg weilte, der die Gesellschaft mit harmonischen Klängen eines Saiteninstruments unterhielt.

Volkmar und sein Vater saßen nicht weit von der Stelle an der langen Tafel, wo der Mönch und der Führer der königlichen Leibwache ihre Plätze hatten. So konnten sie mithören, wie Guntram, ein Gardist, der schon lange in Heinrichs Diensten stand, den interessiert lauschenden Zuhörern erzählte, wie eine Gesandtschaft der Mainfranken seinem Herzog die Reichsinsignien, nämlich Krone, Zepter, Stab, Prunkschwert und Königsmantel, überbracht hatte mit dem Angebot, die Königswürde über das Ostfränkische Reich zu übernehmen. Herzog Eberhard persönlich, der Bruder des verstorbenen Königs Konrad, führte die Gesandtschaft an. Er erfülle damit ein Vermächtnis, das ihm Konrad vor seinem Tode ans Herz gelegt habe.

Die Gesandten hatten sich auf den sächsischen Adelshöfen nach Herzog Heinrich durchgefragt und ihn schließlich auf seinem Jagdhof Dinklar bei Hildesheim aufgestöbert, als er gerade dabei war, zur Unterhaltung seiner jungen Söhne Thankmar und Otto Vogelfallen zu bauen.

Guntram berichtete auch von dem großen Thing in Fritzlar an der Eder, wo der versammelte sächsische und fränkische Adel dem Sachsenherzog als ihrem neuen König Treue geschworen hatten. Beifallsrufe erklangen. Nur Pater Wilbert machte eine betrübte Miene. „Was machst du für ein griesgrämiges Gesicht, heiliger Mann?", wurde er aus der Runde gefragt, „Schmeckt dir das Bier nicht?"

Der Priester zögerte mit der Antwort. Schließlich rückte er damit heraus und sagte kurz und bündig mit leiser Stimme: „Er hat den bischöflichen Segen verweigert." Die Zuhörer machten teils betroffene, teils belustigte Gesichter.

„Was hat das zu bedeuten?", fragte einer.

Der Leibgardist gab die Antwort: „Heinrich fand das unnötig. Ihm war es genug, ein Heerkönig nach altgermanischer Art zu sein, dem die Fürsten und Krieger auf dem großen Thing durch Aneinanderschlagen ihrer Waffen ihre Zustimmung kundtun. Aber", fügte er mit einem Seitenblick auf den Mönch hinzu, „deshalb ist unser König kein schlechterer Christ als wir!"

Der Mann in der braunen Kutte hielt sich mit seiner Meinung zurück.

Bruno, der Hauptmann der Leibwache, gab zu bedenken: „Der Erzbischof Hatto von Mainz hatte ihn aber auch geärgert, als er seine erste Ehe mit der Nonne Hatheburg nicht anerkennen wollte. Wisst ihr, dass Heinrichs Sohn Thankmar aus dieser Ehe stammt?" Und etwas leiser fügte er mit einem Seitenblick auf den Mönch hinzu: „Wahrscheinlich geschah es auf Druck der Kirche, dass der König später die Hatheburg verließ. Anschließend hat er dann Mathilde, die ansehnliche Tochter des Grafen Thiederich von Ringelheim, geheiratet."

In diesem Augenblick wurde die Aufmerksamkeit der Gäste auf das Ende der Tafel gelenkt, wo König Heinrich gegen ein klingendes Glas geklopft und sich erhoben hatte. Die Tischrunde verstummte. Alles wartete gespannt darauf, was der König zu sagen hatte. Dieser wandte sich zu Thankmar um, der an seiner Seite saß. „Liebe Tafelgenossen", begann er, „ich bin schon heute am Tage unserer Ankunft zu der Überzeugung gelangt, dass die Leitung der Bauarbeiten bei unserem Gastgeber in besten Händen ist. Deshalb habe ich eine Entscheidung getroffen." Er legte Thankmar eine Hand auf die Schulter und sagte in feierlichem Ton und mit erhobener Stimme: „Ich ernenne ihn hiermit zum Pfalzgrafen mit allen damit verbundenen Rechten und Pflichten. Pater Wilbert wird ihm die nötige Urkunde ausstellen!" Schmunzelnd fügte er hinzu: „Da du denselben Namen wie mein ältester Sohn hast, bist du für diesen Posten vorbestimmt."

Sofort wurde es laut an der langen Eichentafel. Die Krieger sprangen auf und hoben ihre Becher und Trinkhörner, um dem Hausherrn zuzuprosten. In der allgemeinen Begeisterung fiel krachend eine Bank um, die von den Bediensteten eilig wieder aufgestellt wurde.

Thankmar erhob sich ebenfalls, dankte seinem König mit höflichen Worten und versicherte, dass er ihm wie bisher unverbrüchliche Treue halten werde. Bis spät in die

Nacht wurde gefeiert. Der frischgebackene Pfalzgraf sorgte dafür, dass stets genug zu trinken vorhanden war.

Bei all dem fröhlichen und lautstarken Gelage gingen Volkmar die Worte des Wachkommandanten nicht aus dem Sinn, der von einer Hatheburg erzählt hatte, die dem damaligen Herzog Heinrich einen Sohn gebar, der so hieß wie der Pfalzgraf. Volkmar machte sich noch einmal an den Gardehauptmann heran und sagte: „Ich habe vorhin nicht alles hören können, was du erzählt hast. Du hast von einer Hatheburg gesprochen. Ist die gestorben? Wie kommt es, dass der König jetzt mit Mathilde vermählt ist?"

Der Gardist antwortete, indem er seine Stimme senkte und sich zu Volkmars Ohr hinüberbeugte: „Nein, mein Junge, gestorben ist sie nicht. Heinrich hat sie einfach verlassen. Er mochte sie wohl nicht mehr leiden. – Die Ehe wurde dann offiziell geschieden, worüber sich die Kirchenleute sicher gefreut haben. – Aber sag mal, warum erzähle ich dir das alles? Du bist eigentlich noch zu jung für solche Geschichten!"

Obwohl die Sinne der Zecher durch den Genuss der geistigen Getränke schon etwas benebelt waren, kam einer der Tischgenossen in Guntrams Nähe noch einmal auf das unterbrochene Gespräch zurück und sagte zu dem Leibwächter: „Eins habe ich vorhin nicht verstanden. Du hast nur vom sächsischen und fränkischen Adel gesprochen. Was war denn mit den Schwaben und Bayern?"

„Die waren nicht erschienen", erwiderte der Gardist kurz und bündig. Und mit einem Blick auf den König fügte er hinzu: „Sie waren wohl mit Konrads Entscheidung nicht einverstanden. – Ich bin sicher, da werden noch Schwierigkeiten auf uns zukommen".

Die Meldung

Am nächsten Tage herrschte nach der durchzechten Nacht zunächst lange Stille auf dem Burggelände. Nur die Schritte der Wachen waren zu hören und ab und zu ein leises Stampfen und Wiehern, das von den Pferdeställen herüberklang.

Im Hause herrschte jedoch bald schon emsiges Treiben, als die Bediensteten auf Anweisung der Hausherrin das Frühstück vorbereiteten. Mechthild und Thankmar hatten sich beim Trinken zurückgehalten und waren daher schon früh auf den Beinen. Auch der König und die Getreuen seiner Leibwache hatten am Abend einen klaren Kopf bewahrt und konnten ohne große Kopfschmerzen ihre Schlaflager verlassen und zur Morgenwäsche den langen Wassertrog vor dem Hause aufsuchen. Heinrich war stets bemüht, nicht mehr Bequemlichkeit für sich zu beanspruchen als seine Männer.

Nach einem ausgiebigen Frühstück an der langen Eichentafel begann Heinrich mit der eingehenden Besichtigung der Burganlage und der umfangreichen Um- und Ausbaumaßnahmen. Die fachkundigen Männer der Bauleitung und Pater Wilbert begleiteten ihn dabei. Die Krieger der königlichen Leibwache schlenderten derweil untätig auf dem Gelände umher und unterhielten sich mit den dienstfreien Leuten der Burgbesatzung. Dabei fand der junge Volkmar besondere Beachtung. Er erntete anerkennende Blicke, wenn das Gespräch auf den gestrigen Zwischenfall am Burgtor kam.

Die Baustellen auf dem inneren Burghof ließen schon die Formen der geplanten Gebäude erkennen. Der König lobte besonders die Idee mit der Warmluftheizung. Der Mönch zeigte sich sehr zufrieden damit, dass offensichtlich auch eine kleine Kirche für Gottesdienste geplant war.

Auf dem ganzen Gelände herrschte angesichts des hohen Besuches ein eifriges Hämmern, Sägen und Klopfen. Die für die einzelnen Bereiche zuständigen Baumeister trieben demonstrativ ihre Leute – meistens hörige Laten aus den umliegenden Dörfern und kriegsgefangene Slaven – zur Eile an. Im erweiterten Burgbereich nördlich der inneren, durch die Mauer geschützten Anlage waren schon zahlreiche bescheidene Handwerkerhütten – meist Grubenhäuser – entstanden. Auch dort sah man überall emsiges Leben und Treiben.

Plötzlich erscholl ein lauter Ruf vom Turm über dem Westtor her. Ein Krieger der Torwache begab sich schnellen Schrittes zum Burgherren – jetzt Pfalzgrafen – der gerade an der Seite des Königs am Rande des nach Süden abfallenden Burggeländes nicht weit vom Steilhang stand und nach Südosten über das sumpfige Vorland jenseits der Oker schaute. Der Wachhabende meldete, der Ausguck habe einen Reiter erspäht, der in scharfem Galopp von Skladheim her auf die Burg zu eilte. Das Tempo des Reiters ließe erwarten, dass er etwas Wichtiges mitzuteilen hätte. Auch Volkmar, der gerade auf dem südlichen Wehrgang stand, blickte dem Reiter voller Spannung entgegen. Als dieser näher kam, konnte man das Abzeichen der Königsboten erkennen, das unübersehbar an seiner Kleidung prangte. Es verlieh ihm für die Zeit seines Auftrages besondere Vorrechte bei den Pferdewechselstellen und außerdem speziellen rechtlichen Schutz.

Dieser Bote schien es besonders eilig zu haben, so wie er sein Pferd antrieb. Einige Minuten lang war er den Blicken der Wächter entzogen, als er sein Ross durch den Hohlweg zur Burg hinauf lenkte. Dann erschien er nicht weit von der Burgmauer. Man konnte feststellen, dass er sich und dem Reittier das Letzte abverlangt hatte. Er war noch etwa 300 Schritte von der Burg entfernt, da wurde ihm bereits das Tor geöffnet, und die Arbeiter und Handwerker wurden aufgefordert, ihm Platz zu machen, damit er auf schnellstem Wege zum König gelangen konnte.

Der Reiter sprang von seinem erschöpften Pferd, das auf dem letzten Stück des steinigen Anfahrtsweges schon ins Stolpern geraten war, nachdem es mit großer Anstrengung in kurzen Galoppsprüngen den steilen Hang erklommen hatte. Helfer nahmen sich sofort des Tieres an, nahmen ihm den Sattel ab und führten es im Schritt im Kreis herum, damit es wieder zu Atem kam. Es war ein hellbrauner Hengst, ein Renner aus bester sächsischer Zucht, der sich trotz der überstandenen Strapazen nicht unterkriegen ließ. Während sein schweißnasses, schaumbedecktes Fell mit Strohbündeln trocken gerieben wurde, wendete er schon seinen ausdrucksvollen Kopf mit aufgestellten Ohren und geblähten Nüstern dem Stallgebäude zu, in dem die Reitpferde der Burg und des Königsgefolges untergebracht waren.

Der Bote, ein junger, drahtiger Krieger mit leichter Bewaffnung, ging steifbeinig, fast taumelnd auf die Gruppe zu, die sich um den König versammelt hatte und ihm gespannt entgegensah. Auch dem Reiter stand die Anstrengung eines langen, scharfen Rittes ins Gesicht geschrieben. Volkmar, der die Ankunft des Mannes beobachtet hatte, lief eilig in die Nähe der Gruppe, um möglichst aus erster Hand mitzubekommen, was wohl so wichtig sein könnte, um einen solchen Gewaltritt zu rechtfertigen, bei dem ein gutes Pferd fast zu Tode getrieben wurde.

Nach etwa zwanzig Schritten hatte der Meldereiter seine schmerzenden Beine wieder unter Kontrolle. Ohne zu zögern, ging er auf König Heinrich zu, der ihm offenbar von Person bekannt war, blieb in einiger Entfernung vor ihm stehen und verbeugte sich respektvoll. Volkmar erlauschte die kurze Mitteilung, die der Reiter mit unverkennbar thüringischem Akzent hervorbrachte: „Mein König, ich bringe mündliche Meldung von meinem Gaugrafen. Ungarische Kampfgruppen haben die sächsische Grenze überschritten und plündern die liudolfingischen Güter!"

Heinrich und seine Umgebung standen wie erstarrt. Alle Umstehenden hielten den Atem an. Das Gesicht des Königs bekam einen grimmigen und dann wild entschlossenen Ausdruck. „Die Besitzungen meiner Sippe!", stieß er hervor, „Das gilt mir persönlich! – Sie wollen den neuen König auf die Probe stellen und mich herausfordern. Nun gut", rief er und straffte sich, „sie sollen mich kennenlernen, die Hunde!" Und zum Pater gewandt: „Ich befehle das sofortige Heeresaufgebot für alle ostfälischen Gaue.

Sammelpunkt ist die Quitlingaburg. – Denen werde ich die Suppe versalzen!" Und den Geistlichen am Ärmel in Richtung des Wohnhauses ziehend, fügte er hinzu: „Setz mir sofort die schriftlichen Anordnungen auf, die ich dir diktieren werde!"

Während der angekommene Melder in einer für ihn bereitgestellten Unterkunft versorgt wurde, legte schon eine neue Gruppe von Reitern die Abzeichen der Königsboten an, sattelte schnelle Pferde und wartete auf ihre Einsatzbefehle. Bald darauf preschten sie durch das Westtor davon, teils geradeaus auf den flachen Höhenrücken zu, hinter dem sich halb rechts das Burgdorf verbarg, teils durch den Hohlweg hinab in Richtung des Burggutes Skladheim. Sie wussten genau, welche Pferdewechselstellen jeweils auf schnellstem Wege zu erreichen waren. Spätestens am nächsten Morgen würden die betreffenden Gaugrafen und militärischen Befehlshaber darüber informiert sein, dass sie sich mit ihren berittenen Aufgeboten binnen drei Tagen zur Versammlung des Heeres in der Quitlingaburg einzufinden hatten.

Zarte Bande

Die nächsten Tage in der Pfalz Werla vergingen in gespannter Erwartung. Alle Adligen mit Gefolge sowie die Frilinge und Freigelassenen aus der gesamten Umgebung – bis auf den Pfalzgrafen und die Burgbesatzung – waren auf Befehl des Königs in aller Eile mit ihm nach der Quitlingaburg gezogen. Eine unmittelbare Gefahr bestand nicht. Man wusste, dass der Feind sich noch weit im Südosten befand. Aber andererseits war auch bekannt, dass ein ungarisches Reiterheer weite Entfernungen ungemein schnell überwinden konnte. Deshalb wurden in Richtung Harz und bei der Hornburg Beobachtungsposten eingerichtet, die Tag und Nacht besetzt waren, und von wo aus geübte Meldereiter auf ausgesuchten Pferden schnell die Pfalz Werla erreichen konnten. Für Tage und Nächte mit guter Sicht wurden Rauch- bzw. Feuersignale vereinbart, um die Burg gegebenenfalls warnen zu können, bevor der Melder dort eintraf. Die Arbeiten zur Verstärkung der Burg wurden mit Hochdruck fortgesetzt. Aus den umliegenden Ortschaften wurde zusätzliches Hilfspersonal herangeholt, und die Wachen an der Mauer und rund um die Baustellen wurden verstärkt.

Volkmar beschlich ein beklemmendes Gefühl, da ihn das Ganze an seine Zeit in Sudburg erinnerte. Er konnte sich noch gut an die fremden Kundschafter erinnern, wie sie mit souveräner Umsicht und entschlossener Grausamkeit zu Werke gegangen waren. Aber damals war er noch kindlich unerfahren gewesen. Heute dagegen fühlte er sich stark und dank seiner guten Ausbildung jedem Angreifer gewachsen. Andererseits – über die wilden Steppenreiter hatte man sich schreckliche Dinge erzählt. Es hieß, sie kämpften anders als man es bei den Franken und Sachsen gewohnt war. – >Ach was!<, wischte er in Gedanken seine Selbstzweifel beiseite. >Ein sächsischer Krieger brauchte sich doch vor keinem Feinde zu verstecken!<

Aber zum Glück gab es etwas, was ihn von seinen gelegentlich trüben Gedanken ablenkte und sein Herz schneller schlagen ließ.

Angesichts der Gefahrenlage hatte der Pfalzgraf die Wachzeiten verlängern und die dienstfreien Zeiten verkürzen lassen. Die auf Wache Stehenden wurden häufig von Angehörigen und Freunden mit Essen und Trinken versorgt. Manchmal war auch ein Krug Bier dabei. Gerold, der als Hundertschaftsführer die Burgwache befehligte, duldete dies, solange es nicht überhandnahm und die Kampffähigkeit seiner Leute beeinträchtigte.

Gertrude hatte es sich zur Gewohnheit gemacht, Volkmar mit Speise und Trank zu versorgen. Jetzt war gerade wieder die Zeit für die gewohnte Abendmahlzeit gekommen, aber der Jungmann hatte noch eine Stunde lang auf dem Wehrgang zu verbringen, bevor er sich in die Unterkunft begeben durfte. Da bemerkte er zu seiner Freude das Nachbarsmädchen, wie es mit einem Weidenkorb am Arm sich durch das Getriebe der vielen Menschen auf dem Burggelände schlängelte und zu seinem Posten herankam. Als sie unter ihm in der Nähe der Mauer angekommen war, hielt es den Korb hoch und lachte seinen Freund an, dass die gesunden, weißen Zähne blitzten. „Du hast doch wohl keinen Hunger?", rief Gertrude neckisch nach oben. Als Volkmar eine Hand auf seinen Bauch legte und sich scherzhaft zusammenkrümmte, fügte sich hinzu: „Keine Sorge! Wir lassen unsere Beschützer nicht vor Schwäche sterben." Darauf wendete sie sich zum Aufgang und stapfte die Holztreppe nach oben, wo ihr Freund sie erwartete.

Das Mädchen stellte den Korb vor Volkmar auf die Mauerbrüstung. „Ich habe dir etwas Gutes mitgebracht", sagte es und nahm das Leinentuch von dem nahrhaften Inhalt ab. Ein duftendes Stück frischgebackenes Brot und eine Scheibe von einem saftigen Schweineschinken kamen zum Vorschein.

Die junge Nachbarin stand dicht vor ihm, und er war berauscht von ihren schon fraulichen Formen, die sich unter dem schlichten Wollkleid abzeichneten, und von ihrem schönen blonden Haar, das ihr in zwei dicken Zöpfen auf den Rücken herabhing. Er nahm ihr Gesicht in seine beiden, von den harten Übungen mit Schwielen bedeckten Hände. Ihre graublauen Augen leuchteten wie zwei Sterne. „Ich danke dir", sagte er leise. „Hast du in einer Stunde Zeit für mich? Dann ist mein Dienst beendet."

Ihr Gesicht wurde einen Ton blasser im letzten, schwachen Licht des Frühlingsabends. Sie schenkte ihm einen dunklen Blick und flüsterte: „Komm zur Webhütte! Ich werde dort auf dich warten."

Eigentlich hätte sie jetzt gehen müssen, denn die in der Nähe stehenden Krieger der Mauerwache warfen schon verstohlene Blicke auf das dicht beieinander stehende Paar. Aber das Mädchen konnte sich nicht entschließen, zu gehen. Um nicht noch mehr Aufmerksamkeit der anderen hervorzurufen, wendeten sie sich dem Vorfeld der Burg zu und lauschten wortlos den melodischen Abendgrüßen der Amseln, die von dem dichten Gebüsch am Rande des Abhangs zur Okerniederung herüberschallten. Dazwischen erklangen auf einmal die süßen, schmelzenden, lockenden Töne einer Nachtigall. Die beiden jungen Menschen lauschten wie gebannt. Sie standen dicht beieinander, und jeder genoss die körperliche Nähe des anderen.

Wie gern hätte Volkmar seine Angebetete jetzt einfach in seine Arme genommen! Aber er spürte die neugierigen Blicke seiner Kameraden. Und er wusste auch, wie streng unverheiratete Mädchen überwacht wurden, und dass sie sich nichts zuschulden kommen lassen durften, was mit den Stammessitten nicht in Einklang stand. Die Strafen, die unverheiratete Frauen bei zu vertrautem Umgang mit Männern zu erwarten hatten, waren hart. Wäre Gertrude nicht genau wie er das Kind eines Freien, dann wäre der Gedanke an eine Verbindung zwischen ihnen von vornherein aussichtslos. Denn die Standesgrenzen bildeten unüberwindliche Schranken. Paare, die dieses Hindernis überwinden wollten, mussten schon ihre Heimat verlassen und in der Fremde leben. Volkmar war deshalb froh, dass diese Schranken seiner Freundschaft mit Gertrude nicht im Wege standen. Die Eltern von beiden gehörten derselben Gesellschaftsschicht an. Gerold hatte seinem Sohn einmal erklärt, dass seine Vorfahren ursprünglich aus dem Frankenland stammten. Sie seien damals Waffenbrüder der Sachsen in deren Krieg gegen die Thüringer gewesen, die ursprünglich dieses Land beherrscht hätten. Aber das sei in grauer Vorzeit, noch in der heidnischen Zeit gewesen. – Allerdings hatte die sächsische Sprache, die von Volkmars und Gertrudes Eltern, ihren Kindern und auch von den meisten anderen freien Bauern gesprochen wurde, eine eigene Färbung, die man fast als Dialekt bezeichnen konnte.

Eine lange Zeit standen die beiden stumm, in Gedanken und süße Träume versunken, beieinander. Das letzte Abendlicht schwand, die Vögel wurden nach und nach stumm, und die Nacht brach herein.

Die Gefahr wächst

Endlich wurde es Gertrude klar, dass sie jetzt zu ihrer Familie zurückkehren musste, wenn es keinen Ärger geben sollte. Ein tiefer Atemzug hob und senkte ihre Brust. Sie legte ihrem Freund leicht eine Hand auf den Arm und hauchte: „Bis nachher." Dann wollte sie sich zum Gehen wenden.

Im selben Augenblick lenkte ein leises Geräusch die Aufmerksamkeit der beiden auf das Vorgelände. Offenbar war etwas gegen einen Stein gestoßen. Kurz darauf vernahmen sie ein leises Getrappel wie von einem langsam gehenden Pferd. Volkmar schob stumm seine Freundin mit einem Arm zur Seite, griff nach seinem an die Mauer gelehnten, starken Eibenbogen und rückte den am Gürtel hängenden ledernen Pfeilköcher zurecht. Da sein Beobachtungspunkt sich in der Nähe des Westtores befand, konnte er den Zufahrtsweg überblicken. Leider war es schon ziemlich dunkel geworden. Angespannt spähte er nach unten. Mit Handzeichen gab er seinen rechts und links postierten Kameraden zu verstehen, dass sich da unten irgendjemand offenbar vorsichtig näherte. Aber sie hatten es auch schon gehört und nahmen ebenfalls ihre Bögen und Wurfspeere zur Hand.

Schließlich war in einiger Entfernung vom Tor schemenhaft ein einzelner Reiter zu erkennen, der sein Pferd noch ein paar Schritte weitergehen ließ und dann anhielt. Man sah, dass er einen Arm hob, und hörte eine brüchig klingende Stimme in cheruskischem Tonfall: „Botschaft vom König! Lasst mich hinein!"

Sofort kam Bewegung in die Wachmannschaft. Ein Läufer flitzte zum Befehlshaber der Abendwache und teilte ihm atemlos mit, dass draußen ein Königsbote Einlass begehre. Der Vorgesetzte ließ sofort den Pfalzgrafen verständigen und vorsichtshalber noch zusätzlich eine Gruppe guter Bogenschützen an den Zinnen rechts und links des Tores in Stellung gehen. Nachdem er sich von der Mauerkrone aus selbst ein Bild von der Lage gemacht hatte, befahl er einer Gruppe von zehn ausgesuchten Kriegern, sich in voller Bewaffnung auf der Innenseite des Tores zu beiden Seiten bereitzuhalten. Danach erst wurden die starken Riegel entfernt und das Tor einen Spalt breit geöffnet, so dass ein einzelner Reiter hindurchschlüpfen konnte.

Der Bote, dem offensichtlich klar war, dass diese Vorsichtsmaßnahmen nötig waren, hatte sich während dieser Zeit mit seinem Tier nicht von der Stelle gerührt. Er war auch nicht abgestiegen. Nun trieb er sein Pferd langsam im Schritt zwischen die aus dicken Eichenbohlen gefertigten Torflügel, die hinter ihm sofort wieder fest verschlossen wurden. Der Reiter bot einen erbarmungswürdigen Anblick. Er schien am Ende seiner Kräfte zu sein. Mit beiden Händen stützte er sich vorne auf dem Sattel ab. Um seinen Kopf war ein blutiger Stoffstreifen gewickelt. Auch das Pferd, eine große, kräftige Stute, blutete aus einer Wunde am Hals, die offenbar von einem Streifschuss herrührte.

Nun war allen klar, dass man einen sächsischen Krieger vor sich hatte. Sofort bemühten sich alle um ihn und das schwer atmende Tier. Der Reiter ließ sich mühsam aus dem Sattel gleiten. Als man sich um seine Kopfwunde kümmern wollte, winkte er ab. „Ist nur eine Abschürfung", sagte er matt. Dann wandte er sich dem Pfalzgrafen zu, der inzwischen eingetroffen war, und dem die anderen höflich Platz machten. „Botschaft vom König", wiederholte er. „König Heinrich sitzt in der Burg Pichni beim Muldefluss fest. Solange ich da war, haben die Feinde keinen Sturm auf die Burg versucht, aber man weiß nicht, was sie weiter im Schilde führen, und wo sie weitere Truppen verteilt haben. Von der eingeschlossenen Burg aus war eine ordentliche Aufklärung nicht möglich. Ich bin mit Müh und Not durch den Belagerungsring gekommen. Das habe ich nur meiner treuen, ausdauernden Freya zu verdanken." Mit einem Arm umfasste er den Hals der braunen Stute, die leise schnaubte. „Ich habe nur drei Tage gebraucht, um hierher zu kommen. Die Pferdewechselstellen waren nicht mehr besetzt. ….. Ihr sollt euch auf die Verteidigung vorbereiten", fuhr er etwas unkonzentriert fort. „Nachdem ich mich durchgeschlagen hatte, wurde ich nicht allzu weit verfolgt. Aber es sind überall Streiftrupps der Ungarn unterwegs. Ich habe mich am Nordrand des Harzgebirges entlanggedrückt. In der Nähe des Dorfes Thale hätten sie mich heute früh fast erwischt. ….. Mit knapper Not konnte ich ihnen entkommen. Ihre Pferde waren wohl noch müder als meine langbeinige Stute."

Die Zuhörer, immer noch zusammengedrängt in der Nähe des Tores stehend, machten erschrockene Gesichter. Auch Volkmar hatte sich der Gruppe angeschlossen, während Gertrude eilig zu ihrer Familie gelaufen war.

„Wie konnte das alles geschehen?", rief Graf Thankmar entsetzt, „Ist unser König unvorsichtig gewesen?".

„Heinrich hat die Aufgebote der weiter entfernten Gaue nicht abgewartet. Sobald die Hundertschaften des Harzgaues und des Schwabengaues in der Quitlingaburg eingetroffen waren, zogen wir in Eilmärschen am Harzrand entlang nach Südosten. Als wir die Ebene zwischen Saale und Mulde erreicht hatten, meldete unsere Vorhut einen ungarischen Verband voraus, der – warum auch immer – unsere Annäherung noch nicht bemerkt zu haben schien. Ohne zu zögern, formierte der König unsere Einheiten zum Sturm und gab das Zeichen zum Angriff. Die Wucht unseres Eberkopfes brachte die Feinde tatsächlich vorübergehend in Verwirrung. Alles, was in die Reichweite unserer Schwerter kam, wurde niedergehauen. Aber dann fasste sich der Gegner erstaunlich schnell und ging seinerseits zum Angriff über. Er überschüttete uns mit einem Gewitter von Pfeilen und Schleudersteinen. Wir hatten erhebliche Ausfälle. Die Feinde waren zahlreicher als wir gedacht hatten. Fast hätten sie uns umzingelt. Wir mussten uns in die nahe Burg Pichni zurückzuziehen. Zum Glück haben die Steppenreiter in der Erstürmung von befestigten Plätzen keine Erfahrung. Sie sind nur auf schnelles Rauben und Plündern aus. Heinrich hat auch Boten nach der Quitlingaburg ausgesandt. ..... Hoffentlich sind sie dort angekommen! ..... Nun wartet unser König ..... auf den Reiterverband des Grafen Bernhard, ... der ihn aus seiner misslichen Lage ......"

Erschöpft hielt er inne. Seine Rede war zum Schluss immer schleppender und leiser geworden. Sein Gesicht war ungewöhnlich blass. Offenbar hatte er doch mehr Blut verloren, als er zugeben wollte. „Sie haben mich angeschossen. ..... Bleibt wachsam!", murmelte er, und begann leicht zu schwanken, worauf Volkmar und ein Kamerad sofort hinzusprangen, um ihn zu stützen. Dabei stellten sie mit Entsetzen fest, dass der Waffenrock des Reiters am Rücken dunkel von Blut war, und dass unterhalb des Schulterblatts ein kurz abgebrochener Pfeil steckte.

Atemlos hatten der Pfalzgraf und die Männer der Burgbesatzung dem Bericht des Boten gelauscht. Nun wurde sofort Anweisung gegeben, sich um seine Verletzungen zu kümmern und sein Pferd zu versorgen. Der Mann wurde mit Hilfe der beiden Krieger, die ihn stützten, in die Unterkunft begleitet, wo eine bereits benachrichtigte heilkundige Frau sich seiner annahm. Die Stute wurde in den Stall geführt, abgesattelt, die Halswunde mit einem blutstillenden Verband versehen und das schweißnasse Fell trocken gerieben. Helfer begannen, das blutbeschmierte Zaum- und Sattelzeug zu säubern.

Alle hatten das Vorgefühl eines Unwetters, das sich über ihren Köpfen zusammenbraute. Thankmar schickte noch in der Nacht Reiter in die benachbarten Dörfer mit der Anweisung für die Einwohner, sich unverzüglich mit der wichtigsten persönlichen Habe in den Schutz der Burg zu begeben. Auch die Männer in den vorgeschobenen Beobachtungsstellen wurden durch reitende Boten über die neueste Lage in Kenntnis gesetzt und zu erhöhter Wachsamkeit aufgefordert.

Während der nächsten Tage harrten alle in quälender Anspannung der Dinge, die da kommen sollten. Aber es geschah nichts. Keine neue Nachricht traf ein; alles blieb ruhig.

Trauer

Eine Woche verging in Ereignislosigkeit und ermüdender Wachsamkeit. Für die Burgbesatzung waren die dienstfreien Zeiten erheblich verkürzt worden. In der Burg herrschte großes Gedränge, da die Bewohner des Umlandes dem Aufruf gefolgt waren und sich schnellstens mit ihrer wichtigsten Habe auf das geschützte Gelände zurückgezogen hatten. Die Bauern hatten mutige Männer gefunden, die auf den Höfen blieben, um das Vieh zu versorgen. Bei Gefahr sollten sie ebenfalls zur Burg eilen. Man verließ sich auf die vorgeschobenen Beobachter, die sicher rechtzeitig Signal geben würden.

Auf dem Gelände der Vorburg hatten die Handwerker hölzerne Notunterkünfte errichtet und für die vielen Menschen in den steinigen Grund des Burghügels lange Latrinengräben gegraben, deren Inhalt später auf die Felder gebracht werden konnte.

Je mehr Zeit verging, umso blanker lagen die Nerven der Menschen. Einige Male hatte es schon Fehlalarme gegeben, wenn jemand im Umfeld der Wälle und Mauern etwas Gefährliches zu sehen oder zu hören meinte, was sich dann als harmlos herausstellte. Einmal wäre im Dunkeln fast eine entlaufene Kuh erlegt worden, die am Flussufer herumtapste.

Da auf dem Burggelände noch kein Brunnen vorhanden war, musste das viele Wasser, das für die Menschenmenge und die vielen Tiere benötigt wurde, in hölzernen und ledernen Eimern über einen natürlichen Einschnitt im Steilhang, den sogenannten Eselsstieg, von der unter der Burg vorbeifließenden Oker geholt werden. Dies war

Aufgabe einer besonderen Truppe von Laten, die jedes Mal von einer wachsamen Bogenschützengruppe begleitet wurde.

Endlich an einem Spätnachmittag kam aus Richtung des Gutes Skladheim ein Meldereiter angesprengt. Er zügelte sein Pferd vor dem Tor und rief zu den Wachen hinauf: „Unsere Leute kommen zurück!" Danach machte er sofort kehrt und trabte in die Richtung zurück, aus der er gekommen war.

Die Botschaft wurde sofort weitergegeben, und bald darauf drängten sich viele Menschen auf dem südlichen Wehrgang, um die Heimkehr ihrer Angehörigen, Freunde und Bekannten zu beobachten.

Eine halbe Stunde später konnte man erkennen, wie von Skladheim her eine lange Reihe von etwa 80 Reitern und Packpferden sich im Schritttempo auf die Pfalz zubewegte. Es handelte sich offenbar um die Hundertschaft, die zu den umliegenden Dörfern gehörte. Von weitem sah alles noch harmlos aus. Beim Näherkommen erkannte man jedoch viele Verwundete, die sich nur mit Mühe auf ihren Tieren halten konnten. Man verstand jetzt, warum sich der Zug so langsam bewegte. Außerdem stellten die Burgleute besorgt fest, dass einige Packpferde lange Bündel trugen, die quer über den Rücken der Tiere lagen.

Endlich kam die Truppe vor dem Tor an. Pfalzgraf Thankmar und viele Menschen – Bauernfamilien und Burgmänner – standen erwartungsvoll in beklemmender Stille draußen auf dem Anfahrtswege und blickten den heimkehrenden Kriegern entgegen.

Der Hunno Hildebrand, der die Abteilung anführte, sprang vom Pferd. Sein auf dem Rücken hängender Rundschild klapperte dabei gegen die hölzerne, eisenbeschlagene Schwertscheide. Mit schleppenden Schritten ging er auf Thankmar zu, blieb vor ihm stehen und blickte ihm ernst ins Gesicht. „Die Hundertschaft Werla meldet sich zurück", sagte er so leise, dass nur wenige von den Umstehenden es verstehen konnten. Dann fügte er etwas lauter mit fester Stimme und einem kurzen Blick in die Runde hinzu: „Es hat viel Blut gekostet...... Wir haben acht gute Männer verloren. ..... Unsere Toten haben wir mitgebracht."

Ein Stöhnen und manch leiser Aufschrei aus der Menge der Wartenden folgte dieser traurigen Mitteilung. Viele forschende Blicke flogen über die Gesichter der Angekommenen, die sich in einer ungeordneten Gruppe auf dem Wege versammelt hatten. Wer fehlte? Welche Körper verbargen sich in den langen Bündeln auf den Packpferden? Einige Frauen stürzten nach vorn, um die Reiter mit bangen Fragen zu bedrängen.

Die laute Stimme des Pfalzgrafen übertönte den entstehenden Tumult: „Tretet bitte zurück und lasst die Männer in den Burghof ziehen! Dort werden wir alles klären."

Die Menge bildete stumm eine Gasse, und die angeschlagene Truppe zog auf das Burggelände.

Auf Thankmars Weisung wurden die Leichen der Gefallenen von den Packpferden gehoben, aus den Decken gewickelt und auf dem Burghof in einer Reihe auf den Boden gelegt. Zum Glück war die steinige Erde trocken. Ein klarer, friedlicher Frühlingshimmel wölbte sich über dem traurigen Geschehen. Weit im Süden zeigte der ausnahmsweise nicht nebelverhangene Brocken seine noch schneebedeckte Kuppe. – Nun ließen sich die Angehörigen der Toten nicht mehr zurückhalten. Weinen und Klagen mischten sich mit unterdrückten Freudenrufen derjenigen, die ihren Sohn, Mann oder Vater unter den Lebenden erkannt hatten. Die meisten der Gefallenen waren durch Pfeilschüsse ums Leben gekommen, ebenso wie viele der Überlebenden durch Pfeile verletzt worden waren. Der Verwalter des Gutes Skladheim hatte mit einem Schlage zwei Söhne verloren. Bei einem der Toten war das Gesicht durch einen Keulenhieb so übel zugerichtet, dass seine Angehörigen ihn zunächst nicht erkannten. Die Kameraden des Gefallenen mussten ihnen schonend mitteilen, um wen es sich handelte.

Wieder war es der Pfalzgraf, der mitfühlend, aber energisch um Ruhe bat. „Bevor Pater Wilbert die Totenmesse halten wird, bitte ich dich, Hildebrand, uns mitzuteilen, wie die allgemeine Lage aussieht! Wo steht der Feind? Was ist mit unserem König?"

Der Hunno trat vor. „Ich will mich kurz fassen", rief er mit schallender Stimme, „Wir hatten uns mit dem König bis zur Burg Pichni durchgekämpft. Als unsere Verstärkungen anrückten, zogen die Ungarn eilig ab. Nach den Berichten unserer Kundschafter haben sie das Reichsgebiet verlassen. ….. Aber sie hatten viel Unheil angerichtet ….. Wir konnten endlich unsere ausgeplünderten Gefallenen auf dem Schlachtfeld einsammeln. König Heinrich hat uns vorläufig entlassen und ist nach der Quitlingaburg gezogen." Damit trat der Hundertschaftsführer in die Gruppe seiner Männer zurück.

Stille trat ein, als Pater Wilbert in feierlichem Kirchengewand begann, die lateinische Totenmesse zu lesen. Er wurde nur ab und zu von leisem Schluchzen der trauernden Hinterbliebenen unterbrochen. Obwohl niemand auch nur ein Wort von dem verstand, was der Mönch murmelte, war die Menge der Zuhörer doch sehr ergriffen.

Volkmar stand in der Menge der Trauernden. Er war bedrückt über den Blutzoll, den die Pfalzgrafschaft entrichtet hatte, zugleich aber auch froh darüber, dass sich keiner seiner Verwandten unter den Toten befand. Hinter sich hörte er jemanden halblaut flüstern: „Sie sind mit der Waffe in der Hand gestorben. In Walhall werden sie auf uns warten." Als Volkmar sich halb umdrehte, sah er einen gebeugten Alten hinter sich, der mit leerem Blick vor sich hin starrte. Als er die fragende Miene des jungen Kriegers bemerkte, schwieg er beharrlich.

Der Mönch machte zum Schluss mit ausholender Bewegung das Kreuzeszeichen. Auch die Trauergemeinde bekreuzigte sich mit eingeübten Bewegungen. Nur der Alte verharrte regungslos.

Nachdem der Pfalzgraf noch eine kurze Rede gehalten hatte, in der er den Kriegern seinen Dank und seine Anerkennung für ihren tapferen Einsatz zum Wohle ihres Volkes aussprach, erlaubte er die Auflösung der Truppe, damit jeder in sein Dorf und Gehöft zurückkehren konnte. Gleichzeitig wurde der Alarmzustand aufgehoben, die entfernten Beobachtungsposten zurückgerufen und die auf dem Burggelände versammelten Flüchtlinge aufgefordert, mit Sack und Pack wieder nach Hause zu ziehen. Das wurde auch Zeit, denn die Vorräte begannen schon knapp zu werden. Auch warteten zu Hause dringende Arbeiten in Feld und Garten, damit im Herbst die Ernte sichergestellt war.

Die Angehörigen der Gefallenen nahmen ihre Toten mit, um sie auf ihren Dorffriedhöfen zu bestatten.

Überraschungen

Der Sommer ging dahin. Die Betriebsamkeit auf dem Gelände der Werlaburg hielt unvermindert an. Die Gebäude, Schutzmauern und Wälle wuchsen stetig in die Höhe. Volkmars Freundschaft mit Gertrude hatte ebenfalls Bestand. Oft wurden er und sein Vater von Gertrudes Eltern eingeladen und umgekehrt. Die beiden Familien und ihr Gesinde halfen einander auch manchmal bei Arbeiten, die die Kraft vieler Menschen erforderten, so zum Beispiel bei der Bestellung der Gärten und Felder oder bei der Errichtung eines neuen Kornspeichers. Auch die gegenseitige Unterstützung bei der herbstlichen Ernte war beschlossene Sache.

Im Lande herrschte Friede. Allerdings schwebte die Ungarngefahr ständig unausgesprochen wie ein Damoklesschwert über den Dörfern der Sachsen. Bisher hatte noch niemand ein Mittel gefunden, um die dauernde Bedrohung zu beenden. Die Reiterhorden waren militärisch gut organisiert und seit Jahrzehnten taktisch geübt. Für die südöstlichen Randbezirke des Reiches war das Steppenvolk eine wahre Geißel der Menschheit, nicht nur, weil es Höfe und ganze Dörfer überfiel, Vieh und Wertgegenstände raubte und die Gebäude anzündete. Die Feinde erschlugen die Männer, die sich ihnen mit verzweifeltem

Mut entgegenstellten, und nahmen junge Frauen und Kinder mit, um sie auf den Sklavenmärkten Südosteuropas zu verkaufen. Die Herzöge von Bayern und Franken wie auch der König selbst hatten keine Möglichkeit, die in jedem Frühjahr regelmäßig zu erwartenden Übergriffe dieses schrecklichen Volkes wirksam zu unterbinden. Der Feind war zu schnell und beweglich. Auch ließ sich nie vorhersagen, wo er zuschlagen würde. Die blitzartigen ungarischen Vorstöße erreichten manchmal sogar Norditalien und selbst das Rheinland. Leider gab es im Ostfränkischen Reich, für das jetzt ein Sachse die Verantwortung trug, kein stehendes Heer und auch keinen wirksamen ständigen Grenzschutz.

Im Spätsommer kam wieder einmal ein Königsbote angetrabt, der den Pfalzgrafen zu sprechen verlangte. Thankmar ließ ihn sofort in sein Haus bitten und Mann und Ross versorgen. Nach seiner Botschaft gefragt, antwortete der Mann, ein cheruskischstämmiger Late aus dem Goselager: „Ich habe eine mündliche Botschaft für dich, Graf Thankmar, zu überbringen. Der König hält sich zur Zeit in unserer Burg auf. Er benötigt tüchtige Männer für seine Leibwache." Er machte eine kurze Pause, um einen Schluck aus dem angebotenen Becher zu nehmen, und fuhr dann fort: „Du sollst hier bei deiner Burgwache einen jungen Krieger mit Namen Volkmar Geroldsohn haben. Heinrich befiehlt dir, den Mann für den Königsdienst freizustellen und ihn nach dem königlichen Jagdhof Dinklar östlich von Hildesheim in Marsch zu setzen. Der König wird ihn Anfang Oktober dort erwarten."

Thankmar war über diese Mitteilung erstaunt und zugleich erfreut, denn er mochte den begabten, zuverlässigen Volkmar, der sich – vor allem seit dem Besuch des Königs vor einem halben Jahr – in der Pfalz allgemeine Achtung erworben hatte. Ungern verzichtete er auf den jungen, aber dennoch tüchtigen Kriegsmann, aber andererseits gönnte er ihm auch den angebotenen Posten, der ihn in engen Kontakt zum König bringen würde. Und wer weiß? - - - Vielleicht konnte auch Thankmar irgendwann indirekt Vorteile daraus ziehen. - - -

Der Pfalzgraf ließ Volkmar sofort suchen und zu sich bestellen. Ihn zu finden war nicht schwer, da er gerade an Waffenübungen innerhalb des Burggeländes teilnahm. So verging nicht viel Zeit, bis der junge Mann ahnungslos vor seinem Herrn und Befehlshaber erschien. Vom Eintreffen des Boten hatte er draußen bereits erfahren, hätte sich jedoch in seinen kühnsten Träumen nicht ausgemalt, dass er diesmal selbst die Hauptperson der Botschaft war. Sofort eilte er zu seinem Vater, um ihm die unglaubliche Neuigkeit mitzuteilen, und von dort zur Hütte von Gertrudes Eltern, um in seiner Begeisterung auch sie gleich davon in Kenntnis zu setzen. Das Mädchen, das sich zufällig gerade dort aufhielt, machte ein bestürztes Gesicht. Da wurde es auch Volkmar klar, was es bedeuten würde, nun für längere Zeit in die Fremde ziehen zu müssen. Er umarmte seine Freundin, die ihre Tränen kaum unterdrücken konnte. Auch Gertrudes Eltern machten nachdenkliche Gesichter.

Am Abend teilte Gerold seinem Sohn mit, dass er sich mit Gertrudes Eltern verabredet habe, und dass Volkmar ihn zu deren Hütte begleiten solle. Dort angekommen, machten alle feierliche Gesichter, und nach dem üblichen Willkommenstrunk ergriff Gertrudes Vater Harald das Wort. „Meine liebe Tochter, lieber Volkmar ", begann er, „unsere beiden Familien sind nun schon lange miteinander befreundet, und unsere Äcker grenzen aneinander". Er machte eine kleine Pause und räusperte sich, um dann fortzufahren: „Außerdem haben wir alle festgestellt, dass ihr beiden euch nicht ungern seht". Er zwinkerte mit einem Auge. „Um es kurz zu machen: Gerold und ich haben beschlossen ….. und meine Frau hat auch nichts dagegen einzuwenden ….. , dass unser stolzer Krieger Volkmar und du, meine Tochter Gertrude, zusammengehören sollt. So seid ihr also ab sofort ein Paar. Meine Frau und ich freuen uns, einen so tüchtigen Schwiegersohn zu bekommen. Lieber Gerold, du kannst stolz sein auf deinen Sprössling ….. aber das weißt du ja schon längst!"

Die beiden jungen Leute fielen sich glücklich in die Arme. Was sie lange gehofft und wovon sie oft geträumt hatten, war endlich Wirklichkeit geworden. Gertrudes Eltern und Volkmars Vater reichten einander die Hände. „Wir sind nun nicht nur gute Nachbarn, sondern auch miteinander verwandt!", rief Gerold.

„Das muss mit einem kräftigen Trunk begossen werden", fügte Harald hinzu.

Die beiden jungen Leute gelobten, einander auch während der langen Trennung treu zu bleiben, und Gertrudes Mutter Astrid eilte in den Vorratsraum, um mit einem Fässchen Met unter dem Arm zurückzukehren. Sie füllte fünf Becher mit dem feurigen Getränk, nahm einen zur Hand und verteilte die übrigen.

Harald erhob seinen Krug und rief mit einem Blick auf das junge Paar: „Mögen der Christengott und alle alten Götter ….." Er zögerte etwas, als er Gerolds Stirnrunzeln bemerkte, und vollendete seinen Segenswunsch: „euch auf allen euren Wegen beschützen!" Darauf nahmen alle einen kräftigen Schluck von dem anregenden Trunk, mit dem schon ihre Vorfahren wichtige Abmachungen besiegelt hatten.

Für Volkmar war das an diesem Tage nicht das letzte berauschende Getränk, das er zu sich nahm. Es war Ehrensache, dass zur Feier des Tages nach Dienstschluss im Kreise der Burgmannen kräftig „einer zur Brust genommen" wurde. Graf Thankmar hatte ein mitfühlendes Herz und stellte den künftigen königlichen Leibwächter am nächsten Tage von allen Aufgaben frei.

Das Geschenk

Man befand sich noch im Monat August des Jahres 919. Volkmar und Gertrude sahen einander nun noch öfter als bisher. Der Tag der Trennung rückte immer näher. Gertrudes wegen wäre der junge Mann gerne auf Werla geblieben, aber andererseits reizte ihn natürlich auch die neue Aufgabe, die für ihn eine große Auszeichnung bedeutete. In Gedanken malte er sich aus, was er in Begleitung des Königs alles sehen und erleben würde. Auf jeden Fall musste er rechtzeitig nach Dinklar aufbrechen, um zum befohlenen Zeitpunkt zur Stelle zu sein. Es war wohl besser, etwas zu früh loszureiten als zu spät. Man konnte ja nicht wissen, was ihm auf den unbekannten Wegen alles begegnen würde.

Gegen Ende des Monats wartete Gerold mit einer besonderen Überraschung auf. Er erwirkte für sich und seinen Sohn einen Kurzurlaub vom Burgdienst und ritt mit Volkmar nach ihrem Hof im Burgdorf. Unterwegs machte er eine geheimnisvolle Miene, verriet aber nicht, was er vorhatte. Beim Gehöft angekommen, überzeugte er sich zuerst auf einem kurzen Rundgang davon, dass alles seine Ordnung hatte und der Betrieb gut verwaltet wurde. Hasso, der große schwarze Hofhund, ein Sohn des alten Wotan, begrüßte sie mit freundlichem Schwanzwedeln. Dann führte Gerold seinen Sohn in das Haupthaus und ging mit ihm zu den vertrauten Pferdeboxen hinüber. Erst mussten sich die Augen an das Dämmerlicht gewöhnen, das durch die kleinen Fensteröffnungen drang. Die meisten Stellplätze waren leer, weil sich die Tiere draußen auf der Weide befanden. Aber aus der hinteren Ecke erscholl ein munteres Wiehern, und Volkmar sah einen hellen Fleck im Halbdunkel schimmern. Beim Näherkommen erkannte er staunend einen edlen, kräftigen Schimmelhengst, allem Anschein nach ein noch junges Tier, das einen temperamentvollen, aber dabei gutmütigen Eindruck machte. Volkmar kannte das Pferd noch nicht. Sein Vater musste es neu erworben haben. Der Hengst gefiel ihm auf den ersten Blick, wie er aufmerksam den ausdrucksvollen Kopf hob und den Neuankömmling mit aufgestellten Ohren beschnupperte.

Gerold beobachtete die Begrüßungsszene schweigend. Dann legte er einen Arm um die Schultern seines Sohnes und sagte: „Er mag dich. Das ist gut. Er ist dein...... Du sollst mit einem ordentlichen Streitross bei König Heinrich erscheinen."

Volkmar war von diesem Geschenk überwältigt und bedankte sich überschwänglich bei seinem Vater. „Wo hast du ihn her?" fragte er.

Gerold antwortete: „Ich habe ihn gegen zwei meiner Stuten eingetauscht. Er stammt aus bester sächsischer Zucht. Der Züchter, ein alter Bekannter von mir aus einem Dorf im Bardengau, hat ihm den Namen Blitz gegeben, weil er so schnell ist. ….. Eine passende Bezeichnung, meinst du nicht? Er ist drei Jahre alt und kann wirklich ungewöhnlich schnell rennen, wie ich draußen feststellen konnte, als er mit den anderen Pferden herumtollte. Ich gebe ihn dir schon jetzt, damit ihr Zeit habt, euch aneinander zu gewöhnen. Er ist bisher noch nicht unter dem Sattel gegangen. Du wirst der Erste sein, der ihn reitet. Traust du dir zu, ihn anzulernen? ….. Aber natürlich! Du bist doch nicht umsonst bei deinem Mutterbruder Ingo gewesen, oder?"

Volkmar war erstaunt über den ungewohnten Redeschwall seines Vaters. So viel auf einmal sagte er nur, wenn er sich über etwas besonders freute. Jetzt freute er sich darüber, dass seinem Sohn das Geschenk gefiel. „Nimm ihn mit auf die Werla!", sagte er, „Ihr müsst täglich miteinander umgehen. Üb mit ihm in deiner Freizeit! ….. Und unseren schwarzen Hasso sollst du auch mitnehmen. Die beiden Tiere sind schon vertraut miteinander. Die jüngere Hündin kann als Wachhund hier auf dem Hof bleiben. ….. Ihr werdet sicher ein gutes Dreigespann."

Volkmar konnte sein Glück nicht fassen. Er führte sein neues Pferd auf dem Hof herum und betrachtete es von allen Seiten. Was er sah, stellte ihn zufrieden. Er konnte keinen Mangel an dem Tier finden. Hasso, das „schwarze Untier", wie er den Hund scherzhaft genannt hatte, umkreiste die beiden und schien sich jetzt schon als zugehörig zu betrachten. Abends ritt der so fürstlich Beschenkte mit seinem Vater nach der Pfalz zurück, wobei er den weißen Hengst als Beipferd mit sich führte. Der treue Hasso, der von dem ungewohnten Ausflug begeistert war, begleitete sie, wobei er oft, vor Freude kläffend, eine kurze Strecke vorausrannte.

Das Zureiten des Hengstes hätte schwieriger ausfallen können. Das Tier erwies sich als gelehrig, und Volkmar beherzigte alle Ratschläge seines Onkels, an die er sich noch gut erinnerte. Das Allerwichtigste war, dass Mensch und Pferd Freunde wurden. Und so gewöhnte Volkmar sein Pferd langsam und schonend daran, ein Gewicht auf seinem Rücken zu tragen. Als er sich zum ersten Mal vorsichtig in den Sattel zog, wobei er ständig beruhigend auf das Tier einredete, stand der Hengst erst einmal starr vor Schreck. Doch die erwarteten Bocksprünge blieben aus. Als Blitz vor Aufregung schnaubend die ersten zaghaften Schritte machte, klopfte sein neuer Besitzer ihm lobend den Hals. Nach einer Weile stieg er langsam ab und belohnte das Tier mit einem Apfel. Da Volkmar auch das Füttern und Putzen stets selbst übernahm, wurde zwischen den beiden ein festes Band des Vertrauens geknüpft. Und der schwarze Hund war immer mit von der Partie. Er und das Pferd waren bald unzertrennlich. Die Pferdepfleger der Werlaburg gewöhnten sich bald daran, dass Hasso regelmäßig auch am Stellplatz des Hengstes übernachtete. Man gewann den Eindruck, dass der Hund sich für das Pferd verantwortlich fühlte. Er ließ auch niemanden außer seinem Herrn an den Hengst heran.

Jeden Morgen begrüßten die Tiere ihren gemeinsamen Freund mit Wiehern und Gebell.

Der erste Reisetag

Der Monat September rückte heran. Volkmar hatte sich vorgenommen, Mitte des Monats seine Reise zum Jagdhof anzutreten. Mit großer Spannung und Neugier sah er dem Tag seines Abmarsches entgegen. Die Landschaft okeraufwärts hatte er schon kennengelernt, als er die Lehrzeit bei seinem Mutterbruder angetreten hatte. Auch von dem felsigen Harzgebirge hatte er einen Eindruck bekommen. Aber sonst war er seit seiner Rückkehr aus Sudburg kaum über den engen Umkreis der Pfalz hinausgekommen.

Endlich war der Tag gekommen, an dem er zum zweiten Mal in seinem Leben seine engere Heimat verlassen sollte. Von allen Freunden und Bekannten – vor allem von seiner Verlobten – hatte er sich verabschiedet. Gertrude hatte mühsam ihre Tränen unterdrückt und versprochen, auf ihn zu warten. Seine Ausrüstung war gründlich überprüft und instandgesetzt worden. Das Sattel- und Zaumzeug sowie seine Lederkleidung waren gut eingefettet, das Holz seines Eibenbogens geölt und ein reichlicher Vorrat an neuen Jagd- und Kriegspfeilen aus Hasel- und Eschenholz gefertigt. Schwert, Sax und Messer mussten ohnehin ständig mit Hirschfett vor dem Rosten geschützt sein. Volkmars Unternehmungslust griff auch auf Blitz und Hasso über, die spürten, dass etwas Besonderes bevorstand.

Gerold hatte seinem Sohn ein Packpferd mitgegeben: Hasel, eine braune Stute. Ein Hengst oder Wallach wäre nicht zweckmäßig gewesen, da es zwischen den beiden Tieren zu Machtkämpfen kommen konnte, und es sich erwiesen hatte, dass Blitz und Hasel sich gut vertrugen. Die Stute trug nun einen Packsattel und darauf die gesamte Ausrüstung, wie man sie für einen Feldzug brauchte: die aus Leder zusammengenähten Planen für ein Einmannzelt mit den dazugehörenden Eschenstangen und eisernen Heringen, zusammengerollte Felle und Decken zum Lagern, Geräte zum Feuermachen und Kochen sowie oben drauf den Langbogen in seinem leinenen Futteral, eine zweite Lanze aus Eschenholz und fünf gebündelte Wurfspeere. Seitlich am Sattel hingen zwei prall gefüllte Köcher mit Pfeilen, deren Befiederung durch lederne Kappen vor Regen geschützt war, der eiserne Spangenhelm mit ledernem Genickschutz und ein neuer, bunt bemalter Rundschild mit metallbeschlagenem Rand und eisernem Handschutzbuckel.

„Sei wachsam, dass du unterwegs nicht unter die Räuber fällst!", hatte sein Vater ihm halb im Spaß, halb im Ernst noch geraten. Aber es war Volkmar wohl bewusst, dass eine Reise ohne Begleitung auch im Herzogtum Sachsen nicht ganz ungefährlich war. Es gab dicht bewaldete Gegenden, in denen entlaufene Hörige oder Sklaven sich verstecken und Banden bilden konnten. Jedoch vertraute er auf sein Gespür, seinen treuen Wachhund, die Schnelligkeit seiner Pferde und nicht zuletzt auf seine kämpferischen Fähigkeiten. Schwert, Sax und Messer trug er ständig am Körper.

Viele Freunde und Kameraden der Burgwache standen am Tor und winkten ihm nach, als er im Trab unter dem freudigen Gebell des vorausspringenden Hasso auf dem Heerweg in Richtung Burgdorf davonritt.

Volkmar folgte dem Heerweg quer über das Warnetal. Als er seine Pferde durch die Furt trieb, blickte er kurz zu seinem elterlichen Hof hinüber, den er in einiger Entfernung hinter einer Baumgruppe erkennen konnte. Er hielt sich aber nicht damit auf, dort noch einmal einen kurzen Besuch zu machen, obwohl der vorauslaufende Hund schon auf den nach links abzweigenden Weg einbiegen wollte. Der Reiter lenkte seine Pferde geradeaus weiter in Richtung auf die Okerfurt bei Ohrum, auf die der alte Handels- und Heerweg zuführte. Sein Vater, der die Landschaft von einigen Feldzügen her kannte, hatte ihm vorgeschlagen, vor der Okerfurt den von Nordwesten, von der Weser her darauf zu führenden Handelsweg nach links einzuschlagen. Wenn er sich dem Bischofssitz Hildesheim nähere, solle er auf den langgestreckten Höhenzug zu seiner Linken zusteuern. In der Richtung müsse der Jagdhof Dinklar liegen, den König Heinrich schon als Herzog benutzt habe. Südlich von dem Hof sei ein etwas höherer, den Waldhügeln vorgelagerter Berg zu erkennen, auf dem es ein Heiligtum gebe. Dieser Berg gebe die Richtung vor, auf die er zuhalten müsse.

Volkmar hielt sich an Gerolds Ratschläge. Er genoss es, bei wunderschönem, sonnendurchglühtem Spätsommerwetter allein durch die Natur zu reiten. Es war die Zeit der Reife. Eichen und Buchen waren voller Früchte, die bald den vielen Tieren des Waldes Nahrung für die Winterzeit liefern würden. Das Laubwerk stand überall noch in vollem Grün. Hin und wieder sah man Eichhörnchen gewandt die Baumstämme hinaufklettern und sich in großen Sprüngen geschickt durch das Geäst bewegen. Aus der Luft erschollen immer wieder die Katzenschreie der Bussarde, Habichte und Milane. Hoch oben zog ein Steinadler seine Kreise.

Die Breite des Weges wechselte ständig. Jeder, der ihn zu Pferd oder mit einem von Tieren gezogenen Transportwagen benutzte, fuhr dort, wo die wenigsten Schlammlöcher oder Stolpersteine waren. Einmal hörte Volkmar hinter einer unübersichtlichen Wegbiegung das typische Poltern und Knarren eines solchen Gefährts. Gespannt blickte er der Kurve entgegen, und bald sah er, dass es sich sogar um zwei bepackte, von starken Ochsen gezogene Kaufmannswagen handelte, die von einer Gruppe von fünf bewaffneten Reitern begleitet wurden. Der Führer dieses Transports saß auf dem vorderen Wagen, und sein Gehilfe lenkte den zweiten. Die Reiter waren wohl bezahlte Wächter, wie es bei Fernreisenden üblich war. Sie musterten den Fremden neugierig. Die Wagen hielten an, was die vorgespannten Ochsen sofort ausnutzten, um vom Wegesrand Grasbüschel und von den Büschen Blätter in ihren Mäulern verschwinden zu lassen. Volkmars Pferde waren angesichts der entgegenkommenden Artgenossen viel zu aufgeregt zum Fressen.

Natürlich fragte man nach dem Woher und Wohin sowie nach dem Ziel der Reise. Bei dem Besitzer der Wagen handelte es sich um einen schwäbischen Händler. Er führte gut verpackte Keramik und Glaswaren aus dem Rheinland mit sich und wollte weiter an die Ostsee, um seine Fracht gegen Bernstein einzutauschen. Die letzten

Tage seiner Fahrt seien ohne besondere Zwischenfälle verlaufen. Er sei auch nirgends belästigt worden, was wohl auf seine Begleiter zurückzuführen sei. Bei diesen schien es sich tatsächlich um erfahrene Kriegsleute zu handeln. Sie waren ebenfalls Männer aus dem Schwabenlande, die sich als Schutztruppe für die wertvolle Fracht zur Verfügung gestellt hatten. Sie hatten ihr langes Haar nach alter Stammessitte zu einem Zopf geflochten und über einem Ohr zu einem Knoten geschlungen.

„Aus Schwaben kommt ihr also", sagte Volkmar . „Was habe ich da gehört? Ihr wollt unseren König nicht anerkennen?"

Die Bewaffneten machten ernste Gesichter und schwiegen. Der Händler schaute ihn einen Augenblick nachdenklich an, machte dann eine wegwerfende Handbewegung und antwortete: „Du scheinst gut unterrichtet zu sein. ….. Aber was geht mich die Politik an? Ich will Handel treiben und mit allen Menschen in Frieden leben. Sollen die Herzöge das doch untereinander ausmachen! "

„Aber unser Herzog ist jetzt König!", beharrte Volkmar.

„So wird es wohl sein", meinte der Schwabe beschwichtigend.

So trennte man sich, jeder mit seinen eigenen Gedanken über die politische Lage beschäftigt. Mit gegenseitigen guten Wünschen für den weiteren Reiseweg setzte jeder seinen Marsch fort.

Wo der lehmige Boden vom letzten Regen noch feucht war, sah der einsame Reiter oft Fußspuren von Wildschwein, Hirsch und Reh. Volkmar konnte anhand der

Abdrücke sogar feststellen, dass sich auch Braunbär und Wolf in diesem guten Jagdrevier aufhielten.

Gegen Mittag wurde die Luft schwül, und von Westen zogen dunkle Wolken auf. Volkmar wischte sich den Schweiß von der Stirn und öffnete seinen Waffenrock bis zum Gürtel. In den letzten zwei Stunden war er keiner Menschenseele begegnet. Wenn irgendwelche Reisende unterwegs waren, dann legten sie in dieser Mittagshitze wahrscheinlich eine Rast ein. So entschied sich auch der angehende Leibgardist dafür, den Tieren eine Pause zu gönnen und steuerte eine kleine Lichtung abseits des Weges an, deren steiniger Boden von einer gewaltigen, uralten Eiche beschattet wurde. Er band die beiden Pferde an zwei dünnere Baumstämme in der Nähe und schlug in Erwartung eines Regengusses sein Lederzelt auf. Alles, was durch Nässe Schaden nehmen konnte, vor allem seinen Lindenschild und die Waffen, nahm er mit in das Zelt.

Noch fiel kein Tropfen, aber der immer schwärzer werdende Himmel verhieß nichts Gutes. In den Wipfeln der Bäume lärmten Häher und Dohlen. In deren Geschrei mischte sich plötzlich ein dunklerer Ton, der eindeutig von Kolkraben herstammte. Volkmar mochte die Raben mit ihrem blauschwarzen Gefieder. Er blickte nach oben. Dabei beobachtete er, dass sich zwei dieser Vögel im Geäst der Eiche niedergelassen hatten, unter der er sich befand. Sie waren mit irgendetwas beschäftigt. Nun, da sein Interesse geweckt war, trat er einige Schritte auf die Lichtung zurück, um die schwarzen Rabentiere genauer in Augenschein zu nehmen. Da erkannte er, dass an einem Ast ein geschlachtetes Huhn hing, an dem die Raben herumhackten. Was hatte das zu bedeuten? Volkmar fiel der Großvater in Sudburg wieder ein und der alte Mann bei der Trauerfeier auf der Werla. Da wurde ihm auf einmal blitzartig bewusst, dass er sich unter einem heidnischen Heiligtum befand, in dem irgendjemand dem Wodan ein Opfer gebracht hatte, das sich dessen beiden sagenhaften Begleiter, die beiden Raben, nun holten. Der alte Götterglaube war also noch nicht tot! Ein leichtes Gefühl der Unsicherheit breitete sich in ihm aus. Hatten nicht vor langer Zeit alle Sachsen ihrem alten Glauben abschwören müssen? Hatten nicht alle, die den alten Göttern huldigten, mit schweren Strafen zu rechnen? – Was war nun richtig? Vielleicht lebten die Götter der Vorfahren doch, und der Christengott war nur der oberste von allen, stand also noch über Wodan?

Volkmar hörte auf zu grübeln und begab sich in sein Zelt, denn jetzt platschten auf einmal erst vereinzelt, dann immer schneller, dicke Regentropfen auf das harte Gras der Waldlichtung und auf das Laub der alten Eiche. Der Hund kroch zu ihm herein und leistete ihm Gesellschaft. Dann brach ein gewaltiger Platzregen herunter, Blitze zuckten und Donner grollte. Einige Windstöße brachten die Kronen der Bäume in Bewegung. Die beiden Pferde wieherten erschrocken und zerrten an ihren Seilen. Volkmar rief ihnen vom Zelteingang her beruhigende Worte zu. Als der erste Ansturm vorbei war, prasselte eine Zeitlang ein starker Dauerregen herunter. Das Gewitter hörte auf. Nach einer Weile wurde auch der Himmel wieder heller, es hörte auf zu regnen, und die Sonne wagte sich wieder hervor.

Das war für Volkmar das Signal zum Weiterziehen. Er baute das Zelt ab und belud das Packpferd sorgfältig wieder mit den abgenommenen Sachen. Auf dem unebenen Handelsweg waren große und ziemlich tiefe Wasserpfützen entstanden, die den drei Tieren Gelegenheit boten, ihren Durst zu stillen. Ihr Herr hatte dafür noch einen Rest Quellwasser in der aus einer Schweinsblase gefertigten Flasche, die er am Sattel hängen hatte.

Als der Tag zu Ende ging, fand Volkmar eine mit nur wenigen Bäumen bestandene, mit fettem Gras bewachsene Senke, in der ein kleiner Bach plätscherte. Hier beschloss er, zu übernachten. Bald war mit geübten Griffen das Lederzelt wieder aufgebaut und das Schlaflager bereitet. Das Gepäck einschließlich der beiden Sättel wurde neben das Zelt gelegt. Nur den Schild und die Waffen behielt Volkmar bei sich, wie es sich für einen ordentlichen Krieger gehörte. Die Pferde ließ er frei laufen. Er band ihnen lediglich die Vorderfüße so weit zusammen, dass sie nur kleine Schritte machen konnten. So waren sie jedenfalls in der Lage, sich die Nacht über am reichlich vorhandenen Grünfutter zu laben. Volkmar selbst wickelte den von seiner Verlobten liebevoll eingepackten Reiseproviant aus und gab auch seinem treuen Hund seinen Teil zu fressen. Dieser kroch wieder zu ihm ins Zelt. Volkmar wusste, dass den scharfen Ohren seines vierbeinigen Freundes auch während der Nacht nichts entgehen würde. Als es dunkel geworden war, legten sich die beiden Zeltgenossen zur Ruhe und schliefen nach der Tagesreise bald wie die Murmeltiere. Auch die Pferde legten sich irgendwann zu Boden, nachdem sie sich sattgefressen hatten.

Der zweite Reisetag

Im Morgengrauen wurde Volkmar durch das Knurren seines Hundes geweckt. Hasso stand mit gesträubtem Nackenfell im Zelteingang und starrte zum Weg hinüber. Volkmar schob leise seine Decke von sich und kroch halb aus dem Zelt heraus, um sich einen Überblick zu verschaffen. Auch die beiden Pferde hatten sich erhoben und trippelten mit ihren zusammengebundenen Vorderfüßen unruhig umher. Der Hengst stieß ein scharfes, warnendes Schnauben aus. Die drei Tiere witterten irgendeine Gefahr, so viel stand fest! Volkmar zog vorsichtig einen der Speere aus dem Bündel und schlich gebückt und leise zum Weg hinüber. Sein Hund hielt sich dicht an seiner Seite. Etwa fünfzig Schritte entfernt stand Etwas unbeweglich am Wegesrand. Vielleicht ein Reh? Doch dazu passte das Benehmen des Hundes nicht. Er hörte nicht auf, tief zu grollen, und drückte sich eng an das Bein seines Herrn. Also musste er großen Respekt vor dem unbeweglichen Wesen da vorne haben! Als Volkmar noch ein paar Schritte weiter geschlichen war, bewegte sich das Tier etwas, ergriff aber nicht die Flucht. Da plötzlich erkannte der Sachse, was er vor sich hatte: Da vorne stand ein großer, grauer Wolf!

Es handelte sich offenbar um einen Einzelgänger. Er stand etwas geduckt und gab keinen Laut von sich. Langsam drückte er sich in das Gebüsch, wendete noch einmal den Kopf und schaute den Menschen aus schrägen Augen an. Dann war er mit einem Satz im Gesträuch verschwunden.

Volkmar atmete auf. Der Graue war offenbar vom Geruch der Pferde angelockt worden. Aber auf einen Kampf gegen Mensch und Hund wollte er es wohl nicht ankommen lassen.

Für die viehzüchtenden Bauern waren Bär, Wolf und Luchs ausgemachte Bösewichte, die man jagte und tötete, wo man konnte. Andererseits spürte Volkmar gerade gegenüber dem Wolf eine eigenartige Seelenverwandtschaft. Er beneidete ihn um sein freies Jägerleben. In Gedanken wünschte er dem großen Grauen eine gute Jagd und kehrte zu seinem Zelt zurück. Der Hund konnte sich lange nicht beruhigen. Immer wieder hob er seine Nase und schnupperte zum Wald hinüber. Die Pferde beruhigten sich langsam und begannen, Gras zu rupfen.

Mit der Nachtruhe war es nun natürlich vorbei. Volkmar beschloss, den Aufbruch zur zweiten Tagesreise vorzubereiten. Zuerst musste er jedoch eine Morgenmahlzeit zu sich nehmen, denn sein Magen meldete sich schon vernehmlich. Dazu bediente er sich aus dem mitgenommenen Proviant, der von vornherein für zwei Tage berechnet war. Blitz und Hasel fanden auf der Wiese genug zu fressen. Und Hasso brauchte auch nicht gefüttert zu werden. Er war am Bach auf die Jagd gegangen und hatte ein vorwitziges, junges Kaninchen erwischt, das er nun auseinandernahm.

Volkmar nahm seinen beiden Pferden die Beinfesseln wieder ab, worüber sie sichtlich froh waren. Erleichtert trabten sie um ihn herum. Volkmar lockte sie mit ein paar Brotstücken heran, band sie wieder an zwei Bäumchen und belud Hasel mit dem Gepäck. Hasso, der es nicht erwarten konnte, die Reise fortzusetzen, sprang bereits kläffend auf dem Wege herum. Der junge Krieger schwang sich auf den Hengst und lenkte die Pferde auf den breiten Heerweg zurück und weiter in Richtung Westen.

Gegen Mittag führte der Weg leicht bergab und näherte sich der Furt über die Fuhse. Noch vor dem Flussübergang sah Volkmar schon von weitem ein großes Gehöft liegen, das – wie man an der Zahl der Wohn- und Stallgebäude ablesen konnte – wohl darauf eingerichtet war, Reisende vorübergehend aufzunehmen. Auf zwei an den Hof grenzenden Weiden grasten Pferde und Schafe. Volkmar freute sich darauf, wieder einmal einen kräftigen Trunk zu sich zu nehmen, und dabei auch Neuigkeiten zu erfahren. Herbergen wie diese boten dazu immer die besten Möglichkeiten.

Die Hofhunde hatten die Ankunft des Fremdlings schon angemeldet, und der Hausherr kam ihm bereits am Tor entgegen. Nachdem der junge Kriegsmann kurz Auskunft über sein Woher und Wohin gegeben hatte, wurde er eingeladen, auf dem Gehöft eine Rast einzulegen. Volkmar stellte fest, dass sich zahlreiche Menschen hier aufhielten, die offenbar zum Betrieb gehörten. Eine Kinderschar unterschiedlichen Alters lief neugierig zusammen, schien aber hier in der Nähe des Heerweges an den Anblick von Fremden gewöhnt zu sein. Der Herr des Hofes, ein sächsischer Friling, unterhielt – wie Volkmar richtig vermutet hatte – eine Herberge für Leute, die auf dem Heer- und Handelswege reisten. Außerdem verwaltete er eine Pferdewechselstelle für Königsboten und war darüber hinaus dafür verantwortlich, dass eine bestimmte Wegstrecke von Busch- und Baumbewuchs freigehalten wurde. In Krisenzeiten diente der Hof auch noch als fester Platz zur Sicherung der Furt über die Fuhse. Das alles erklärte auch die Anwesenheit der vielen jungen Männer, denen man ansah, dass sie das Kriegshandwerk beherrschten, die aber auch alle bei den verschiedensten Arbeiten gebraucht wurden.

Volkmar nahm die Einladung des Hofherrn gerne an, in der Nähe des Haupthauses auf der solide gezimmerten Bank unter einer großen, schattenspendenden Linde Platz zu nehmen. Der Gastgeber setzte sich zu ihm, ließ die Pferde des jungen Reisenden an die Tränke führen, die aus einem halbierten Baumstamm gefertigt war, und ihnen mit Hafer gefüllte, lederne Futterbeutel um die Köpfe hängen. Außerdem wies er eine Gehilfin an, zwei Krüge mit Bier herbeizubringen. Hasso hielt sich dicht bei seinem Herrn, da die Meute des Hofes die Bank mit gefletschten Zähnen umkreiste. Nur die befehlende Stimme des Gastgebers hielt sie davon ab, dem schwarzen Eindringling zu zeigen, wer hier das Sagen hatte.

Als der Gastgeber erfahren hatte, in wessen Auftrage der junge Reiter unterwegs war, verzichtete er auf eine Bezahlung und gab dem angehenden Leibgardisten noch gute Ratschläge für die weitere Reise mit auf den Weg. „Jenseits des Flusses kommst du durch dichte Waldungen", teilte er ihm mit. „Dort musst du besonders achtgeben. Wir haben den Verdacht, dass sich eine Gruppe von Banditen hier in der Nähe aufhält. Vorgestern Nacht wurde uns ein Schaf von der Weide gestohlen. Die Spuren deuten darauf hin, dass es Menschen waren, die es geholt haben. In den nächsten Tagen wollen wir einen Streiftrupp zusammenstellen, um die Wälder bis zum Königsweg zu durchkämmen und die Burschen zu vertreiben. ….. Andererseits….." – er machte ein bekümmertes Gesicht – „können einem die Kerle manchmal auch leidtun. Durch die Verwüstungen, die Dänen, Slawen und Ungarn in den letzten Jahren angerichtet haben, sind viele rechtschaffene Leute in Not geraten. Und wenn keine Verwandten und Freunde da sind, die ihnen helfen können, ……." Er beendete den Satz nicht. Als Volkmar sich verabschiedete, um weiterzuziehen, ließ ihm der freundliche Wirt noch ein gebratenes Huhn als Wegzehrung einpacken und wünschte ihm viel Glück auf dem Weg und Erfolg im Dienste des Königs.

Volkmar trieb seinen Hengst langsam im Schritt durch das seichte Wasser der Furt. Die Stute musste wohl oder übel folgen, da sie mit einer Leine an den Sattel des Hengstes gebunden war. In der Mitte des Flusses machte sie Anstalten, sich hinzulegen, weil sie liebend gern gebadet hätte. Aber der aufmerksame Reiter spürte ihr Zögern sofort und klatschte ihr seine flache Hand auf die Kruppe, um sie nach vorn zu treiben. Der Hund hatte es in dieser Hinsicht besser. Er kam in den vollen Genuss des Wassers, denn er musste ohnehin schwimmen, da seine Pfoten nicht an den Grund der Furt reichten. Dafür wurde er aber von der Strömung abgetrieben und konnte erst dreißig Schritte flussabwärts an Land klettern. Nachdem er sich dort ausgiebig geschüttelt hatte, dass die glitzernden Wassertropfen nur so flogen, sprang er bellend zu den Pferden zurück, die vor ihm schon das andere Ufer erstiegen hatten.

Volkmar kam gut auf dem Wege voran. Es war nicht mehr so warm wie am Vortag. Das Gewitter hatte nachhaltig für etwas frischere Luft gesorgt, und es wehte ein leichter Westwind, der dem Reiter angenehm die Stirn kühlte. Der Wald wurde tatsächlich dichter, so dass der Wind nach einiger Zeit kaum noch zu spüren war. Hier hatte es während des Unwetters wohl einige Sturmböen gegeben, denn auf dem Wege lagen abgebrochene Eichenäste, die umgangen oder übersprungen werden mussten. Auch bemerkte Volkmar mehrere umgestürzte Bäume. Er trieb seine Pferde hin und wieder zu einem leichten Trab an, um schneller aus diesem unübersichtlichen Urwald herauszukommen. Seine Umgebung behielt er ständig im Auge und beobachtete aufmerksam das Verhalten des Hundes, auf dessen Gehör und Geruchssinn er sich verlassen konnte.

Hasso lief die meiste Zeit voraus und hatte ständig seine Nase am Boden. Für ihn war dieser Marsch ein gewaltiges Abenteuer. Er war ganz begeistert von den vielen neuen Gerüchen. – Jetzt war er gerade wieder zwanzig Sprünge voraus. Auf einmal blieb er wie angewurzelt stehen und spähte mit erhobenem Kopf nach rechts in den Wald hinein. Er blickte kurz zu seinem Herrn empor, der langsam zu ihm aufgeschlossen hatte, und blaffte leise, um sich dann sofort wieder dem Wald zuzuwenden. Irgendetwas musste er dort entdeckt haben. Ein Raubtier war es wohl nicht; dann hätte er sich anders verhalten. Volkmar ließ seine Pferde noch ein paar Schritte vorwärts gehen, bis sie auf der Höhe des Hundes waren, und suchte ebenfalls mit den Augen die Lücken zwischen den Baumstämmen und Gebüschen ab. Da fiel ihm nicht weit vom Wege entfernt eine Bewegung auf. Er glaubte, ein Kind erkannt zu haben.

Volkmar war entschlossen, sich davon zu überzeugen, was hier vor sich ging. Er stieg ab, rief Hasso halblaut zu sich und zog vorsichtshalber das Schwert. Dann zerrte er, so leise es ging, seine Pferde zwischen die Bäume in die Richtung, in der er eine kleine Gestalt gesehen hatte. Als er ein dichtes Weißdorngebüsch umrundet hatte, sah er endlich, was die Aufmerksamkeit des Hundes auf sich gezogen hatte: Auf einer kleinen Fläche, die frei von Unterholz war, lagerte eine Familie mit mehreren Kindern. Der Vater, ein Mann in mittleren Jahren mit einer schlecht verheilten Wunde an der Wange, sprang erschrocken auf die Füße und griff eine offenbar aus Eichenholz gefertigte Keule vom Boden auf, als er Hund und Mann erblickte. Als der fremde Reiter jedoch stehen blieb, seine Waffe wegsteckte und seinen Hund bei sich behielt, legte auch der Familienvater den Knüppel wieder weg. Er schien sonst – abgesehen von einem handlangen Messer, das in einer Lederscheide an seinem Gürtel hing – keine Waffen zu besitzen.

Die Leute machten einen ärmlichen, abgerissenen Eindruck. Fünf Kinder im Alter von ungefähr zwei bis neun Jahren, zwei Jungen und drei Mädchen, drängten sich an ihre verhärmt aussehende Mutter. „Was treibt ihr hier allein im wilden Wald?", fragte Volkmar den Vater.

„Wir machen hier eine längere Pause, um Proviant zu sammeln", erklärte dieser in thüringischer Mundart.

Als Volkmar verwundert fragte, wo die Familie denn zuhause wäre, erfuhr er das ganze traurige Schicksal, das sie erlitten hatte: Es handelte sich um eine Latenfamilie von einem Frilingshof im Grenzland. Bei dem Ungarneinfall im Frühling hatten sie ihren gesamten Besitz verloren. Alles war ein Raub der Flammen geworden. Als einzige Hofbewohner waren sie dem Gemetzel entkommen, weil sie sich in letzter Minute verstecken konnten. In der Dunkelheit der Nacht waren sie dann entkommen. Das jüngste Kind, ein Säugling, war auf der Flucht gestorben. Das Frühjahr und den Sommer über hatten sie sich mit Gelegenheitsarbeiten auf fremden Höfen über Wasser gehalten. Zur Zeit konnte man sich aus dem Walde ernähren, wie man an den kleinen, geflochtenen Körben sah, die mit Beeren und Bucheckern gefüllt waren. Man konnte auch mal ein Stück Wild in einer Schlinge fangen. „Aber wir blicken mit Sorge dem Winter entgegen", sagte der Vater, „Dann brauchen wir unbedingt ein festes Dach über dem Kopf. ….. Wir sind nicht die Einzigen, denen es so geht. ….. Aber jeder muss sehen, wie er durchkommt."

„Habt ihr keine Angst vor Räubern?", wollte Volkmar wissen.

„Was sollten die uns schon nehmen?", bekam er zur Antwort, „Wir haben nicht viel mehr als unser Leben."

Volkmar hatte Mitleid mit diesen Menschen, und er entschloss sich, ihnen das gebratene Huhn zu überlassen, das der Wirt ihm mitgegeben hatte. Bevor er sich verabschiedete, gab er ihnen noch einen guten Rat: „Seht zu, dass ihr vor dem Winter noch nach Hildesheim kommt! Das Kloster dort wird euch sicher nicht abweisen und euch wenigstens für die härteste Jahreszeit Nahrung und Unterkunft gewähren."

Die Eltern bedankten sich mit Tränen in den Augen und wünschten dem jungen Kriegsmann alles Gute für die Reise und Glück für die Zukunft.

Volkmar setzte nach diesem kurzen Aufenthalt seinen Weg fort. Was er unterwegs essen wollte, hatte er nun weggeben, und bald meldete sich sein Magen zu Wort. Glücklicherweise gelang es dem geübten Bogenschützen nach einer Weile, eine dicke Ringeltaube zu erlegen, die am Wegesrand auf dem niedrigen Ast einer Birke saß und sich das Gefieder putzte. Er benutzte dazu einen seiner Jagdpfeile mit glatter Spitze. Als er bald darauf eine kleine Sandkuhle erblickte, machte er dort halt, befreite seine Beute unter den verlangenden Augen seines Hundes von den Federn, nahm sie aus und briet sie über einem schnell entfachten Feuerchen. Beim Verspeisen des Vogels ging Hasso natürlich auch nicht leer aus, denn außer den Innereien konnte er sich auch noch einen gerupften Flügel einverleiben.

Beim Feuermachen hatte Volkmar festgestellt, dass er bald wieder Zunderschwamm suchen musste, denn sein Vorrat, den er in einem Lederbeutel aufbewahrte, ging allmählich zur Neige. Er nahm sich vor, gelegentlich nach alten, abgestorbenen Bäumen Ausschau zu halten, an deren Stämmen sich der Pilz gern ansiedelte. Seine Feuersteine waren noch in Ordnung. Sie nutzten sich ja kaum ab. Und hier am Rande der nördlichen Ebene machte es auch keine große Mühe, neue zu finden, sollten sie einmal verloren gehen.

Nach seiner verspäteten Mittagsrast folgte der junge Reisende weiterhin dem Händlerweg in Richtung Sonnenuntergang und traf selten auf andere Menschen. Nur einmal hörte er schon von weitem Axthiebe schallen. Beim Näherkommen erkannte er eine Gruppe von Arbeitern – wohl Leibeigene eines in der Nähe ansässigen Gutsherrn

–, die dabei waren, junge Bäumchen abzuhacken, die auf und zwischen den vielen Wagenspuren aufgeschossen waren. Diese Arbeit musste auf herzoglichen Befehl alle paar Jahre ausgeführt werden, um den Ochsenwagen und Heerzügen ein Durchkommen zu ermöglichen. Volkmar unterhielt sich kurz mit den Leuten, die ihn, auf die langen Stiele ihrer Äxte gestützt, neugierig betrachteten. Nachdem er die üblichen Fragen nach dem Ziel und Zweck seiner Reise beantwortet hatte, setzte er seinen Marsch fort.

Die Spätsommersonne stand schon nicht mehr sehr hoch, als der junge Krieger und seine vierbeinigen Begleiter eine Wegegabelung erreichten. Die Handelsstraße, der Volkmar so lange gefolgt war, stieß hier auf eine andere, anscheinend öfter befahrene, die – von Südwesten kommend – weiter nach Nordosten führte. Das musste der Königsweg sein, von dem auch der Wirt an der Fuhsefurt gesprochen hatte. Der junge Mann erinnerte sich an die Reisebeschreibung seines Vaters und folgte dem neuen Weg nach links. Wo der Wald in der Nähe von Dörfern etwas zurücktrat, konnte Volkmar erkennen, dass sich rechts von ihm flaches, fruchtbares Land ausbreitete, während auf der anderen Seite bewaldete Höhenzüge die Heerstraße begleiteten.

Dinklar

Langsam wurde es Abend. Nach Volkmars Einschätzung musste er jetzt bald in die Nähe seines Zieles kommen. Am Wegesrand öffnete sich eine weite Lichtung, in deren Mitte sich eine hohe, schlanke Tanne reckte. Sie wuchs unmittelbar neben einer Ansammlung von großen Steinen, die eigenartig angeordnet waren. Eine Doppelreihe von aufrecht stehenden war mit einem riesigen, flachen Felsstein abgedeckt. Das Ganze wirkte wie ein niedriges Haus. Der einsame Reiter erinnerte sich, dass sein Vater ihm einmal erzählt hatte, weiter nördlich im Bardengau hätte er öfter solche Steinhäuser gesehen. Die Leute hätten erzählt, dass es sich um Grabstätten handelte, in denen Menschen vor langer, langer Zeit ihre Toten beigesetzt hätten. Volker wunderte sich darüber, dass sich die Menschen dieses unbekannten Volkes für Beerdigungen solche Arbeit gemacht hatten, anstatt wie die Sachsen einfach Gruben auszuheben. Und wie hatten sie es wohl fertiggebracht, solche schweren Steine zu bewegen? Es rankten sich Geheimnisse um diese großen Felsengräber. Volkmar betrachtete die Felsbrocken mit einer gewissen Scheu. Aber er stieg trotzdem auf den Deckstein, um von da aus in den Baum zu klettern. Er wollte möglichst hoch ins Geäst zu gelangen und sich einen Überblick über die Landschaft verschaffen. Was er von da oben aus sah, bestätigte seinen schon vorher gewonnenen Eindruck: In Richtung Norden breitete sich völlig ebenes Waldland aus, in dem mehrere große Lichtungen davon zeugten, dass Siedler dort Rodungen geschaffen und Felder angelegt hatten. – Und zur anderen Seite erkannte er tatsächlich in ungefähr einer Reitstunde Entfernung den angekündigten, vorspringenden Berg, in dessen Nähe sich der Jagdhof befinden sollte.

Nicht lange danach bemerkte er voraus eine größere Hofanlage, und er beschloss, sich dort noch einmal nach dem Weg zu erkundigen. Wie sich herausstellte, gehörte das Gehöft einem aus dem Westen hierher gezogenen, angrivarischstämmigen Freigelassenen, der hier mit einer Handvoll cheruskischer und thüringischer Laten zusammenarbeitete. Auf der Hoffläche lagerten viele rohe und bearbeitete Baumstämme, auch zugerichtete Bohlen und Kanthölzer verschiedener Stärken und Längen. Außer den Wohnhäusern und Speichern waren mehrere Werkstattgebäude errichtet worden. Volkmar vernahm das Geräusch auf Holz schlagender Äxte und den typischen Klingklang einer Schmiede. Und richtig: durch ein geöffnetes Scheunentor sah er eine glimmende Esse und die Armbewegungen des Schmiedes und seines Gehilfen. Der Hausherr erzählte ihm, was der Ankömmling schon vermutet hatte, dass man sich hier nämlich auf die Ausbesserung beschädigter Ochsenwagen und die Herstellung und Anbringung von Hufeisen für Zug- und Reitpferde verlegt hatte. Man war sogar in der Lage, Metallreifen für Wagenräder herzustellen. Der Platz an der Heerstraße war gut gewählt; und in Händlerkreisen hatte es sich herumgesprochen, dass hier gute Arbeit geleistet wurde. – Einige auf gerodeten Waldflächen angelegte Felder und Gärten sicherten die Versorgung mit Lebensmitteln.

Volkmars Reiseziel, der Jagdhof Dinklar, war dem Hausherrn gut bekannt: „Wenn du ungefähr zehn Pfeilschussweiten weiterreitest, kommst du über einen schmalen, flachen Bach, der den Heerweg kreuzt. Gleich danach musst du den Reitweg nach links nehmen. Du wirst ihn sicher nicht verfehlen, denn er ist ziemlich zertrampelt. Gestern hat es geregnet. Deshalb kann es sein, dass es dort jetzt recht matschig ist. – Aber du bist ja nicht zu Fuß unterwegs. Und dein Hund wird wohl meistens neben der Spur laufen." Der junge Krieger bedankte sich und setzte seinen Weg fort.

Der beschriebene Weg, der im Wesentlichen dem Bachlauf folgte, war leicht zu finden. Er war erheblich schmaler als der Königsweg und wurde wohl hauptsächlich von Reitern benutzt. Einige Zeit später hörte Volkmar schon von Weitem das Jaulen und Bellen einer Hundemeute. Hasso wurde ganz nervös und blickte abwechselnd nach vorn und zu seinem Herrn hinauf. Dann kam auch schon der mit einer soliden Bohlenwand eingezäunte Hof in Volkmars Blickfeld. Volkmar ritt durch das offen stehende Tor, während sein Hund sich dicht bei den Pferden hielt. Eine verhältnismäßig große Zahl von Männern war auf dem Gelände mit verschiedenen Arbeiten beschäftigt. Auch einige Frauen waren dabei zu sehen. Hinter einem ausbruchsicheren Gatter lärmte eine beachtliche Zahl von struppigen Jagdhunden. Volkmar fragte nach dem Hausherrn und wurde nach dem in der Mitte des Hofes stehenden, großen Blockhaus gewiesen, über dessen Eingangstür ein breit ausladendes Hirschgeweih prangte. Das Gebäude erhob sich auf einem künstlich aufgeschütteten Hügel, hatte ein etwa kniehohes Fundament aus Feldsteinen und war über eine Treppe aus flachen Steinplatten zugänglich. Volkmar machte sich durch Rufen bemerkbar, ohne abzusteigen. Eine Magd erschien in der Tür, musterte den Fremden neugierig und teilte ihm mit, der

Hausherr und Verwalter des Jagdhofes befinde sich hinter dem Hause, um die angeordneten Arbeiten zu beaufsichtigen.

Außer dem Hauptgebäude befanden sich auf dem festungsartig eingezäunten Gelände noch ein auf Stelzen stehender Speicher sowie ein langgestreckter Pferdestall und ein Schlafhaus. Alle Bauwerke standen auf niedrigen Hügeln, wodurch sie vor dem Frühjahrshochwasser geschützt waren, das wohl jedes Jahr von den in einiger Entfernung beginnenden Bergen des Harzvorlandes herabströmte. Das dicht am Jagdhof vorbeiplätschernde Bächlein machte allerdings zur Zeit – wie Volkmar fand – einen harmlosen Eindruck. Hinter dem großen Blockhaus traf Volkmar auf den Herrn dieses Anwesens, einen sächsischen Adligen, der ihn verwundert betrachtete, da er über die Ankunft eines neuen königlichen Leibwächters nicht in Kenntnis gesetzt war. Dennoch hieß er den Neuen herzlich willkommen und sorgte dafür, dass Mann und Tiere sofort gut versorgt wurden. Hasso war sichtlich beeindruckt von der Meute der Jagdhunde und hielt sich lieber in Volkmars Nähe auf anstatt das Hofgelände zu erkunden. Blitz und Hasel wurden in frisch mit Stroh versehenen Stallboxen untergebracht, gefüttert und getränkt. Der Reiter selbst bekam einen ordentlichen Schlafplatz zugewiesen, an dem auch genug Raum für sein Gepäck vorhanden war. Es fiel Volkmar auf, dass überall fieberhaft geputzt und aufgeräumt wurde. Beim gemeinsamen Abendessen erfuhr er vom Verwalter auch den Grund dafür: Für den Tag des nächsten Vollmonds hatte sich König Heinrich angemeldet; und das war bereits in vier Tagen! Es war sogar damit zu rechnen, dass eingeladene Jagdgäste – ausnahmslos Angehörige des sächsischen Adels – schon vorher anreisten.

„Hier muss alles in bester Ordnung sein", sagte der Verwalter zwischen zwei Bissen Bratfleisch, die er sich zwischen die Zähne schob. "Heinrich lässt keine Nachlässigkeit durchgehen! Er hat die benachbarten Gaugrafen und weitere Adlige zur herbstlichen Hochwildjagd einladen."

„Wird die Gesellschaft lange hier bleiben?", fragte Volkmar, während er seinem Hund unter dem Tisch ein Stück Fleisch reichte.

„Diesmal wohl nicht", meinte sein Gesprächspartner. „Wie zu hören war, möchte er sich nur ein paar Tage beim Jagen entspannen, bevor er gegen Schwaben zieht. Die Marschbefehle für die sächsischen Heeresaufgebote sind schon unterwegs. Die Truppen sollen sich in vierzehn Tagen bei Gandersheim versammeln …… Es sieht mal wieder nach Krieg aus."

Die Aussicht auf Kämpfe ließ Volkmars Herz schneller schlagen. – aber Bürgerkrieg? Das begeisterte ihn weniger. Er wischte seinen Holzteller mit einem Stück Fladenrot aus und schob es sich in Mund. Gut gesättigt und müde von dem langen Ritt begab er sich bald zur Ruhe und beschloss, die kommenden Ereignisse an sich herankommen zu lassen. Ändern konnte er daran sowieso nichts. Zunächst einmal musste er sich auf den bevorstehenden Dienst in der Leibwache konzentrieren. Er war gespannt darauf, wie das Leben in der Umgebung des Königs wohl werden, und wie er mit den neuen Kameraden zurechtkommen würde. Ob es wohl noch dieselben waren, die er schon auf der Werla kennengelernt hatte? –

Jedenfalls war er hier erst einmal in Sicherheit, und seine Tiere waren gut untergebracht. Hasso hatte es sich nicht nehmen lassen, bei den Pferden zu schlafen, wie er es seit Werla gewohnt war.

Bei diesen beruhigenden Gedanken fielen Volkmar die Augen zu. Ihn störten nicht die Mäuse, die durch das Schlafstroh raschelten und ihm manchmal über die Beine liefen. Der dunkle Ruf des Uhus, der aus dem nächtlichen Wald schallte, drang nicht in sein Bewusstsein. Ganz von ferne klang Wolfsgeheul durch die mondhelle Nacht. Die Jagdhunde stimmten begeistert mit ein, bis die energische Stimme des Meutemeisters sie zur Ruhe brachte.

Vorbereitungen zur Jagd

In den vergangenen Tagen hatten alle abends aufmerksam das Anwachsen der Mondscheibe beobachtet. Man kam überein, dass übermorgen mit der Ankunft des Königs zu rechnen war. Schon am nächsten Tag meldete der am Weg postierte Ausguck immer wieder die Ankunft sächsischer Edler mit kleinem Gefolge. Alle waren beritten und hatten Packpferde dabei. Jedes Mal gab es Wiedersehensfreude und großes Hallo. Die Bediensteten des Hofes hatten alle Hände voll zu tun, um die Gäste und ihre Tiere zu versorgen. Der große Pferdestall füllte sich nach und nach, und die lange Eichentafel in der Jagdhütte war bald mit lustigen Zechern besetzt.

Noch fehlte König Heinrich. Aber wie man ihn kannte, würde er pünktlich sein und am vereinbarten Tage eintreffen. Volkmars Spannung stieg von Stunde zu Stunde. Um sich abzulenken, putzte er seine beiden Pferde übergründlich und beschäftigte sich, als es nichts mehr zu putzen gab, mit Hasso, der sich die meiste Zeit bei Blitz und Hasel aufhielt, so als wenn er sie vor den vielen kläffenden Jagdhunden in Schutz nehmen müsste. Aber die blieben nach wie vor eingesperrt und wurden auch in ihrem Gatter gefüttert.

Am nächsten Tag um die Mittagszeit war es endlich soweit. Ein Hornsignal kündigte die Ankunft des Königs an. Er ritt wie immer an der Spitze seiner schwer bewaffneten Leibgarde, führte aber selbst nur eine Lanze, einige Speere und ein langes Jagdmesser mit sich. Statt eines Kettenhemdes trug er einen bequemen, ledernen Jagdrock. Sein Pferd war Volkmar noch gut bekannt. Es war immer noch der lebhafte Apfelschimmel, mit dem er schon auf der Werla gewesen und gegen die Ungarn gezogen war. Seine Gardisten führten Packpferde mit sich.

Der Verwalter des Hofes mit seinem Gesinde und sämtliche schon anwesende Jagdgäste versammelten sich im Halbkreise vor dem Blockhaus und begrüßten ihren König mit begeisterten Zurufen. Heinrich nahm die Huldigung lächelnd entgegen, grüßte in die Runde, sprang vom Pferd und drückte einigen Auserwählten noch besonders die Hände.

Ein Mönch, den Volkmar noch nicht kannte, war auch dabei. Er war, wie der junge Krieger wohl wusste, der einzige Schriftkundige in der Runde, der im Notfall briefliche Botschaften aufsetzen konnte. Pater Wilbert war auf Werla geblieben. Heinrich hatte es so eingerichtet, dass die Klöster alle Adelshöfe mit geistlichen Herren beschickt hatten, die schriftliche Meldungen lesen und auf Pergament malen konnten. Für die Adligen selbst war diese schwer erlernbare Kunst nicht so wichtig. Sie regierten ihre Bereiche auch ohne das Mittel der Schrift und mussten vor allem Organisationstalent besitzen und die Kriegskunst beherrschen.

Volkmar stellte mit Freude fest, dass er nun auch Gelegenheit bekam, die beiden Königssöhne, den zwölfjährigen Thankmar und den siebenjährigen Otto kennenzulernen, denn Heinrich hatte sie zu dieser Jagdveranstaltung mitgenommen. Sie ritten in der Mitte der Leibwache und schienen sich wie Volkmar selbst auf die kommenden Ereignisse zu freuen. Ob sie sich wohl schon an der Jagd beteiligen durften? Mit glänzenden Augen blickten sie um sich und waren offensichtlich stolz, Teil dieser vornehmen Gesellschaft zu sein.

Nach der allgemeinen Begrüßung fand Volkmar es an der Zeit, sich dem König vorzustellen. Mit klopfendem Herzen trat er nach vorn, verbeugte sich und rief, das allgemeine Stimmengewirr übertönend: „Ich komme von der Pfalz Werla und bin deinem Befehl gefolgt, mein König!"

Heinrich betrachtete ihn einen Augenblick überrascht, doch dann war er sofort im Bilde. „Ah, ... du bist Volkmar Geroldsohn, stimmt's? Ich freue mich, dass du da bist, mein Sohn ..... mein Lebensretter!", lachte er. Damit gab er ihm einen kräftigen Schlag auf die Schulter, der den jungen Mann fast aus dem Gleichgewicht brachte.

Dann wandte er sich um und winkte den Anführer seiner Garde zu sich. „Hier steht der junge Werla-Krieger, den ich dir angekündigt habe. Nimm ihn unter deine Fittiche!"

Bruno, der Gardepräfekt, der den Jüngling noch von der Werlaburg in Erinnerung hatte, betrachtete ihn abwägend. „Dass du schnell reagieren kannst, habe ich damals gesehen", sagte er und fügte hinzu: „Du unterstehst ab sofort meinem Kommando. Ich werde dich in deine Aufgaben einweisen. Demnächst werden wir dann feststellen, was du sonst noch kannst. Zunächst aber interessieren mich deine Pferde. Zeig sie mir!"

Volkmar ahnte, warum der Präfekt die Pferde sehen wollte. Am Pflegezustand der Tiere konnte man ablesen, was für einen Menschen man vor sich hatte. Der frischgebackene Gardist war insgeheim froh, dass er sich am Vortage so intensiv um Blitz und Hasel gekümmert hatte. Natürlich hatte er sie auch heute Morgen noch vor dem Frühstück gestriegelt und gebürstet, wie es bei den sächsischen Reitern üblich war.

Volkmar führte seinen neuen Vorgesetzten zum Pferdestall und zu den beiden Stellplätzen von Blitz und Hasel, die ihn mit erfreutem Wiehern begrüßten. Das schien dem Präfekten schon mal zu gefallen. Hasso, der sich wie immer bei den Pferden herumtrieb, blieb bewegungslos stehen, als Volkmar mit dem fremden Mann den Stall betrat. Er streckte seinen schwarzen Kopf vor und knurrte leise, wurde jedoch von seinem Herrn mit wenigen, freundlichen Worten zur Ruhe gebracht.

Auch das schien Bruno zu gefallen. „Ist das dein Hund?", fragte er. Als sein neuer Untergebener bejahte, meinte er: „Ein starkes Tier. ….. Kann ein guter Kampfgefährte sein. ..... Und dieser Hengst ..... Donnerwetter! ..... Ist er so schnell, wie er aussieht?"

Volkmar konnte es sich nicht verkneifen, zu antworten: „Noch schneller!"

Bruno bedachte ihn mit einem kurzen Seitenblick und sagte: „Auf den kannst du stolz sein. Der passt in unsere Truppe".

Danach ließ sich der Präfekt noch Volkmars Waffen vorführen und fand sie in Ordnung. – Volkmar war erleichtert, dass die erste Prüfung anscheinend zufriedenstellend ausgefallen war. Bruno kehrte mit ihm zu der Gruppe der Leibwächter zurück, machte sie mit ihrem neuen Kameraden bekannt und wies sie an, ihre Pferde jetzt in dem geräumigen Stall unterzubringen. Einer seiner Leute nahm Brunos eigenes Tier mit.

Nachdem das Gepäck abgeladen war, die Pferde vor vollen Futterkästen standen, und der Hofverwalter jedem der Gäste gezeigt hatte, wo er zur Nacht sein müdes Haupt hinlegen konnte, versammelte sich bei Dunkelwerden die ganze Gesellschaft – mit Ausnahme von zwei Wächtern der Garde, die draußen Streife gingen – im Blockhaus um die gewaltige Eichentafel, um nach einem kurzen, von dem anwesenden Pater gesprochenen Tischgebet das Abendmahl einzunehmen. Hübsch aufgemachte junge Latenmädchen bedienten die vornehmen Herren mit allen Köstlichkeiten, die Küche und Speicher hergaben.

Während des Gelages wurden die Pläne für die nächsten Tage besprochen. Wie die Fährtensucher des Hofverwalters herausgefunden hatten, gab es in einiger Entfernung ein standorttreues Rudel von Rotwild, unter denen sich auch einige kapitale Hirsche mit prächtigen Geweihen befanden. Diese sollten das Ziel des nächsten Tages sein. An einem der darauf folgenden Tage sollte es einer Rotte von Schwarzwild an die Borsten gehen. Wie in jedem Jahr sollten die Hundeführer die Meute auf die Fährte setzen, und die Jagdgesellschaft sollte den Hunden zu Pferde folgen. Dies erforderte bei Ross und Reiter viel Mut und Geschicklichkeit. Die Jagd war auch eine wichtige Übung für den Kriegseinsatz. Ein guter Jäger war meistens auch ein guter Kämpfer. Die Pferde mussten schnell und gewandt sein. Nicht jedes eignete sich dafür. Es galt als Schande, wenn jemand bei der wilden Jagd den Anschluss verlor und vielleicht sogar nicht allein zurückfand! Der Ärmste hatte dann lange Zeit unter dem Spott der anderen zu leiden.

Die Möglichkeit, dem verfolgten und von den Hunden festgehaltenen Wild den Todesstoß zu versetzen, hatte gewöhnlich nur einer der Verfolger, meistens aus der Gruppe der an der Spitze Reitenden. Bei einer Jagd wie dieser war es natürlich Ehrensache, das beste Stück Wild dem König zuzutreiben, damit der es erlegen konnte. Trotzdem war schon die Teilnahme an solch einer Reiterjagd ein beglückendes Erlebnis, von dem man noch lange zehren konnte, besonders weil es schon eine Auszeichnung bedeutete, dabei mitmachen zu dürfen. Die Hochwildjagd war ein althergebrachtes Vorrecht des Adels, über das die Herren eifersüchtig wachten. Frilinge, Freigelassene oder gar Laten hatten sich mit Niederwild zu begnügen.

Die Jagd

Am folgenden Morgen war alles früh auf den Beinen. Nach einem kurzen Frühstück wurden die von den Bediensteten bereits geputzten und gefütterten Pferde aus dem Stall geholt und aufgesattelt. Die Männer trugen zweckmäßige Lederkleidung und hatten sich mit Speeren oder Lanzen sowie mit den üblichen, langen Jagdmessern ausgerüstet. Einige hatten statt der Stichwaffen Bogen und Pfeile gewählt. Alle waren in bester Stimmung, denn das Wetter war geradezu ideal. Über den Baumwipfeln ging eine helle Herbstsonne auf, die bald dafür sorgen würde, dass die zwischen den säulenartigen Buchenstämmen hängenden Nebelschwaden sich auflösten. Der Pater segnete die versammelte Jagdgesellschaft und wünschte im Namen des Herrn allen viel Glück und Erfolg. Dann gab der Jagdhornbläser das Zeichen zum Aufsitzen. Die Fährtensucher setzten sich an die Spitze, gefolgt vom Meutemeister mit seinen zottigen, noch angeleinten Hunden, die vor Aufregung ganz aus dem Häuschen waren. Hinter der Meute ordnete König Heinrich auf seinem nervös tänzelnden Hengst sich ein. Ihm folgte der umfangreiche Trupp der Jagdgäste. Heinrich gab dem Hornisten einen Wink, und dann ertönte das weithin klingende, aus den Wäldern widerhallende Aufbruchssignal. Dies war der Auslöser für viele jauchzende Rufe, mit denen die Jäger ihrer Freude Ausdruck gaben und ihre Pferde antrieben. In wenigen Augenblicken war die ganze trappelnde Kavalkade hinter dem hellen Gebell der Meute durch das große Hoftor hinausgestoben und im Hochwald verschwunden.

Volkmar hatte leider nicht das Glück, die Jäger begleiten zu dürfen. Er war ein wenig enttäuscht darüber. Aber auf ihn warteten andere, wichtige Aufgaben. Der Kommandeur der königlichen Leibwache hatte fünf seiner Leute der Jagdgesellschaft beigegeben mit dem Auftrag, sich ständig in Heinrichs Nähe aufzuhalten und ihn zu unterstützen, falls es einen Unfall geben sollte. An der Jagd selbst hatten sie sich nicht zu beteiligen. Fünf weitere Gardisten hatten Anweisung erhalten, den gesamten Bezirk des Jagdhofes zu bewachen und um die Umzäunung herum Streife zu gehen. Und nun kam das Wichtigste: Die beiden minderjährigen Prinzen, die aus Sicherheitsgründen noch nicht an einer Hochwildjagd teilnehmen durften, bekamen eine eigene Leibgarde zugeteilt, und zwar den Präfekten selbst, zwei erfahrene Männer aus seiner Truppe und – den Neuzugang Volkmar!

Es war Volkmar sofort bewusst, was für eine große Ehre es für ihn bedeutete, auf die beiden Königssöhne aufpassen zu dürfen. Bruno ließ ihn wissen, dass Heinrich persönlich das so angeordnet hatte, wahrscheinlich, weil der junge Krieger aus der Pfalz Werla als knapp Fünfzehnjähriger den beiden Jungen altersmäßig am nächsten stand. Thankmar und Otto kannten sich auf dem Gelände des Jagdhofes und in seiner näheren Umgebung schon aus, denn sie waren ja im Frühjahr mit ihrem Vater hier gewesen, als diesem die Königswürde angetragen wurde. Beide hatten Reitpferde von einer etwas kleineren Rasse als die kräftigen Streitrösser der Erwachsenen, und sie konnten schon ganz ordentlich damit umgehen. Volkmar staunte, wie gut die beiden Jungen reiten konnten. Er selbst hatte in Thankmars Alter noch Schwierigkeiten gehabt, sich auf dem Pferd zu halten. Aber dann sagte er sich, dass er auf seiner Reise nach Sudburg ja auch auf einem großen Kriegspferd seines Vaters sitzen musste.

Thankmar und Otto wollten gern einen Ausflug in den Wald machen. Sie nahmen dazu Pfeile und gespannte Bögen mit. Offenbar wollten sie nach dem Vorbild der Erwachsenen ihre eigene Jagd veranstalten. Der Wachhauptmann konnte ihnen den Wunsch nicht verwehren, da der König ihm keine entsprechenden Anweisungen gegeben hatte. Also setzte er die auf dem Hof bleibenden Gardisten davon in Kenntnis, und dann zogen die beiden Prinzen zusammen mit ihren vier Beschützern zu Pferde durch das Tor über das Vorgelände zwischen die Eichen und Buchen. Hasso durfte nicht mit von der Partie sein. Volkmar hatte ihm befohlen, im Stall bei der Stute zu bleiben.

Die Oktobersonne schien noch ziemlich warm, jedoch war es im Schatten der Bäume kühl. Das Laub hatte sich hier und da schon herbstlich verfärbt. Die beiden Jungen, die vorausritten, fühlten sich ganz als Jäger und beobachteten aufmerksam ihre Umgebung. Abgesehen vom Hämmern einiger Spechte und dem Gekrächze eines Eichelhähers war es still. Die Bewacher hielten sich in einigem Abstand hinter ihnen. Plötzlich hielt der an der Spitze reitende Thankmar sein Pony an, hielt einen Finger an die Lippen und wies nach links auf eine lange, graswachsene Schneise, auf der ein Reh graste. Er nahm seinen Bogen in die Linke, rückte seinen Pfeilköcher zurecht und sagte halblaut: „Das hole ich mir." Damit trieb er sein Pferd in die Richtung der Grasfläche.

Das Reh hatte ihn aber bemerkt und flüchtete mit kurzen Sprüngen in die entgegengesetzte Richtung. Da trieb Otto sein Pferdchen neben seinen Halbruder und rief ihm zu: „Bleib hier am Rande der Lichtung! Ich treibe dir das Tier zu!" Damit drückte er seinem Pony die Hacken in die Weichen und galoppierte in einem weiten Bogen durch Wald davon, um sich von der anderen Seite wieder der Schneise zu nähern. – Die vier Beschützer verständigten sich kurz. Bruno nahm mit einem Gardisten Ottos Verfolgung auf, während Volkmar mit dem anderen bei Thankmar verharrte.

Und was keiner für möglich gehalten hatte: Es war Otto tatsächlich gelungen, das Reh auf der anderen Seite der Lichtung aufzuscheuchen und in Thankmars Richtung zurückzutreiben! Seine beiden Beschützer halfen ihm dabei. Nun kam bald der entscheidende Augenblick. Thankmar war abgestiegen, hatte die Zügel seines Pferdes Volkmar in die Hand gedrückt und sich hinter den Stamm einer Ulme gestellt. Einen Pfeil hatte er bereits auf die Sehne gesetzt und den Bogen halb gehoben. Da kam das Reh auch schon angesprungen! Es lief auf einen Punkt zu, der etwa dreißig Meter von dem Jungen entfernt war. Da hob Thankmar den Bogen, zog die Sehne an seinen Mundwinkel, folgte mit der Pfeilspitze einen kurzen Augenblick dem Lauf des Wildes und ließ das Geschoß fliegen. – Und – es war kaum zu glauben – der Pfeil traf das Reh in den Hals!

Mit einem Triumphschrei rannte der Junge auf die Wiese zu seiner Beute, die nach einigen Sprüngen zusammengebrochen war. Volkmar und sein Wachkamerad folgten ihm mit den Pferden. Der Leibwächter zog ein Messer aus seinem Gürtel und erlöste das verendende Tier von seinen Qualen. –Volkmar hatte den ganzen Ablauf mit gemischten Gefühlen beobachtet. Unwillkürlich erinnerte ihn das alles an die Geschehnisse in Sudburg, wo der Magyare die Ziege erschoss und er selbst so alt war wie jetzt der junge Thankmar.

Volkmars Grübeleien wurden beendet durch die Ankunft von Otto und seinen beiden Begleitern. Otto freute sich über Thankmars Erfolg. Er machte kein Aufhebens davon, dass er selbst entscheidend dazu beigetragen hatte. Er schien charakterlich reifer als sein Halbbruder zu sein, obgleich er jünger war.

Die Jagdbeute wurde nun im Triumphzug zum Jagdhof zurückgebracht. Abends sollte sie dem König gezeigt werden.

Schon am frühen Nachmittag kamen Gehilfen des Jagdhofes angaloppiert, um Packpferde zu holen, und schließlich kam die ganze Gesellschaft verstaubt und verschwitzt, doch mit frohen Gesichtern wie ein Heer nach gewonnener Schlacht wieder zurück, ihre Beute quer über die Packpferde gebunden. Das Jagdglück war ihnen hold gewesen. Sie hatten kapitale Rothirsche erlegt. Auch ein paar Damhirsche, die den ausgeschwärmten Reitern in die Quere gekommen waren, hatten ihr Leben lassen müssen.

Mit großem Hallo begutachtete man die unvermutete Jagdbeute der beiden Königssöhne. Heinrich war stolz auf seine beiden Knaben und nahm die Komplimente der adligen Herren gerne entgegen. An dem großen abendlichen Besäufnis durften die beiden Jungen aber trotzdem nicht teilnehmen. Ihr Vater hatte ein Auge auf sie und schickte sie rechtzeitig auf ihr Schlaflager. Er kannte die gefährlichen Auswirkungen alkoholischer Getränke und wollte sie nicht daran gewöhnen. Er selbst tat beim Gelage fröhlich mit, trank aber nur mäßig.

Für den nächsten Tag war Ruhe und Muße angesagt. Vor der Mittagszeit war mit den meisten Jagdgenossen sowieso nicht viel anzufangen, da sie erst ihren Rausch ausschlafen mussten. Die königlichen Leibwächter waren besser dran, denn für sie war Alkohol im Dienst ohnehin nicht erlaubt. Das schloss natürlich nicht aus, dass heimlich doch ab und zu ein Becherchen getrunken wurde.

Am Nachmittag ließ Bruno seinen neuen Krieger zu sich kommen, ließ ihn Helm und einen gepolsterten Waffenrock anlegen und drückte ihm ein hölzernes Übungsschwert in die Hand. Er selbst panzerte sich ebenfalls und griff sich ein Holzschwert. „So, mein lieber Volkmar", sagte er, „nun wollen wir mal sehen, wie du dich verteidigen kannst!"

Er umkreiste mit langsamen, katzenhaften Schritten seinen neuen Mitstreiter, der sich aufmerksam mitdrehte. Dann sprang er plötzlich mit einem Kampfschrei auf ihn los und holte dabei zu einem Hieb von oben auf seinen Kopf aus. Volkmar duckte sich und hob seine Waffe zur Abwehr. Zu spät erkannte er, dass der Kopfhieb nur eine Finte war, denn Bruno drehte seinen Arm und knallte ihm die Holzwaffe waagerecht gegen die Rippen. Der dicke Lederrock fing den Schlag zwar ab, aber es schmerzte doch ein wenig.

>Das soll mir nicht noch einmal passieren<, dachte Volkmar . Einen Augenblick später wollte er denselben Trick bei seinem Gegner ausprobieren, aber der sprang

elastisch zurück, so dass der waagerechte Hieb ins Leere ging. >Donnerwetter, ich habe noch viel zu lernen<, ging es Volkmar durch den Kopf. Sie kreuzten noch eine Weile ihre „Klingen", wobei es dem Nachwuchsgardisten auch manchmal gelang, den Arm oder die Hüfte seines Übungspartners zu streifen.

Dann brach der Vorgesetzte die Lehrstunde ab, legte seinem neuen Untergebenen eine Hand auf den Schwertarm und sagte zu ihm: „Du bist nicht schlecht und hast einige gute Anlagen. Ich glaube, wir werden aus dir noch einen tadellosen Kämpfer machen. ..... Morgen werden wir uns deine Schießkünste mal ansehen. ..... Wir wollen doch nicht hoffen, dass der junge Thankmar besser schießen kann als du!"

Volkmar mochte den Präfekten. Er war ein guter Vorgesetzter, gab klare Anweisungen, war hart, aber gerecht. Und das Wichtigste: Ein war ein Vorbild, auch im Zweikampf! Er hielt es wie sein König, verlangte von seinen Leuten nicht mehr als er selbst zu geben bereit war.

Am dritten Tage ging es auf die Saujagd. Die verlief nicht ganz so glücklich. Einer der Jäger war in einem sumpfigen Waldstück mit seinem Pferd gestürzt und mit der Schulter gegen einen Baumstamm geprallt, konnte aber den Rückweg noch zu Pferde zurücklegen. Dafür kam die Meute verkleinert zurück. Drei Hunde hatten getötet werden müssen, nachdem ein starker Keiler ihnen die Rippen eingeschlagen hatte. Immerhin konnte die Strecke sich sehen lassen: vier Sauen und ein Keiler – der Hundetöter – wurden von den Packpferden abgeladen und nebeneinander vor dem Blockhaus auf den Boden gelegt.

Der Pater dankte vor versammelter Mannschaft Gott, dem Herrn, für die stattliche Beute. Insgeheim freute auch er sich schon auf den saftigen Wildschweinbraten, der am Abend auf die Jagdgesellschaft warten würde. Es wurde dann auch tatsächlich ein reichhaltiges Mahl, dem alle kräftig zusprachen. Zum Braten gab es wieder reichlich Bier und Met zu trinken. Auch der Verletzte mit der bandagierten Schulter ließ sich trotz seiner Schmerzen den Spaß nicht verderben.

Zwei Tage später wurde dann zur Heimreise geblasen. Das Wildbret war zerlegt und gerecht auf die Jagdteilnehmer verteilt worden. Die Trophäen, wie die Hirschgeweihe und die Hauer des Keilers, fielen natürlich denjenigen zu, die die Tiere erlegt hatten. Die Beute wurde auf die Packpferde geladen, und nach der allgemeinen Abschiedszeremonie zog die ganze Gesellschaft davon in dem Wissen, dass man sich bald wiedersehen würde. Die adligen Herren begaben sich auf dem kürzesten Wege zu ihren Burgen, um mit ihren bereits alarmierten Aufgeboten zur Versammlung des Heeres nach Gandersheim aufzubrechen. König Heinrich mit seinem Gefolge würde schon vor ihnen dort sein.

Der Feldzug gegen Schwaben

Volkmar zog mit König Heinrich und seinem Gefolge nach Gandersheim. Dort versammelte sich während der nächsten Tage ein stattliches Heer aus mehreren sächsischen Gauen. Um sein Ansehen als Herrscher des Ostfränkischen Reiches zu festigen, war Heinrich gezwungen, die Herzöge von Schwaben und Bayern mit militärischer Macht zur Anerkennung seines Königtums zu bewegen. Sein erstes Ziel war Schwaben. Der König rechnete sich aus, dass Herzog Burchard, der im Augenblick gegen den landgierigen König Rudolph von Hochburgund Krieg führen musste, ihm wenig Widerstand entgegenzusetzen hatte. Andererseits galt Burchard aber als gewaltiger Krieger und erfahrener Feldherr, der sich nicht so leicht einschüchtern ließ!

In Gandersheim lernte Volkmar auch die Königin Mathilde kennen, eine stämmige Westfälin, die Ur-Urenkelin des schon sagenhaften und als Held verehrten Sachsenherzogs Widukind. Mit ihrem fünfjährigen Töchterchen Gerberga an der Hand und der zweijährigen Hadwig auf dem Arm erwartete sie Ihren Gemahl, ihren jungen Sohn Otto und dessen Halbbruder Thankmar schon am Stiftstor. Groß war die Wiedersehensfreude und die Erleichterung, als sie feststellen konnte, dass den beiden ungebärdigen Knaben während ihres Aufenthaltes in Dinklar nichts zugestoßen war. Sie kannte ja deren Unternehmungsgeist zur Genüge! Und als sie dann noch erfuhr, dass die beiden in Gemeinschaftsarbeit ein Stück Wild erlegt hatten, war sie genauso stolz wie der Vater. Es freute sie natürlich besonders, dass ihr eigener Sohn Otto mit seinen erst sieben Jahren schon so umsichtig handeln konnte!

Volkmar staunte über das gewaltige Heerlager, das auf den Hügeln über dem Tal des Gandeflusses rund um das alte liudolfingische Benediktinerinnen-Kloster Brunshausen entstanden war und sich noch ständig vergrößerte. Noch nie in seinem Leben hatte er so viele Krieger zu Fuß und zu Pferde auf einem Haufen gesehen. König

Heinrich wartete, bis alle zur Heerfolge gerufenen Grafen das Eintreffen ihrer Gefolgschaften gemeldet hatten, und gab dann den Befehl zum Aufbruch. Heinrich und seine Leibwache setzten sich an die Spitze des Heerwurms. Die beiden Königssöhne durften diesmal natürlich nicht mit. Volkmar hatte den Abschied des Königs von seiner Familie beobachten können. Mathilde hielt sich tapfer. In Anwesenheit der vielen Männer und Nonnen sowie der vornehmen Frauen aus dem im Tal gelegenen Damenstift durfte sie keine Schwäche zeigen.

Von Gandersheim aus zog das Heer westlich zum Tal der Leine und folgte dieser flussaufwärts bis nach Grone, von wo aus man weiter nach Westen zur Weser marschierte. Danach ging es weseraufwärts bis zum Zusammenfluss von Werra und Fulda. Im Tal der Letzteren ging es über Hersfeld bis zu dem ehrwürdigen Kloster, das seinen Namen von dem Fluss herleitete. Von da marschierte die Armee in südwestlicher Richtung auf Frankfurt zu.

Im Frankenlande lagerte die Truppe abends an einem großen See. Der Monat Oktober zeigte sich noch einmal von seiner schönsten Seite. Ringsum glühten die Laubwälder in herbstlichen Farben, und es war warm wie im Sommer. Viele Krieger nutzten die Gelegenheit, sich in dem stillen, klaren Wasser von dem Staub und Schweiß des Marsches zu befreien. Auch Volkmar erhielt von seinem Hauptmann die Erlaubnis, zu baden. Er pflockte seine Pferde an, zog sich aus und watete in den See hinaus. Der treue Hasso konnte natürlich nicht zurückbleiben. Mit Begeisterung sprang er bellend im anfangs noch knietiefen Wasser herum. Langsam wich der geröllbedeckte Grund des Gewässers unter den Füßen zurück.

Bald war der Hund gezwungen, zu schwimmen, und dann auch Volkmar. Der junge Wachsoldat schwamm mit ruhigen Zügen auf die Mitte des Sees zu, kleine Wellen vor sich hertreibend, über denen späte Mückenschwärme tanzten. Er genoss es, ohne behindernde Kleidung durch das Wasser zu gleiten. Sein Hund hielt sich tapfer neben ihm und schnappte ab und zu in das Wasser hinein, um seinen Durst zu stillen. Irgendwann wurde ihm das Paddeln jedoch zu mühselig, und er versuchte, seinem Herrn auf den Rücken zu steigen. Volkmar lachte zunächst darüber, musste seinen vierbeinigen Freund dann aber mit scharfen Worten zurechtweisen, als er merkte, wie dessen Krallen seiner ungeschützten Haut zusetzten. Deshalb kehrte er um und schwamm wieder dem Ufer zu.

Einige seiner Kameraden, die den ganzen Vorgang beobachtet hatten, wollten sich schlapp lachen, als sie Volkmars zerkratzten Rücken sahen. „Mensch, Hasso", rief einer, „bist du ein Hund oder eine Katze?"

Das Heer folgte dann dem Mainstrom bis zum Rhein, zog im breiten Rheintal stromaufwärts bis nördlich von Mannheim. Bei der Einmündung des Neckar folgte man diesem Fluss ebenfalls entgegen der Stromrichtung.

Nach insgesamt vierzehn Tagen seit dem Abmarsch erreichte man schwäbisches Gebiet. Von da an schickte Heinrich eine berittene Gruppe als Vorhut voraus und ließ den weiteren Marschweg durch Späher weiträumig erkunden. Am nächsten Tag kam ein Melder von vorne angetrabt und berichtete, eine Gruppe schwäbischer Reiter sei aufgetaucht und wünsche den König zu sprechen. Heinrich, umringt von seiner Leibwache, ließ die Schwaben herankommen. Der typische Haarknoten, den einige der Ankommenden trugen, ließ schon erkennen, zu welchem Volk sie gehörten. Sie begrüßten den König respektvoll und teilten ihm mit, ihr Herzog sei zu Verhandlungen bereit und erwarte König Heinrich auf der Altenburg in Cannstatt. Der König ließ dem Schwabenherzog daraufhin ausrichten, er nehme das Verhandlungsangebot an und werde sich am übernächsten Tag auf der Burg einfinden.

Es stellte sich heraus, dass Herzog Burchard inzwischen über die Burgunder gesiegt hatte, jedoch keine Lust verspürte, sich nun noch mit den Sachsen anzulegen. Das vor der Altenburg lagernde, schlagkräftige Heer des Königs beflügelte seinen Friedenswillen. In Anwesenheit von schwäbischen und sächsischen Würdenträgern erkannte er Heinrichs Königtum in aller Form an. Damit Burchard vor seinem eigenen Volk nicht das Gesicht verlor, machte Heinrich ihm daraufhin wesentliche Zugeständnisse. Das Wichtigste war ihm, dass der Schwabe ihm in außenpolitischen Angelegenheiten Gefolgschaft gelobte.

Volkmar, der als Mitglied der Leibwache des Königs mit auf die Burg gezogen war, freute sich wie alle seine Begleiter über den friedlichen Ausgang des Feldzuges. Er genoss auch den herrlichen Ausblick, den man von hier oben über das liebliche Neckartal hatte. Er staunte, als er von einem schriftkundigen Mönch erfuhr, dass an dieser Stelle vor langer, langer Zeit einmal ein römisches Reiterkastell gestanden hatte. Die Römer, waren das nicht die Feinde gewesen, von denen der Großvater in Sudburg erzählt hatte, dass sie über den Rhein gekommen und von einem cheruskischen Helden besiegt worden waren?

Nach diesem Verhandlungserfolg zog König Heinrich mit seinem Heer nach Sachsen zurück, denn inzwischen stand der Winter vor der Tür. Den Herzog Arnulf von Bayern, der ihn ebenfalls nicht anerkannt hatte und von seinen Leuten inzwischen selbst König genannt wurde, hob er sich für später auf.

Nach der Rückkehr in die sächsische Heimat erhielt Volkmar vier Wochen Urlaub, um seine Familie auf der Pfalz Werla zu besuchen. Er, seine beiden Pferde und sein Hund waren inzwischen eine fest verschworene Gemeinschaft geworden. Der junge Wachsoldat brauchte seine Reittiere in den Marschpausen nicht mehr anzubinden. Sie hielten sich in seiner Nähe und bekamen Belohnung in Form eines Apfels, einer Brotrinde oder einfach einer Handvoll Löwenzahn.

Nachdem Volkmar sich von seinen Gardekameraden verabschiedet hatte, wandte er sich nach Norden, bis er auf den Königsweg stieß, der in östlicher Richtung nach dem Goselager führte. Von dort wollte er dann der nordöstlichen Abzweigung nach Werla folgen. Er war schon in der Morgendämmerung aufgebrochen, um mit dem letzten Tageslicht bei seinem Vater und natürlich bei seiner Verlobten sein zu können. Wie oft hatte er in den letzten Wochen das Lederband mit dem eingeflochtenen Bernstein betrachtet und berührt, das er am Handgelenk trug, und das ihn an Gertrude erinnerte!

Das Wetter war günstig für seine Reise. Der Himmel war bedeckt, aber es regnete nicht. Die Luft war herrlich kühl, für einen Reiter gerade angenehm. Er machte nur wenige Pausen. Über ihm kreisten die heimatlichen Milane mit ihren Gabelschwänzen. Bei einer kurzen Rast am Rande des an dieser Stelle sumpfigen Tals der Innerste sah er an den dort wachsenden Erlen die Nagespuren der Biber. Sie waren in der vergangenen Nacht fleißig gewesen, hatten einige Bäume gefällt und dünne Äste und Zweige abgebissen. Offenbar bereiteten sie sich schon auf den Winter vor. Aus dem Unterholz des höher gelegenen Geländes drang der würzige Geruch von Pilzen. Er konnte sehen, dass einige wohl von Rehen angefressen waren. Volkmar hätte sich gern eine Mahlzeit gesammelt, aber er gönnte sich nicht die Zeit dafür. Zu sehr drängt es ihn, nach Hause zu kommen!

Immer höher ragten die Harzberge zu seiner Rechten empor. Hinter der Gegend des Goselagers, das er in seiner Ungeduld nicht besuchen wollte, kam er in bekanntes Gebiet, und bald hatte er die Oker erreicht. Er hätte nun seinen Mutterbruder flussaufwärts besuchen können, jedoch verschob er das auf später. Er folgte jetzt dem Weg, den er im Frühjahr genommen hatte, als Onkel Ingo ihn nach der Ausbildungszeit zu seinem Vater zurückgeschickt hatte. Was hatte er in diesem halben Jahr alles gesehen und erlebt! Er kam sich schon wie ein erfahrener Kriegsmann vor. Aber bei einigem Nachdenken wurde er sich auch bewusst, dass noch manche Bewährungsprobe auf ihn wartete. – Die Sache in Schwaben war ja noch einmal glimpflich abgegangen!

Urlaub in der Heimat

Je weiter Volkmar nach Norden kam, desto ungeduldiger wurde er. Er wollte nun so schnell wie möglich nach Hause kommen und musste sich zwingen, seinen Tieren ab und zu Gelegenheit zum Fressen und Saufen zu geben. Und er selbst musste sich nach den vielen Stunden im Sattel auch hin und wieder die Beine vertreten. Das Wasser der Oker, an der er zeitweise entlangritt, hatte es da besser: es plätscherte in gleichbleibender Eile nach Norden in Richtung Heimat. Bald kam das Gut Skladheim in Sicht; und nun trieb der junge Reiter seine beiden Pferde zu einem leichten Galopp an. Auch Hasso, der treue Begleiter, schien zu spüren, dass es jetzt nach Hause ging. Er spitzte die Ohren und sprang bellend neben den dampfenden Rossen her.

Bei Skladheim wählte Volkmar den direkten Weg über den Höhenrücken in Richtung Burgdorf. Als er auf halbem Wege nach rechts zu der etwas tiefer liegenden Pfalz hinüberblickte, brachte er seine Tiere für einen Augenblick zum Stehen. Die Befestigungsanlage, die gerade von der Abendsonne angestrahlt wurde, bot einen prächtigen Anblick. Die Außenmauer der Hauptburg war inzwischen fertig geworden und weiß gestrichen! Mit ihren Zinnen und Tortürmen sah sie mächtig aus. Offenbar war man in den letzten Wochen sehr fleißig gewesen, und Graf Thankmar hatte die Arbeitsmannschaften ordentlich in Trab gehalten. Der ehemalige Burgwächter war begierig, zu erkunden, wie weit die Gebäude hinter der Mauer wohl gediehen waren, aber zuerst musste er doch seine Angehörigen begrüßen!

Volkmar trieb deshalb seine Pferde wieder an, um schnell seinen heimatlichen Hof zu erreichen. Die Tiere planschten durch die Warnefurt, dass das Wasser nur so spritzte. Und schon bald erblickte er in einiger Entfernung die vertrauten Gebäude. Nichts deutete darauf hin, dass er erwartet wurde. Es konnte ja auch niemand etwas von seiner Heimkehr wissen! Am liebsten wäre er am Gehöft seines Vaters vorbeigaloppiert, um zuerst Gertrude in die Arme zu schließen, aber das ging wohl nicht an! Und vielleicht war sie gar nicht zu Hause, sondern arbeitete auf der Pfalz? Sein Vater konnte natürlich genauso gut auf der Burg beschäftigt sein. Er würde es gleich feststellen, denn schon näherte er sich dem Tor des väterlichen Hofes. Blitz, der die auf der Weide grasenden Pferde sah, ließ ein helles Wiehern hören, das aus der Einfriedung vielstimmig erwidert wurde. Als Volkmar durch das Hoftor geritten war, hielt er erst einmal an, um mit einem Rundumblick alles in Augenschein zu nehmen. Ein warmes Gefühl der Geborgenheit durchströmte ihn. Hier hatte er seine ersten Schritte getan, an die er sich allerdings nicht erinnern konnte. Aber während seiner ganzen Kindheit – so lange er zurückdenken konnte – war er hier herumgelaufen. Als die Erinnerung erst einmal geweckt war, stürmten viele Kindheitserlebnisse auf ihn ein, die ihn innerlich so gefangen nahmen, dass er gar nicht bemerkte, wie sein Vater auf einmal in der Tür des großen Wohnhauses stand.

Gerold rief seinen Sohn beim Namen. Dieser sprang von seinem Hengst, ließ die Pferde stehen und lief zu seinem Vater, der ihn mit ausgebreiteten Armen in Empfang nahm. Gerold konnte kaum seine Rührung und seinen Stolz verbergen, als er seinen jungen Krieger unversehrt vor sich sah. „Mein Junge", rief er aus und schluckte, „bist du wieder bei uns! Lass dich ansehen!" Und er schob seinen Sohn mit ausgestreckten Armen von sich, dass dessen am Gürtel getragener Dolch gegen das daneben hängende Trinkhorn klapperte. Er betrachtete ihn von oben bis unten. „Hast du alles gut überstanden? Wir haben gehört, dass der König gegen Schwaben gezogen ist. Hat es Kämpfe gegeben?"

„Nein, es ist alles friedlich abgegangen", antwortete Volkmar, „Herzog Burchard hat zu seinem und unserem Glück klein beigegeben."

„Wie gefällt dir der Dienst in der Wache?", wollte der Vater wissen. „Und vor allem: wie lange kannst du hierbleiben?"

„Ich habe vier Wochen Urlaub", antwortete der Sohn.

Inzwischen hatte es sich in Windeseile bei den auf dem Gehöft tätigen Latenfamilien herumgesprochen, dass Volkmar zurückgekehrt war. Schnell hatte sich eine Schar von Erwachsenen und Kindern um Vater und Sohn versammelt. Blitz, der Hengst, war zum Gatter hinübergetrabt, hinter dem seine Artgenossen sich tummelten. Hasso, der treue Begleiter, strich schwanzwedelnd um die Menschengruppe herum. Auch er hatte längst festgestellt, dass er wieder zu Hause war. Manch einen stupste er freundlich mit seiner feuchten Nase an und war dankbar für guten Zuspruch. Hasel, die Stute, war Volkmar gefolgt und drückte ihrem Herrn ihr warmes Pferdemaul ins Genick. Gewohnheitsmäßig griff dieser in die Tasche und gab dem Tier eine Handvoll Getreidekörner zu knabbern.

„Komm herein", sagte Gerold, „du musst mir erzählen, was du alles erlebt hast! Lass uns schnell das Gepäck abladen und die Tiere absatteln! Wir werden deine Pferde draußen in einem besonderen Gatter laufen lassen, damit dein Blitz sich nicht mit meinem Zuchthengst in die Wolle kriegt." – Gesagt, getan! Gerold und sein Sohn schleppten gemeinsam das Gepäck ins Haus, während zwei Latenknechte nach den Anweisungen ihres Herrn die Pferde versorgten. Hasso kam natürlich mit ins Haus. „Es ist bald Zeit zum Abendessen", meinte der Vater. „Du wirst hungrig sein. Ich will Walburga eben sagen, dass sie uns etwas Kräftiges zu essen machen soll."

„Ich möchte vorher eben zu Gertrude hinübergehen", erwiderte Volkmar.

Gerold schlug sich mit der flachen Hand vor die Stirn. „Ja, natürlich, mein Sohn", sagte er, „aber ….. ich weiß etwas Besseres: Lassen wir doch Gertrude und ihre Eltern hierher kommen! Dann kannst du gleich uns allen zusammen von deinen Erlebnissen erzählen."

Und so geschah es. Einer von den Gehilfen wurde zum Nachbargehöft hinübergeschickt, um von Volkmars Rückkehr zu berichten und die Einladung zu überbringen. Walburga, das Latenmädchen, bereitete ein festliches Abendessen vor, während der Heimkehrer sich hinter dem Hause am Wassertrog den Staub der Reise von Gesicht und Armen wusch. Hasso, der ihm nicht von der Seite wich, beobachtete ihn interessiert dabei und nutzte die Gelegenheit, um aus dem Trog seinen Durst zu löschen.

Volkmar hatte sich kaum wieder sauberes Zeug angezogen, da kamen auch schon die Nachbarn herüber. Gertrude lief vorweg, blieb in der Diele des Hauses kurz vor ihrem Verlobten stehen und fiel ihm dann lachend und weinend in die Arme. Aber trotzdem wirkte sie auf ihn irgendwie befangen. „Endlich, endlich bist du wieder hier", schluchzte sie. „Ich ….. wir haben uns Sorgen um dich gemacht. Du bist unverletzt? Dem Himmel sei Dank! Hat es Krieg gegeben?"

Der junge Leibgardist nahm sein Mädchen fest in die Arme. „Ich brauchte nicht zu kämpfen", lachte er. „Das Ganze war wie ein Ausflug ins schöne Schwabenland. Und es gibt schöne Dinge dort im Süden! Ich habe dir etwas mitgebracht." Er schob seine Verlobte sanft von sich, langte in die Seitentasche seines Waffenrocks und holte einen kleinen, in sauberes Leinentuch gewickelten Gegenstand heraus. Unter den neugierigen Blicken der Umstehenden wickelte er das Tuch feierlich auseinander. Zum Vorschein kam eine sauber gearbeitete, bronzene Adlerfibel, auf der ein Edelstein blitzte. Vorsichtig steckt er seiner Braut das Schmuckstück an die Kleidung.

Gertrude verschlug es vor Staunen die Sprache. "Danke", stotterte sie errötend. „Wo hast du dieses schöne Stück her?"

„Ich habe es bei einem fränkischen Händler gesehen und dabei sofort an dich gedacht", erwiderte Volkmar.

Darauf ging er in die Ecke hinüber, wo seine Waffen und Satteltaschen lagen, blickte zu Vater und Schwiegereltern hinüber und rief: „Für euch habe ich auch etwas!" Er machte sich an den Taschen zu schaffen und kam mit zwei braunen, versiegelten Krügen wieder zurück. „Hier ist ein guter Wein aus Schwaben", sagte er und schwenkte die beiden irdenen Gefäße. „Ich habe ihn von der Altenburg in Cannstatt mitgebracht. Es ist ein guter Tropfen. Ich habe ihn dort probieren können. Der Wein wird im schönen Tal des Neckarflusses angebaut. ….. Ein

Krug ist für euch." Dabei reichte er ihn seinem Schwiegervater. „Und dieser ist für dich, Vater", schloss er und übergab Gerold den zweiten Krug.

Vater und Schwiegereltern bedankten sich herzlich für das ungewöhnliche Geschenk. Gerold meinte: „Eigentlich sollten wir zur Feier des Tages gleich mal davon probieren!" Er nahm einen Dolch zur Hand und entfernte von seinem Weinkrug vorsichtig das Siegel des Winzers, das eine Traube darstellte. „Auf einem Feldzug am Mainfluss habe ich einmal solch ein Getränk gekostet. Aber das ist schon lange her. Es schmeckte süß ….. ganz anders als Bier oder Met, obwohl dieser auch süß ist. Auf jeden Fall ist es etwas ganz Besonderes." Gerold nahm fünf irdene Becher vom Wandbrett bei der Feuerstelle und goss in jeden einen Schuss von der rötlich funkelnden Flüssigkeit hinein. Als jeder seinen Becher in der Hand hatte, hob der Hausherr den seinen und rief: „Liebe Gäste, mein lieber Volkmar, wir trinken auf deine glückliche Heimkehr!"

„Zum Wohl!", antworteten die anderen und schlürften andächtig das kostbare Getränk.

Die Magd Walburga und eine weitere Helferin hatten inzwischen Brot, gebratenes Fleisch und Obst auf den Tisch gebracht. Auch ein großer Krug mit Bier stand für die durstigen Kehlen bereit. Der wertvolle Wein sollte für ganz besondere Anlässe aufbewahrt werden.

Nun wurde ausgiebig gegessen und getrunken. Und Volkmar musste haarklein in allen Einzelheiten über seine Erlebnisse in Dinklar und auf dem Heerzug berichten. Über alles wurde er ausgefragt. Begeistert schwärmte er von den schönen Landschaften an Rhein, Main und Neckar und lobte die gute Kameradschaft in der Garde. „Heinrich ist ein gerechter König und ein guter Heerführer", sagte er. „Die Krieger sind stolz auf ihn und würden für ihn jederzeit durchs Feuer gehen."

„Du bist gern bei der Truppe", sagte Gerold nachdenklich. „Bisher war es für dich das reine Abenteuer. Einen richtigen Kampf hast du noch nicht erlebt. Die eigentliche Bewährungsprobe steht dir noch bevor. ….. Aber ich bin sicher, dass du auch dabei deinen Mann stehen und so handeln wirst, wie es von uns ruhmreichen, freien Sachsen erwartet wird. Prost, mein Sohn!" Dabei hob er seinen Becher und leerte ihn in einem Zug. Volkmar und sein Schwiegervater taten es ihm nach.

Die beiden Frauen hielten sich mit dem Trinken etwas zurück. Gertrude konnte kein Auge von ihrem Verlobten wenden. <Wenn wir doch bald allein sein könnten>, dachte sie. Ihre Mutter erriet ihre Gedanken und legte begütigend eine Hand auf den Unterarm ihrer Tochter.

Ihr Vater sah diese Geste, räusperte sich und benutzte eine Gesprächspause zu der Bemerkung: „Ich denke, wir sollten im Frühjahr Hochzeit feiern. Wie denkt ihr darüber?" Dabei bedachte er Gerold mit einem bedeutungsvollen Blick, aus dem Volkmar nicht schlau werden konnte. Gertrude wurde rot wie eine Rose, sagte jedoch nichts. Es ging hier um eine Entscheidung, die die Eltern zu treffen hatten.

Gerold nickte. „Ganz meiner Meinung", sagte er kurz und bündig, „Frühjahr ist gut! So etwas braucht einige Vorbereitung".

Volkmar war überwältigt. Hier in diesem kurzen Augenblick wurde über sein und Gertrudes Schicksal entschieden. Der Blick, den Gertrude ihm zuwarf, sprach Bände. Dankbar blickte er seinem Vater und seinen Schwiegereltern in die Augen. Er wusste, dass es ein großes Glück für Gertrude und ihn bedeutete, den Ehepartner zu bekommen, den man liebte. Zu entscheiden hatten immer die Eltern, und das geschah in der Regel nach Zweckmäßigkeit. Die Liebe spielte meistens eine untergeordnete Rolle.

Spät in der Nacht begleitete er schwankenden Schrittes seine Verlobte und ihre Eltern zu ihrem Gehöft zurück. Der treue Hasso begleitete die Gruppe. Trotz der späten Stunde blieben die beiden Verlobten noch lange eng umschlungen und miteinander flüsternd vor der Tür stehen, während der Hund im Gebüsch nach Igeln stöberte. Als sich schließlich die Tür einen Spalt öffnete und die Mutter nachsah, wo ihre Tochter blieb, verabschiedete Gertrude sich schnell und huschte ins Haus.

Eine böse Mitteilung

Am nächsten Morgen erwachte Volkmar verständlicherweise etwas später als gewöhnlich. Gerold hatte seinen Sohn schlafen lassen. Mit dem Frühstück hielt sich der Urlauber aber nicht lange auf. „Ich muß unbedingt auf die Werla", sagte er zum Vater. „Ich bin neugierig, wie weit die Gebäude gediehen sind. Und vor allem möchte ich die Kameraden von der Burgwache gern wiedersehen!"

Also zog er einen bequemen Arbeitsrock an, holte den vom Stallknecht bereits gestriegelten Blitz von der Weide, sattelte ihn, pfiff nach seinem Hund und trabte fröhlich aus dem Tor, galoppierte spritzend durch die Furt und nahm den Weg über den Höhenrücken in Richtung auf die Burg. Es war über Nacht etwas kälter geworden. Der Atem des Hengstes wehte diesem wie eine Fahne von den Nüstern.

Er steuerte das Westtor an, an dem er damals Dienst gehabt hatte, als König Heinrich die Burg besuchte. Am Tor wurde er von den Wachen nicht sofort erkannt. Aber dann gab es ein gewaltiges Hallo. „Volkmar!", schrie einer, „Ist das denn die Möglichkeit?"

Als der Ankömmling die Torenge hinter sich hatte und auf dem Burghof aus dem Sattel sprang, war er sofort von mehreren Kriegern der Pfalzwache umringt. Die meisten von ihnen waren ihm noch bekannt. Alle freuten sich aufrichtig, ihren alten Kameraden wiederzusehen. Nur einer, an den er sich nicht erinnern konnte, hielt sich auffällig zurück. Volkmar trat auf ihn zu, reichte ihm die Hand und sprach ihn an: „Ich bin Volkmar. Bist du neu hier auf der Pfalz? Wie ist dein Name?"

Sein Gegenüber, ein kräftiger, schätzungsweise Mittzwanziger, nahm zögernd die dargebotene Hand und antwortete einsilbig und ohne eine Miene zu verziehen: „Gerhard. ….. Seit vierzehn Tagen hier."

>Ziemlich zurückhaltend, der Mann<, dachte Volkmar. Dann wurde er auch schon von den anderen beiseite gezogen und zu einem Trunk im Aufenthaltsraum eingeladen.

„Wir haben gerade Ablösung gehabt", sagte einer, „Da können wir doch mit unserem alten Kameraden einen trinken. Das Wiedersehen muss begossen werden! Und du musst uns unbedingt erzählen, was du alles erlebt hast!"

Volkmar überzeugte sich erst davon, dass sein Hengst gut versorgt wurde, und folgte dann seinen Gastgebern. Hasso blieb an seiner Seite. Nun ging das Frage- und Antwortspiel los. Der Urlauber konnte die Auskünfte gar nicht so schnell geben, wie sie verlangt wurden. Der Marsch nach Schwaben fand das meiste Interesse. Alle äußerten sich zufrieden über den friedlichen Ausgang des Feldzuges. Endlich kam die Rede auf Volkmars persönliche Pläne.

„Ich werde demnächst heiraten", sagte er stolz.

„Gertrude?", fragte einer aus der Runde. „Na, dann beeil dich man!"

„Was meinst du damit", wollte Volkmar wissen. Plötzlich trat in der Runde eine verlegene Ruhe ein. „Ich habe dich etwas gefragt!", hakte Volkmar nach.

Der Angesprochene wand sich und entschloss sich schließlich zu einer Antwort. Er beugt sich zu seinem früheren Wachkameraden vor und sagte halblaut: „Pass auf, dass dir niemand zuvor kommt!"

„Wer sollte das sein?", fragte Volkmar misstrauisch.

Der Kamerad zögerte, blickte in die Runde und sprach dann mit gedämpfter Stimme: „Ich sage dir jetzt etwas, was wir alle hier wissen und was du auch wissen sollst. Es ist einer gewaltig hinter ihr her." Als er Volkmars spöttische Miene sah, fuhr er fort: „Versteh richtig! Es ist ernster als du denkst! ….. Er hat versucht, ihr Gewalt anzutun!"

Volkmar war nach diesen Worten wie vom Donner gerührt. Er wurde erst blass, dann puterrot im Gesicht. „Wer ist es?", schrie er aufspringend. "Wer hat es gewagt, die Ehre meiner Verlobten anzutasten?"

„Es ist leider einer von unserer Wache", bekam er zur Antwort. „Aber er ist jetzt nicht hier bei uns." Der andere machte eine Pause und fuhr dann fort: „Wir müssen es dir sagen. Das sind wir unserem alten Kameraden schuldig. ….. Es ist Gerhard. Du hast ihn draußen kennengelernt." Als er merkte, dass Volkmar zur Tür stürzen wollte, rief er ihn zurück: „Warte! Überleg dir genau, was du tust!"

Volkmar rief sich innerlich zur Ordnung und antwortet mit kalter Entschlossenheit: „Ich weiß, was ich jetzt zu tun habe. Mir bleibt keine Wahl. ….. Ich danke euch allen!"

Der junge Leibgardist ging mit großen Schritten durch die Tür nach draußen. „Pass auf dich auf!", rief jemand hinter ihm her. Aber Volkmar achtete nicht darauf. Er fand den Gesuchten in der Nähe des halbfertigen Kirchengebäudes. Der Junge ging schnurstracks auf Gerhard zu, der ihm abwartend entgegenschaute. Zwei Schritte vor seinem Gegenspieler blieb er stehen. >Ich brauche Zeugen<, dachte er und winkte zwei Kameraden heran, die ihm neugierig gefolgt waren. Dann blickte er seinem Gegenüber offen in die Augen und schleuderte ihm die Worte ins Gesicht: „Ich fordere dich zum Zweikampf …..

morgen bei Sonnenaufgang ….. auf der Waldlichtung an der Warnefurt!"

Gerhard zuckte nicht mit der Wimper. Er schien Ähnliches erwartet zu haben und schwieg, nickte nur zum Zeichen der Zustimmung mit dem Kopf.

Volkmar machte auf dem Absatz kehrt und verlangte nach seinem Pferd. Er warf sich in den Sattel und preschte in vollem Galopp nach Burgdorf zurück.

Der Zweikampf

Auf dampfendem Pferd kam Volkmar beim Gehöft seines Vaters an. Gerold, der sich gerade in der Nähe des Tores aufhielt, sah ihm sofort an, dass etwas Besonderes vorgefallen sein musste. „Was ist geschehen?", rief er ihm zu.

„Ich erzähle es dir später", erwiderte sein Sohn. „Ich muss erst zu Gertrude!". Damit gab er seinem Hengst die Sporen und galoppierte weiter zum Nachbargehöft. Vor dem Hof seiner Schwiegereltern zügelte er sein Pferd, band es an einen Pfosten und ging schnellen Schrittes auf das Hauptgebäude zu. Sein Schwiegervater, der auf dem Hof gerade dabei war, einigen Laten Anweisungen zu geben, blickte ihm interessiert entgegen. Er lächelte und hob die Hand zum Gruß, wurde aber ernst, als er Volkmars verbissenes Gesicht bemerkte. „Ich muss mit Gertrude reden!", stieß dieser hervor.

„Na, na", entgegnete der Hausherr stirnrunzelnd, „keine Zeit für eine ordentliche Begrüßung?"

„Bitte verzeih mir", war die Antwort, „aber es ist wichtig!"

„Sie ist am Fluss und hilft ihrer Mutter bei der Wäsche.", sagte der Hausherr zögernd und blickte kopfschüttelnd hinter seinem Schwiegersohn her, als dieser sich ohne ein weiteres Wort umdrehte und – seinen Hengst zurücklassend – im Dauerlauf in Richtung Warne verschwand.

Am Waschplatz angekommen, sah er die beiden Frauen, wie sie Kleidungsstücke in Bottiche mit Holzaschenlauge steckten und darin bewegten. Gertrude blickte ihm unsicher entgegen. Volkmar begrüßte kurz seine Schwiegermutter und zog dann seine Verlobte auf die Seite. „Was ist mit Gerhard gewesen?", fragte er ohne Umschweife. Das Mädchen schwieg errötend und blickte verlegen zu Boden. „Hat dieser Kerl dir etwas getan?", bohrte er weiter und fasste sie an den Schultern. – Ihre Mutter betrachtete die Szene verwundert und verständnislos.

Da hob Gertrude den Blick und schaute ihrem Verlobten gerade in die Augen. „Ich weiß mich zu verteidigen.", antwortete sie mit fester Stimme. „Und treu geblieben bin ich dir auch – falls du das meinst." Volkmar schloss sie wortlos in die Arme.

„Dann ist alles gut.", murmelte er. „Aber warum hast du mir gestern nichts davon erzählt?"

„Ich wollte dich nicht beunruhigen.", flüsterte sie. „Und zugleich hatte ich auch ein wenig Sorge um dich. – Ich wollte auch den geselligen Abend nicht verderben. – Ich habe niemandem davon erzählt."

„So stimmt es also! Hat der Mann dich belästigt?", fragte er nach.

Mit gerötetem Gesicht blitzte sie ihn an: „Nachgestellt hat er mir und" – Sie senkte wieder den Kopf – „er hat versucht, mich zu zwingen. Aber ich habe mich energisch gewehrt, habe gedroht, zu schreien, und außerdem" – Sie zeigte bedeutungsvoll auf den kurzen Dolch an ihrem Gürtel. „Eine freie Sächsin lässt sich nicht zwingen!", schloss sie mit Stolz in der Stimme.

Inzwischen war Gertrudes Mutter herangekommen. „Ist etwas Schlimmes geschehen?", fragte sie ahnungsvoll.

Es half nun alles nichts. Jetzt musste die ganze Geschichte ans Licht kommen. Gertrude klärte ihre Mutter kurz über die Geschehnisse auf. Diese hielt sich entsetzt eine Hand vor den Mund. „Gerhard, der Neue?", rief sie aus. „Gerold hat uns von ihm erzählt. – ausgerechnet der!"

„Er hat unsere Ehre angegriffen.", sagte Volkmar mit fester Stimme und legte seiner Verlobten einen Arm um die Schultern. „Ich habe ihn gefordert. Morgen früh muss er mir Genugtuung geben!"

„Herr im Himmel!", rief die Schwiegermutter. „Weiß dein Vater schon davon?"

„Noch nicht", antwortete Volkmar, „aber er wird es gleich erfahren. Ihr seid die Ersten, denen ich davon erzähle."

„Wir kommen mit!", entschied die Mutter. „Und mein Mann muss das auch erfahren!"

Gemeinsam gingen die drei zum Hof der Schwiegereltern zurück, wo Blitz seinen Herrn mit leisem Wiehern begrüßte. Der Schwiegervater stand neben dem Pferd und blickte der ankommenden Gruppe abwartend entgegen. Mit schnellen Worten wurde er von der Sachlage in Kenntnis gesetzt. Er sah erst mit Wohlwollen seine Tochter an, blickte dann seinem Schwiegersohn in die Augen und wiegte den Kopf. „Bist du deiner Sache sicher?", fragte er.

„Gertrude hat mir den empörenden Vorfall bestätigt!", antwortete Volkmar.

„Das meine ich nicht", erwiderte der andere. „Lass uns beide zusammen zu deinem Vater gehen. Dort können wir weiter reden." Er bat die beiden Frauen, zu Haus zu bleiben. „Das ist jetzt Männersache", sagte er kurz und bündig. Volkmar band seinen Hengst los, nahm ihn am Zügel und schritt neben seinem Schwiegervater hinüber zu seiner eigenen Hofanlage.

Gerold stand in der Toreinfahrt und blickte den beiden Männern gespannt entgegen. „Ich grüße dich, Gerold", sprach der Nachbar ihn an. „Wir haben eine ernste Angelegenheit zu besprechen."

„Dann lasst uns hineingehen!", sagte Gerold und ging voraus zu dem großen Wohn-Stallgebäude. Drinnen angekommen wies er Walburga an, einen Krug Bier und drei Becher zu holen und die Männer dann allein zu lassen. Sobald sie am Eichentisch vor gefüllten Bechern saßen, klärte Volkmar seinen Vater mit wenigen Sätzen über die Sachlage auf. Darauf herrschte einige Zeit Schweigen. Gerold betrachtete seinen Sohn. In seinem

Gesicht spiegelten sich Wohlwollen, Stolz und auch Bedenken. „Vielleicht warst du etwas voreilig", sagte er schließlich. „Aber auf jeden Fall hast du dich deiner Ahnen würdig erwiesen. Du hast dein Schicksal und das deiner künftigen Ehefrau in deine eigenen Hände genommen. Das ehrt dich! ….. Allerdings Gerhard? ….. Das ist ein harter Brocken! Er ist noch nicht lange da oben, aber ihm geht ein gewisser Ruf voraus. Jedenfalls ist er ein erfahrener Kämpfer und dem Vernehmen nach ein sehr guter Fechter. Bist du deiner Sache sicher, mein Sohn?"

Da war schon wieder diese Frage! Volkmar sprang auf und rief: „Ich habe mich entschieden! An dem Zweikampf führt kein Weg mehr vorbei!"

„Ist ja gut", beruhigte ihn sein Vater, „nimm wieder Platz! Zum Glück weiß ich, dass auch du reaktionsschnell und gewandt bist. ….. Morgen früh also." Er blickte kurz seinen Nachbarn an, der dasselbe zu denken schien wie er. „Harald und ich werden dich begleiten. ….. Beruhige dich!", fügte er schnell hinzu, als sein Sohn Einspruch erheben wollte. „Wir werden uns nicht einmischen. Aber wir werden scharf aufpassen, dass alles mit rechten Dingen zugeht!"

Der nächste Morgen war kalt und neblig. Noch im Dunklen kam Harald vom Nachbarhof herübergeritten und fand Gerold und Volkmar schon marschbereit. Vater und Sohn machten ihre Pferde fertig und saßen ebenfalls auf. Alle drei waren voll gerüstet und bewaffnet. Es wurde nicht viel geredet. Alles Wichtige war bereits gesagt. Über ihnen erhoben sich einige Raben krächzend von ihren Schlafbäumen. Die schwarzen Flatterwesen wirkten wie Boten kommenden Unheils. Aber die drei Reiter ließen sich nicht beirren. Im Trab strebten sie dem Ort entgegen, den Volkmar für den Kampf gewählt hatte. Bald hatten sie ihr Ziel erreicht. Am Rande der Lichtung ragten einige Büsche grau aus dem wabernden Bodennebel. Außer den drei Ankömmlingen war noch niemand zu sehen. Der Himmel wurde langsam heller, da erklang plötzlich näherkommendes Hufgetrappel – offenbar von mehreren Pferden. Die drei Reiter verharrten unbeweglich am Rande der freien Fläche. Da tauchten auf einmal aus der Richtung der Warnefurt ebenfalls drei Reiter auf, ritten ein kurzes Stück auf die Lichtung hinaus und blickten um sich. Als sie die wartende Dreiergruppe bemerkten, wandten sie sich zur entgegengesetzten Seite der Fläche. Auch diese drei Reiter waren voll bewaffnet. Einer von ihnen stieg aus dem Sattel. Es war Gerhard. Er gab die Zügel seines Pferdes einem seiner Begleiter.

Gerhard ging ein paar Schritte auf die Lichtung hinaus und rief hinüber: "Na, Kleiner, hast du dir Verstärkung mitgebracht?"

„Die scheinst du wohl nötig zu haben!", erwiderte Volkmar. Sein Gegner lachte nur und rief: „Ich denke, wir machen die Sache zu Fuß aus!"

„Einverstanden!", war die Antwort. Volkmar sprang nun ebenfalls von seinem Hengst, übergab seinem Vater die Lanze, schwang seinen Rundschild vom Rücken, steckte den linken Arm durch die Lederschlaufe und fasste den Handgriff. Mit seiner Rechten zog er das Langschwert. Auf der anderen Seite tat Gerhard das Gleiche. Seine beiden Begleiter, Mitglieder der Burgbesatzung, blieben bei den Bäumen reglos auf ihren Pferden sitzen.

Die beiden Kämpfer gingen einige Schritte nach vorn, dann legten sie beide nach alter Sitte ihre Waffen auf den krautbewachsenen Boden, richteten den Blick zum Himmel und hoben stumm beide Arme. Volkmar richtete ein lautloses Stoßgebet an den Christengott und unbewusst auch an den Kriegsgott seiner Ahnen. – Nachdem die beiden Gegner einen Augenblick diese Haltung beibehalten hatten, nahmen sie ihre Waffen wieder auf und schritten langsam aufeinander zu. Gerhard setzte seine Füße mit lässiger Sicherheit. Als sie noch drei Schritte voneinander entfernt waren, verharrten sie kurz. Beide hatten den Schild vor dem Körper und das Schwert in der Hand. Sie maßen einander mit den Blicken. „Na, Kleiner", meinte der Ältere mit ruhiger Stimme, „was nun?"

„Das wirst du gleich sehen!", rief Volkmar, machte einen Satz nach vorne, rammte seinen Schildbuckel gegen den Rundschild des Nebenbuhlers, um diesen aus dem Gleichgewicht zu bringen, und hob gleichzeitig sein Schwert. Sein Gegner ließ sich durch den Schildstoß nicht beirren und wehrte mühelos einige von Volkmars schnellen Schwerthieben ab. Noch hatte er nicht selbst angegriffen. Einige Augenblicke umkreisten die beiden Kämpfer einander lauernd. Dann glaubte Volkmar eine Lücke in der Verteidigung des Gegners entdeckt zu haben und stach über den eigenen Schildrand hinweg nach der Schulter des anderen. Der war jedoch auf der Hut, schien sogar darauf gewartet zu haben, denn mit einer eleganten Drehung seiner Waffe schlug er seinem Gegner das Schwert aus der Hand. Der war zwar total überrascht, machte jedoch zwei schnelle Sprünge rückwärts, riss den Sax heraus und drang mit doppelter Heftigkeit auf seinen

Gegner ein. Es gelang ihm sogar, Gerhard eine kleine Schnittwunde am Unterarm zuzufügen.

In diesem Augenblick näherte sich das Geräusch galoppierender Pferde vom Fluss her der Kampfstätte. Ein Schwarm aufgescheuchter Tauben flatterte klappernd durch die Zweige der Birken und Erlen. Und schon preschte eine Gruppe von vier Reitern in vollem Tempo auf die Lichtung. Sie drängten ohne zu zögern ihre Tiere zwischen die beiden Kampfhähne. „Aufhören! Sofort aufhören! Auseinander!", erscholl eine gebieterische Stimme. Sie gehörte dem Pfalzgrafen Thankmar. Er hatte drei Mitglieder der Burgwache mitgebracht. In zweien erkannte Volkmar die beiden Zeugen seiner gestrigen Herausforderung.

„Ich bringe dich um!", schrie Volkmar wütend dem nun von ihm getrennten Gerhard zu.

„Versuchs doch!", schallte es zurück.

„Nun ist es aber genug! Was bildet ihr euch eigentlich ein?", schimpfte der Graf. „Die Feinde stehen an den Grenzen, und unsere Krieger wollen sich hier gegenseitig ans Leder! Wo kommen wir denn da hin?!" Etwas ruhiger wandte er sich an Volkmar : „Deine Kameraden hier haben mir zum Glück noch rechtzeitig gemeldet, was gestern vorgefallen ist. ….. Wie ich sehe, ist Gerhard leicht verwundet. ….. Reicht dir das als Genugtuung?"

Der schwer atmende junge Leibwächter zögerte mit seiner Antwort und blickte zu seinem Vater hinüber. Als dieser ihm zunickte, sagte er gepresst: „Ja, Graf Thankmar, es soll genügen."

Thankmar wendete sich nun seinem verwundeten Wachsoldaten zu: „Mir ist bekannt", sagte er in drohendem Ton, „was zu diesem Streit geführt hat. Ich muss dich eindringlich verwarnen. Wenn so etwas noch einmal vorkommt, bist du die längste Zeit bei meiner Truppe gewesen. Ich fordere dich auf, die Verlobte dieses jungen Mannes künftig in Ruhe zu lassen und sie respektvoll zu behandeln. Und bedenk", fügte er hinzu, „was es für Folgen haben kann, wenn hier ein enger Gefolgsmann des Königs zu Schaden kommt!" Und nach einem Rundumblick rief er mit donnernder Stimme: „Ich verlange, dass ihr untereinander Frieden haltet! Ihr alle wisst, wie schnell der Fall eintreten kann, dass eure Kräfte zum Schutz des Landes gebraucht werden!"

Nach dieser energischen Ansprache trennten sich die verfeindeten Parteien ohne ein weiteres Wort. Harald, Gerold und Volkmar ritten zum Burgdorf zurück; und Gerhard folgte mit seinen Begleitern der Gruppe des Pfalzgrafen zur Burg.

Feuer

Ohne zu sprechen, ritten die drei Männer im Schritt zum Burgdorf zurück. Jeder war mit seinen Gedanken beschäftigt. Schließlich brach Gerold das Schweigen, als er sich an seinen Sohn wandte: „Er hat mit dir gespielt! Du hast mächtiges Glück gehabt. ….. Aber es ist keine Schande, gegen einen technisch derart überlegenen Gegner seine Waffe zu verlieren. ….. Und du hast dich wacker gehalten! ….. So wie die Dinge liegen, hattest du auch keine andere Wahl. ….. Es muss Gerhard aber auch bewusst gewesen sein, welches Risiko er eingeht, wenn er einen Leibwächter des Königs verletzt."

Harald mischte sich in das Gespräch ein: „Ich freue mich und bin stolz auf meinen Schwiegersohn, der den Mut gehabt hat, gegen einen wie Gerhard anzutreten. Und das Wichtigste ist: Du hast deine Ehre und die Ehre meiner Tochter ….. und darüber hinaus die unserer beiden Familien tapfer verteidigt. Dafür gebührt dir unser Dank!"

„Du hast recht.", entgegnete Gerold, „Und das muss begossen werden! Ich schlage deshalb vor, dass wir uns heute Abend alle wieder bei uns zusammensetzen und zur Feier des Tages den Krug mit dem guten Wein öffnen!"

Volkmar hatte dem Gespräch schweigend zugehört. Ihm war nicht nach Reden zumute. Unter der Filzkappe, die den Druck des Eisenhelms milderte, dröhnte ihm immer noch der eigene Herzschlag in den Ohren. Und ein leichtes Zittern seiner Arme und Hände musste er mühsam unterdrücken. Ihn bewegten widerstreitende Gefühle. In seinem Kopfe wiederholten sich noch einmal die dramatischen Augenblicke des Kampfes. Hatte er versagt? Hatte das Eingreifen des Pfalzgrafen ihm vielleicht sogar das Leben gerettet? Dann aber musste er doch innerlich seinem Vater Recht geben. – Jedenfalls hatte er keine Angst gezeigt!

Und dann beschäftigte ihn ein anderer Gedanke: Hatte er Gerhard eigentlich töten wollen? Zwar gab dieser ihm dazu keine Gelegenheit. Aber wenn plötzlich die Möglichkeit bestanden hätte? – Der andere hatte ihn offensichtlich geschont. Das musste Volkmar sich eingestehen. Aber er selbst hatte nicht versucht, den Nebenbuhler zu schonen. Noch nie hatte er einen Menschen im Kampf getötet. Ihm war klar, dass ihm dieses Ereignis wahrscheinlich noch bevorstand. – Genauso konnte er natürlich auch selbst getötet werden. Mit dem Gedanken an den eigenen Tod hatte er sich eigentlich noch nie beschäftigt. – Als Sohn eines freien Sachsen war er zwar zum Krieger geboren; daran ging kein Weg vorbei. Und die Waffenübungen hatten ihm immer Freude gemacht. Aber wie würde es im Krieg sein, wenn es wirklich um Leben und Tod ging? Zum Nachdenken würde dann gewiss keine Zeit sein. Auch in dem eben überstandenen Zweikampf hatte es keine Zeit zum Grübeln gegeben. Eigentlich hatte sein Körper unbewusst die richtigen Bewegungen vollführt, wie sie hundertmal geübt worden waren. Nur war dies eben kein Spaß gewesen wie bei den täglichen Kampfübungen der Leibwache. – Hätte er also seinen Gegner getötet, wenn er es gekonnt hätte? – Aber hatte Pater Wilbert nicht gepredigt: Du sollst nicht töten? – Wie passte das alles zusammen? Seine Gedanken drehten sich im Kreise, und er kam zu keinem Ergebnis.

Gerold trieb sein Pferd dicht neben Volkmars Schimmelhengst und gab seinem Sohn mit der flachen Hand einen leichten Klaps aufs Knie: „Na, mein Sohn, hat es dir die Sprache verschlagen? Was grübelst du? Ich wiederhole: Du hast dich gut gehalten! Du bist kein schlechter Fechter. Und du bist noch jung. Deine kämpferischen Fähigkeiten werden mit größerer Erfahrung noch wachsen. ….. Und", fügte er ernst hinzu, „der Tod ist im Kampf unser ständiger Begleiter. Es ist das Schicksal vieler Krieger, durch das Schwert zu sterben. Wenn wir ehrenvoll sterben, werden unsere Ahnen mit uns zufrieden sein! Anders wäre es, wenn man dem Feind den Rücken gekehrt hätte. ….. Aber das kommt für einen Mann vom ruhmreichen Volk der Sachsen ohnehin nicht in Frage!"

Volkmar blickte seinen Vater an, und zum ersten Mal seit den eisenklirrenden Minuten des Kampfes zeigte sich ein leichtes Lächeln auf seinem immer noch etwas blassen Gesicht. „Ich danke dir", sagte er schlicht, „und ich freue mich auf unseren gemeinsamen Trunk!"

„Na, das ist doch ein Wort!", erwiderte Gerold.

Als die drei Reiter den lichten Auwald verließen und sich ihren Höfen näherten, wurden sie von einer großen Gruppe von Menschen erwartet. Viele liefen ihnen entgegen, allen voran Gertrude. Freudentränen liefen über ihre Wangen, als sie den Schimmel erreicht hatte und sich an das Bein des Reiters klammerte. „Du lebst!", stammelte sie, „Du bist nicht verwundet?"

„Ich bin unversehrt", antwortete ihr Verlobter, beugte sich auf dem nervös tänzelnden Tier zur Seite und strich dem Mädchen sanft über das Haar. „Verletzt ist nur Gerhard. ….. Aber wir werden nachher ausführlich erzählen. ….. Heute Abend wird gefeiert."

Gertrudes Mutter und das versammelte Gesinde kamen heran und gratulierten Volkmar zum glücklichen Ausgang des Duells. Alle waren erleichtert, denn Gerolds Sohn war bei allen gut angesehen und beliebt.

Der treue Hasso, dem befohlen worden war, bei der Stute zu bleiben, kam bellend herangesprungen, leckte dem Hengst kurz über die prustenden Nüstern und sprang schwanzwedelnd am Bein seines Herrn hoch. Volkmar sprach ihn mit ruhiger Stimme an und lobte ihn für seine

Geduld beim Warten. Der Hund schien ihn sogar zu verstehen. Hechelnd lief er zurück zum Pferdegatter, an dessen Latten Hasel unruhig entlangtrabte und die Ankömmlinge mit hellem Wiehern begrüßte. Blitz antwortete majestätisch mit erhobenem Kopf und aufgestellten Ohren.

Die Reiter sprangen waffenklirrend von ihren Tieren, die sofort von den Pferdeknechten zum Absatteln und weiteren Versorgen in Empfang genommen wurden.

Abends saß die Runde in Gerolds Hause zusammen. Volkmar und Gertrude saßen auf der langen Eichenbank Hand in Hand nebeneinander. Gerold hatte den Weinkrug geholt. Auch Harald hatte seinen mitgebracht. Die Magd schenkte die irdenen Krüge voll. Gerold stand auf, erhob sein Trinkgefäß und räusperte sich. „Lieber Volkmar, liebe Freunde", begann er feierlich, „ein denkwürdiger Tag geht zu Ende. Mein ….. unser Sohn" – Dabei schaute er seine Nachbarn an – „hat heute seinen ersten Zweikampf ausgefochten. Wir alten Krieger wissen, was das bedeutet. Mein lieber Volkmar, heute bist du endgültig zum Mann gereift. Ich wiederhole noch einmal: Wir sind stolz auf dich! Du wirst einst bei unseren Ahnen in Walhall ….. äh ….. im Himmel einen würdigen Platz finden. Darauf lasst uns diesen kostbaren Trunk genießen! Auf unser aller Wohl!" Er setzte den Becher an die Lippen und nahm einen großen Schluck. Alle taten es ihm nach. Hasso, der zu Volkmars Füßen unter dem Tische lag, grunzte im Halbschlaf. Ihn hatte nach dem langen Herumtoben mit Hasel und den anderen Pferden die Müdigkeit übermannt.

Man saß noch lange beieinander. Je leerer die Weinkrüge wurden, desto lebhafter wurden die Gespräche. Es dauert nicht lange, bis die beiden älteren Männer bei ihren Kriegserlebnissen angekommen waren: ein schier unerschöpfliches Thema. Irgendwann verschwanden die beiden Brautleute auf dem Heuboden. Die Natur ließ sich nicht länger bändigen. Die Alten taten, als bemerkten sie es nicht. Aber Gertrudes Vater zwinkerte Gerold verstohlen zu.

Es war schon nach Mitternacht, als die Gäste – auch Gertrude war inzwischen wieder aufgetaucht – sich verabschiedeten und mit etwas unsicheren Schritten das Nachbargrundstück ansteuerten. Volkmar begleitete sie bis zum Hoftor. Eine Weile stand er noch allein in der finsteren, stillen Nacht. Vom Stallteil seines Vaterhauses drangen manchmal leise Geräusche der Tiere. Eine Kette klirrte. Er überlegte, wie spät es wohl sein mochte und erhoffte sich Auskunft beim Sternenhimmel. Aber über ihm war alles wolkenverhangen und dunkel. Im schwachen Schein einer Fackel, die an einem Pfosten nahe dem Hause in einer eisernen Halterung steckte, sah er, wie eine große Eule sich ohne ein Geräusch von einem niedrigen Ast der alten Hofeiche schwang und lautlos über das Hausdach flog. >Es wird unsere Schleiereule sein<, dachte Volkmar. Er wusste, dass sie oben auf dem Heuboden wohnte.

Als er schließlich die Fackel in einem bereitstehenden Wassereimer löschte und ins Haus ging, ertönte vom Schlaflager seines Vaters schon sanftes Schnarchen. Auch Volkmar suchte seine altgewohnte Ruhestätte auf und fiel bald darauf in tiefen Schlaf.

Irgendwann träumte er vom Feldzug nach Schwaben. Er schwamm mit Hasso in einem stillen Teich. Er hörte die Kameraden etwas rufen, immer wieder dasselbe Wort. Volkmar wachte halb auf und warf sich unruhig auf die andere Seite. Das Rufen blieb. Jetzt verstand er auch das Wort: „Feuer! Feuer!" Im Nu war er hellwach, wälzte sich von seinem Lager und kam taumelnd auf die Füße. Sein Vater war ebenfalls wach geworden, saß mit wirrem Haar auf seiner Liegebank und blickte verständnislos um sich. Offenbar war der Weinrausch noch nicht verflogen. „Es brennt irgendwo!", rief Volkmar ihm zu und war auch schon mit einem Sprung bei der Haustür, schob den Riegel zur Seite und öffnete. Sofort spürte er Brandgeruch und sah die großen Hofeichen von einem Flackerschein beleuchtet. Er nahm sich nicht die Zeit, sich vollständig anzukleiden, steckte nur seine Füße in ein Paar bereitstehende Holzschuhe, rannte klappernd am Gebäude entlang bis zur Hausecke und konnte jetzt erkennen, was die Ursache des Qualms war. Das Herz blieb ihm stehen vor Schreck! Das Haus seiner Schwiegereltern stand in hellen Flammen! Sein erster Gedanke war: Gertrude!!

So wie er von seinem Schlaflager gestiegen war, lief er mit klopfendem Herzen hinüber zum Nachbarhaus. Dort auf dem Hofgelände rannte eine große Zahl von Menschen hin und her. Hin und wieder tauchten einzelne Gestalten aus der Rauchwolke auf und waren im rötlichgelben Schein der Flammen halbwegs zu erkennen. Zu seiner großen Erleichterung glaubte er zu sehen, dass seine Verlobte und ihre Eltern dabei waren. Er lief auf das brennende Haus zu und rief verzweifelt Gertrudes Namen. Da blieb ein junges Mädchen stehen und wandte sich ihm zu. Sie war es! Er lief auf sie zu und fasste sie an den Schultern. „Wo sind deine Eltern?", rief er durch das Fauchen und Knistern des Feuers.

„Draußen", antwortete sie verstört. Volkmar ließ das Mädchen los und blickte um sich. Inzwischen war auch sein Vater bei ihnen.

Um das brennende Gebäude wimmelten die Menschen wie in einem Ameisenhaufen. Aber es gab keine Gaffer, abgesehen von ein paar kleineren Kindern, die sich ängstlich abseits hielten. Alle Übrigen waren unter dem Kommando des tatkräftigen Harald mit verzweifelten Löschversuchen beschäftigt. Man hatte bereits zwei Eimerketten zwischen Haus und Fluss organisiert: In einer wurden die vollen Holz- und Ledereimer zur Brandstelle schnellstmöglich weitergereicht; in der anderen flogen die leeren Gefäße denselben Weg wieder zurück. Gerold und Volkmar reihten sich, ohne viel zu überlegen, nebeneinander in eine der Menschenketten ein.

Die Flammen hatten bereits das halbe Strohdach erfasst. Drei tapfere Burschen hatten lange Leitern an den noch nicht brennenden Teil des Daches gelehnt. Auf den Sprossen standen in Abständen einige junge Männer mit nassen Tüchern über Kopf und Schultern und reichten die Wassereimer nach oben weiter. Der oberste Helfer versuchte, das Wasser mit Schwung auf den Brand zu schütten. Den leeren Eimer ließ er darauf an der Hausseite auf den Hof fallen, wo er sofort zur Wiederverwendung aufgegriffen wurde.

Andere Männer und Frauen waren dabei, in aller Eile wertvolle Gegenstände aus dem Hause zu retten und in sicherer Entfernung auf dem Hof zu sammeln. Die vor Angst brüllenden Rinder und die wiehernden und polternden Pferde waren noch rechtzeitig in ein Gehege im Freien gebracht worden. Das Federvieh flatterte in Panik durch die offenen Türen nach draußen. Es würde in der Nähe bleiben. Vom bewölkten Himmel fiel kein Tropfen Regen, obwohl man ihn jetzt bitter nötig gehabt hätte! Aber die Hitze des Feuers ließ einen Luftzug aufkommen, der zum Brandhaus hin wehte und die Flammen noch mehr entfachte. Der Luftzug strömte von allen Seiten auf das Brandhaus zu und ließ die Qualmwolken mal hierhin, mal dorthin wallen. Immer wieder mussten die Helfer auf dem Dach ihre Arbeit einstellen und die Leitern verlassen. Mit Ruß bedeckt wie die Köhler erschienen sie nach Atem ringend am Boden. Inzwischen konnte man den typischen Geruch brennenden Eichenholzes wahrnehmen. Das Feuer hatte die dicken Bohlen des Heubodens durchfressen. Brennende Holzteile fielen bereits polternd in den Wohnteil des Gebäudes, worauf die Bergungshelfer mit Schreckensschreien nach draußen stürzten.

Bald darauf musste man einsehen, dass das Wohnhaus nicht mehr zu retten war. Von da an richteten sich alle Bemühungen darauf, ein Übergreifen des Feuers auf die übrigen Gebäude zu verhindern, die manchmal je nach Windrichtung durch den entstandenen Funkenregen gefährdet waren. Vorsorglich hatte der umsichtige Harald dort schon gleich zu Anfang Brandwachen postiert.

Am Hauptgebäude wurden die Löschversuche eingestellt. Bei der von dem vielen glühenden Holz ausgehenden Hitze war es auch gar nicht mehr möglich, nahe genug heranzukommen. Immer weiter mussten sich die Menschen von dem Feuer zurückziehen. Mit Wehmut beobachteten sie das Sterben des einst mit so viel Mühe errichteten Hauses. Nur ein einziger, großer Trost war ihnen geblieben: Keiner der Bewohner war ernsthaft zu Schaden gekommen, und auch alles Vieh konnte gerettet werden. Und das hatten sie – wie zu hören war – einem einzelnen Hofhund zu verdanken, der mitten in der Nacht wie ein Wilder zu kläffen begonnen hatte. Ob nun das entstehende Feuer der Grund gewesen war, oder das Bellen eine andere Ursache hatte, konnte nachträglich nicht mehr festgestellt werden. Jedenfalls war ein Knecht von dem Lärm aufgewacht und nach draußen gegangen, um den Hund zum Schweigen zu bringen. Dabei hatte er Rauch gerochen, Qualm und Flammen auf dem Dach gesehen und sofort Alarm geschlagen. – Der Hund hatte jedenfalls allen Grund zur Freude: So gut wie in der nächsten Zeit war es ihm in seinem ganzen Leben noch nicht gegangen!

In sicherer Entfernung von dem qualmenden Trümmerhaufen, der einmal ein Haus gewesen war, standen die Menschen in Gruppen beieinander, manche erschöpft vom Wasserschleppen, andere bemüht, den Geschädigten Mut zuzusprechen mit der Zusage, beim Aufbau eines neuen Gebäudes tatkräftig mitzuhelfen. Letzteres war Ehrensache und unter Nachbarn eine Selbstverständlichkeit. Schließlich konnte man jederzeit in die gleiche Lage geraten.

Gerold und Volkmar standen mit Gertrude und ihren Eltern zusammen. Allen schmerzten die Arme vom Befördern der schweren Wassereimer. „Tja, liebe Nachbarn", richtete Gerold das Wort an Harald und dessen Frau, „das Beste ist wohl, wenn ihr jetzt erst einmal bei mir wohnt. Ihr wisst ja, dass bei uns genug Platz ist. Meine Leute werden euch helfen, den Winter über Holz zu schlagen und zuzurichten, damit wir im Frühjahr gemeinsam ein neues Heim für euch errichten können ….. und dann auch für unsere Brautleute.", fügte er mit einem kurzen Blick in Volkmars und Gertrudes Gesichter hinzu. Gertrude lehnte an Volkmars Schulter. Beide waren zu erschöpft, um sich über Gerolds Worte freuen zu können. Müde und niedergeschlagen ging die Gruppe nach Gerolds Hof hinüber. Bei dem zerstörten Haus blieb lediglich eine Brandwache zurück.

Die Gerichtsverhandlung

Am folgenden Morgen, als man nach einer meist schlaflosen Nacht allmählich zur Besinnung kam, bewegte alle dieselbe Frage: Wie konnte das passieren? In den Männern keimte ein Verdacht auf, den Harald als Erster aussprach: „Gerhard?? ….." Die Gesichter verfinsterten sich. „Hätten wir den Burschen gemeinsam kalt machen sollen?", meinte Gerold halblaut.

„Er ist zwar ein Weiberheld, aber ob ihm auch eine Brandstiftung zuzutrauen ist?", gab Volkmar zu bedenken.

Sein Schwiegervater aber entgegnete: „Der Schuft hat keinen Respekt vor der Ehre meiner Tochter gehabt. Das zeigt seinen schlechten Charakter. Und wir haben ihn durch den Zweikampf bei Graf Thankmar in Misskredit gebracht. Ich halte es durchaus für möglich, dass er sich gerächt und uns das Dach über dem Kopfe angezündet hat. ….. Jedenfalls gehe ich von Brandstiftung aus; und mir fällt sonst niemand ein, der meiner Familie feindlich gesinnt sein könnte."

„Wir werden unseren Verdacht dem Pfalzgrafen mitteilen.", entschied Gerold. „Am besten ist es, wenn wir beiden Alten gleich heute zur Werla reiten und unsere Klage vorbringen."

Harald stimmte diesem Vorschlag sofort zu. Und am Nachmittag sattelten die beiden alten Krieger ihre Pferde und begaben sich zur Pfalz, wo sie auch sofort zum Grafen vorgelassen wurden. Dieser zeigte sich bestürzt, als er die Anschuldigung hörte. Der nächtliche Brand im Dorfe war ihm am Vormittag bereits gemeldet worden. Aber der nun geäußerte Verdacht gegen einen der tüchtigsten Männer seiner Burgwache machte ihn betroffen.

„Gerhard soll das getan haben?", sagte Thankmar zweifelnd und wiegte nachdenklich den Kopf. „Er ist ein Abenteurer und hat vielleicht ein unstetes Wesen. Aber Brandstiftung …. ? Damit würde er sein Leben riskieren, wenn er eines solchen Verbrechens überführt würde." Er stand auf und ging einige Schritte hin und her. „Andererseits ….. Ihr liegt mit ihm in Fehde ….." Der Pfalzgraf blieb unvermittelt stehen und wandte sich den beiden Klageführenden zu: „Die Angelegenheit muss untersucht werden. Ich werde Gerhard vor Gericht fordern. ….. Den Termin setze ich fest auf den kommenden Tag des Herrn unmittelbar nach der Frühmesse. Ihr als Kläger müsst dann ebenfalls anwesend sein. Bis dahin sind noch fünf Tage Zeit. Das wird genügen für die Vorbereitung der Anklage und Verteidigung. ….. Wenn jemand Gerhard

bei euch im Dorf gesehen hat, bringt ihn als Zeugen mit!"
Er nickte den beiden Männern zu, und damit waren sie
entlassen.

Mit gemischten Gefühlen ritten Gerold und Harald zum
Dorf zurück. Wie konnten sie ihren Verdacht erhärten?
Niemand hatte Gerhard im Dorfe gesehen. Grundlage für
ihre Anschuldigung war lediglich der handfeste Zwist
zwischen Gerhard und Volkmar! Sicher ging es dabei in
erster Linie um Gertrude. – Man würde klarer sehen,
wenn festgestellt werden konnte, wo Gerhard sich in der
vorigen Nacht aufgehalten hatte.

Am folgenden Sonntag machten sich Harald mit Frau und
Tochter sowie Gerold mit seinem Sohn schon früh auf
den Weg zur Pfalz. Sie nahmen an der Frühmesse teil, die
im geräumigen Wohnhaus des Grafen abgehalten wurde,
weil die Kapelle noch ohne Dach war. Die Messe war
heute besonders gut besucht. Es hatte sich herumgesprochen, dass eine Gerichtssitzung stattfinden sollte. Volkmar bemerkte unter vielen bekannten Gesichtern auch
einige fremde. Ein stattlicher, kostbar gekleideter Mann
mittleren Alters fiel besonders auf. Man raunte sich zu,
das sei Hermann, der Herr der Hornburg.

Nachdem Pater Wilbert, der als Pfarrer der noch im Bau
befindlichen Kirche zugeteilt war, die Messe beendet
hatte, wurde die Mitte des Raumes frei gemacht und drei
Bocktische im offenen Viereck aufgestellt. An der
Längsseite nahm Graf Thankmar Platz. Die Streitparteien
wies er an, die beiden einander gegenüberliegenden
Schmalseiten zu besetzen. So saß Haralds Familie dem
mutmaßlichen Brandstifter Gerhard gegenüber. Gerold
und Volkmar hatten bei den Zuhörern im Hintergrund

Platz genommen. Da nicht genug Schemel und Bänke vorhanden waren, blieben einige Leute stehen oder setzten sich auf den mit Sand bestreuten Lehm-Fußboden. Ein erwartungsvolles Gemurmel erfüllte den Raum.

Der Pfalzgraf bat um Ruhe und erläuterte kurz, worum es bei der Verhandlung ging: „Vor einigen Tagen", begann er, auf Haralds Familie zeigend, „ist das Haus dieser Leute in der Nacht abgebrannt. Sie vermuten, dass jemand, der ihnen nicht wohlgesinnt war, das Feuer absichtlich gelegt hat." Er machte eine Kunstpause, drehte sich dann zu Gerhard um und fuhr fort: „Mein Gefolgsmann Gerhard hier wird verdächtigt, diese Untat begangen zu haben."

Im Hintergrund wurden einige empörte Rufe laut, denen man nicht entnehmen konnte, gegen welche der beiden Parteien sie gerichtet waren. Thankmar brachte die Zwischenrufer zum Schweigen und wandte sich dann direkt an Gerhard: „Du liegst mit Haralds und Gerolds Familien in Fehde. Wolltest du dich rächen, weil du …. ich möchte mich allgemein ausdrücken ….. weil deine Wünsche nicht erfüllt worden waren?"

Gerhard erhob sich und sagte mit beherrschter Stimme: „Ich habe mit dem Brand nichts zu tun. Meinungsverschiedenheiten pflege ich auf andere Art auszutragen."

Thankmar hatte diese Antwort wohl erwartet, denn er setzte sofort nach: „Ich muss dir die Frage stellen: Kannst du nachweisen, dass du in der fraglichen Nacht nicht im Burgdorf gewesen bist?"

Der Befragte antwortete ruhig: „Ich war in der Hornburg."

„Aus welchem Anlass? Und wer kann das bezeugen?", forschte der Pfalzgraf nach.

Gerhard holte tief Luft: „Das sind zwei Fragen auf einmal. Aber ich kann sie beantworten. Es gibt dort ein hübsches Latenmädchen……"

„Konnte ich mir fast denken", unterbrach ihn Thankmar.

Aber Gerhard fuhr unbeirrt fort: „Und bezeugen können das der hier anwesende Burggraf Hermann und sein Gefolgsmann Siegfried, ein alter Kamerad von mir. Er befindet sich auch in diesem Raum."

Der Pfalzgraf bat Herrmann und Siegfried höflich, vor ihn an den Tisch zu treten und fragte zunächst Hermann: „Ist es wahr, was Gerhard behauptet?"

„Ja, es stimmt", erwiderte der Herr der Hornburg. „Wir haben abends bis spät in die Nacht zusammen gesessen und Kriegserinnerungen ausgetauscht. Du weißt, dass Gerhard früher zu meiner Gefolgschaft gehörte. Wir sind vor Jahren gemeinsam gegen die Wenden gezogen, als König Heinrich noch unser Herzog war."

Thankmar dankte dem Burgherrn und wandte sich nun an dessen Gefolgsmann: „Und du, Siegfried, hast auch mit Herrn Hermann und Gerhard zusammen gesessen?"

„Das zwar nicht", antwortete der Gefragte, „aber weit nach Mitternacht bin ich Gerhard auf dem Hofe begegnet, als ich Wasser lassen musste. Er kam im Nachtgewand aus einem der Gesindehäuser und hatte dasselbe Bedürfnis wie ich."

Im Hintergrund lachte jemand, wurde aber sofort vom Pfalzgrafen zurechtgewiesen. „Ich danke euch für diese Auskünfte", sagte er ernst. „Das ist alles, was ich wissen wollte." Die beiden Zeugen traten wieder zurück. Graf Thankmar erhob sich, blickte in die Runde und rief mit würdevoller Stimme: „Ihr alle habt die Aussagen dieser untadeligen Männer vernommen. Kraft meines Richteramtes, das mir vom König verliehen wurde, spreche ich meinen Gefolgsmann Gerhard vom Vorwurf der Brandstiftung frei. ….. Harald und Gerold, ihr habt den Falschen verdächtigt, ….. wenn der Brand überhaupt absichtlich gelegt worden ist. ….. Die Sitzung ist beendet."

Die beiden Genannten blickten betreten zu Boden. Offenbar hatten sie Gerhard mit ihrer Verdächtigung Unrecht getan. Es war beiden klar, was jetzt von ihnen erwartet wurde. Harald raffte sich als Erster auf. Er trat auf Gerhard zu, der abwartend an seinem Tische stand. „Es tut mir leid", sagte Harald, „dass ich dich verdächtigt habe. Ich sehe ein, dass du an dem Brand unschuldig bist."

„Ich nehme deine Entschuldigung an.", antwortete Gerhard mit einem kurzen Seitenblick auf Haralds Tochter, die es vermied, ihn anzusehen. „Vergessen wir's!", fügte er nach kurzem Zögern hinzu.

Volkmar hatte das Bedürfnis, ebenfalls etwas zu sagen. Er ging auf seinen Duellgegner zu und sagte: "Auch ich war an der Verdächtigung beteiligt und bitte dich deswegen um Entschuldigung!"

„Ist schon in Ordnung.", antwortete Gerhard leichthin. Als Volkmar sich umwandte, um das Gebäude zu verlassen, hörte er noch einmal Gerhards Stimme hinter seinem Rücken: „Übrigens ….." Volkmar blieb stehen und drehte sich um. „Ich respektiere deinen Mut ….. auch beim Kampf. … Mir tut es ebenfalls leid, dass ich gegenüber deiner Verlobten unbeherrscht gewesen bin! Lass uns Frieden schließen!" Mit diesen Worten streckte er dem jungen Mann seine Hand entgegen.

Volkmar zögerte. Er blickte hinter sich auf Gerold und Harald, die ebenfalls stehen geblieben waren. Doch die beiden Männer rührten sich nicht. Sie wollten Volkmar die Entscheidung selbst überlassen. Dieser blickte seinem Gegenüber in die Augen und konnte kein Falsch darin erkennen. Und so schlug er in die dargebotene Rechte ein. Graf Thankmar, der die Szene gespannt beobachtet hatte, ohne sich einzumischen, nickte zufrieden.

Gerold, sein Sohn und die Nachbarsfamilie verließen die Pfalz und kehrten zum Burgdorf zurück. „Wodurch ist der Brand denn nun entstanden?", fragte Gerold nach langem Schweigen. „Mir kommt da eine Idee. Habt ihr festgestellt, ob der Eisenkorb über die Feuerstelle gestülpt war, als ihr die Gegenstände aus dem brennenden Haus geholt habt?"

Harald hielt verblüfft sein Pferd an. „Du meinst? …. Nein, ich glaube, er stand daneben. ….. Ah, du denkst an die Katze? Wir vermissen die dunkle mit dem buschigen Schwanz. Sollte sie ….. ? Das wäre allerdings eine Möglichkeit. Das Feuer ist am Dach ausgebrochen oder auf dem Heuboden. Sollte sie der Herdstelle zu nahe gerückt und sich den Schwanz angebrannt haben? Ich könnte mir vorstellen, dass sie dann in Panik geraten und die Leiter empor auf den Boden gesaust ist, wo sie sich oft aufhält."

„Es wäre nicht das erste Mal, dass so etwas geschieht", meinte Gerold nachdenklich. „Aber wie auch immer, wir müssen jetzt nach vorne schauen. Was geschehen ist, ist geschehen. Lasst uns daran gehen, den Neubau zu planen!" Damit setzten sie ihren Weg fort.

Der Zorn der Eisriesen

Der Urlaub ging vorüber, und der Tag nahte, an dem Volkmar sich wieder der Truppe des Königs anschließen musste. Inzwischen war der Winter mit voller Wucht hereingebrochen. Es hatte reichlich geschneit und war danach bitter kalt geworden. Nach einem schweren Abschied von den Angehörigen und vor allem von seiner Verlobten machte der junge Gardekrieger sich auf den Weg nach Süden. Seine Anweisung hatte gelautet, nach Ende des Urlaubs zum Goselager unterhalb des Rammelsberges zu reiten und sich dort der Leibwache wieder anzuschließen. Heinrich wusste, dass es in der Nähe reiche Erzlager gab, und das erhöhte die Bedeutung dieses Ortes. Der König plante deshalb, den Platz zu einer größeren, besser befestigten Siedlung auszubauen.

Und so nahm Volkmar den schon bekannten Weg entlang der Oker nach Sudburg, um bei dieser Gelegenheit seinen Mutterbruder zu besuchen. Von dort zum Rammelsberg würde es dann nicht mehr weit sein. Wegen der beißenden Kälte hatte Volkmar den Pferden trotz des dichten Winterfells, das ihnen inzwischen gewachsen war, Decken über die Rücken gebreitet. Es konnte nicht schaden, obwohl die Sachsen immer darauf achteten, dass ihre

Pferde nicht verweichlicht wurden und es deshalb auch üblich war, im Winter die Stalltüren offen zu lassen.

In der weißen Landschaft war es windstill. Beim Ausatmen stießen Mensch und Tiere weiße Dampfwolken aus. Blitz, der Hengst, pustete Wolken aus seinen Nüstern wie ein Drache. Die mit der gesamten Feldausrüstung bepackte Stute trabte friedlich neben ihm her. Die Tiere waren gut im Futter und ausgeruht. Und so konnte es auf dem ersten Teil des Weges geschehen, dass Blitz manchmal einen übermütigen Satz über eine Schneewehe hinweg machte. Hasel machte geduldig alles mit. Am meisten freute sich Hasso. Auch er hatte sich schon im Spätherbst ein wolliges Winterfell wachsen lassen. Er sprang manchmal den Pferden voraus und biss vor Begeisterung in den Schnee, der auf seiner hechelnden Zunge schmolz und seinen Durst löschte.

Mit der Zeit wurden die Tiere ruhiger, denn der hohe, manchmal zu weißen Bänken aufgetürmte Schnee zehrte an den Kräften. Zum Galoppieren war es zu gefährlich, da unter der Schneedecke Steine verborgen sein konnten und Volkmar unter allen Umständen vermeiden wollte, dass eines seiner Pferde sich verletzte. So ritt er meistens im Schritt und nur ab und zu einmal im leichten Trab. Der Hund konnte es sich einige Male nicht verkneifen, eine kurze Strecke hinter einem Hasen herzurennen, der nahe am Wege in seinem Versteck gesessen hatte und vor den schnaufenden Pferde-Ungetümen die Flucht ergriff. Volkmar ließ seinen Hasso gewähren. Er wusste, dass ein Hase in aller Regel schneller war und der Hund in Kürze wieder zurück sein würde. Bald würde er von selbst so müde werden, dass er solche Ausflüge lieber unterließ!

Der Reiter selbst hatte seinen dicken, wollenen Umhang hoch geschlossen und die angenähte Kapuze noch über seine Filzkappe gezogen. Vor Mund und Nase hatte er ein wollenes Tuch gebunden, so dass nur noch die Augen frei waren. Von den dicken Winterstiefeln bis zu den Knien war die warme, wollene Hose mit Lederriemen kreuzweise eng an die Unterschenkel gebunden, damit sich der Stoff nicht in irgendeinem Dorngebüsch verfangen konnte. Seine Ausrüstung ruhte gut verschnürt auf dem Rücken der Stute oder hing an deren Packsattel, wovon sich der Krieger hin und wieder durch einen prüfenden Blick überzeugte. Als Bewaffnung trug er nur seinen kurzen Sax am Gürtel; alles Übrige trug die geduldige Hasel.

Gegen Mittag kam ein leichter Ostwind auf, der die Wolken vom Himmel blies und einer gleißend hellen Sonne Platz machte. Der unberührte Schnee blendete dermaßen, dass dem Reiter bald die Augen wehtaten. Volkmar war deshalb froh, als er das Dorf erreichte, in dem er die Herberge wusste, in die sein Vater vor einigen Jahren mit ihm einkehren wollte, und wo sie erfahren hatten, dass die Ungarn im Lande waren. Diesmal war auf der Straße alles ruhig. Die Menschen saßen in den Häusern um die Feuerstellen. Draußen sah man nur ein paar Mägde, die mit Eimern voll Wasser vom Fluss zurückkamen. Sie hatten wohl das Eis aufhacken müssen, das schon von den Ufern bis fast in die Mitte reichte.

Volkmar ritt auf den Hof der Herberge, wo diesmal kein Händlerwagen stand. Winterzeit war keine Reisezeit. Der Wirt, der sein Kommen bemerkt hatte, stand in der Tür und betrachte ihn und seine Tiere aufmerksam. „Ich sehe die Ausrüstung eines Kriegers", sagte er nach kurzer Begrüßung. „Was hast du vor?" Volkmar gab ihm gern Auskunft. Der Wirt behandelte den jungen Leibwächter daraufhin mit allem Respekt, bat ihn zu einem heißen Trunk ins Haus, ohne eine Bezahlung zu verlangen, und gab Anweisung, den Hengst und die Stute im Windschatten des Speichers anzubinden und mit Wasser und Hafer zu versorgen. Hasso blieb bei den Pferden. Niemand würde es in seiner Gegenwart wagen, sich an dem Gepäck zu vergreifen!

Nachdem Volkmar sich an der Feuerstelle der Herberge angenehm aufgewärmt hatte, nahm er die Einladung des Wirtes gerne an, die Nacht in dem gastlichen Hause zu verbringen und erst am nächsten Morgen seine Reise fortzusetzen. Die Stute wurde von ihrer Last befreit und der Hengst abgesattelt. Ein Knecht führte die Tiere in den für solche Fälle vorgesehenen Stall.

In der Nacht schlug das Wetter um. Der Wind hatte gedreht und wehte mit ungewöhnlicher Wärme aus südlicher Richtung. Außerdem hatten sich wieder Wolken gebildet, und der zunächst noch rieselnde Schlackschnee verwandelte sich bald in Regen.

Morgens bedankte Volkmar sich beim Wirt und machte sich und seine Pferde wieder reisefertig. Die Tiere waren nach der Pause froh, sich wieder bewegen zu können, und nahmen mit flottem Schritt den Weg wieder unter die Hufe und Pfoten.

Der einsame Reiter warf einen ehrfurchtsvollen Blick auf die weißglänzenden Hänge und Kuppen des Harzgebirges, denen er immer näher kam. Der Brocken, die höchste Erhebung, hatte sich allerdings wieder einmal in Wolken gehüllt. Infolge des Regens troffen Bäume und Büsche wie auch der einsame Reiter und seine Tiere vor Nässe. Die feuchte Kälte war noch unangenehmer als der trockene Frost an den vorhergehenden Tagen. Gegen Abend war Volkmar froh, als er endlich in einiger Entfernung die ersten Höfe von Sudburg erkannte. Im Hause seines Onkels gab es bei seinem unvermuteten Auftauchen ein großes Hallo. Nachdem die ersten Fragen nach dem Woher und Wohin beantwortet waren, ließ Ingo seinem Schwestersohn sofort eine Schlafstelle vorbereiten, das Gepäck ins Haus bringen und die Pferde in den Stall führen, wo sie sich allerdings mit den Ziegen arrangieren mussten, worüber der alte Bock nicht besonders erfreut schien. Blitz und Hasel gewöhnten sich aber bald an die ungewohnt riechenden Hausgenossen, von denen ihnen offenbar keine Gefahr drohte. Volkmar musste Hasso eng bei sich behalten, denn Luchs, der Nachfolger des damals erschossenen Hütehundes gleichen Namens, musste vom Onkel energisch davon abgehalten werden, dem fremden Konkurrenten an die Gurgel zu gehen.

Onkel, Tante und Neffe saßen mit einigen Leuten des Gesindes noch lange an der Feuerstelle zusammen, wärmten sich die Hände, tranken ab und zu einen guten Schluck Met und erzählten von ihren Erlebnissen. Ingo war besonders an den Ereignissen bei Pichni und an dem Schwabenfeldzug interessiert, während die Tante sich eingehend nach Volkmars Verlobter erkundigte. Als der Neffe seinen Streit mit Gerhard erwähnte, wurde Ingo hellwach und ließ sich den Hergang des Zweikampfes in allen Einzelheiten berichten. „Dieser Gerhard scheint ein hervorragender Kämpfer zu sein", meinte er. „Es ist gut, dass du dich mit ihm wieder vertragen hast!" In den Gesprächspausen vernahmen sie von draußen die knackenden Geräusche der Eisschollen, die in der Strömung des Flusses aneinander stießen. „Die Eisriesen der Berge waren wieder fleißig", sagte die Tante nachdenklich.

Gerade hatten die drei beschlossen, sich schlafen zu legen, als draußen ein furchtbares Getöse erscholl. Die Ziegen sprangen meckernd durcheinander. Die beiden Pferde, die sich ins Stroh gelegt hatten, sprangen auf und warfen schnaubend die Köpfe hoch. Auch der unter der Bank liegende Hasso richtete sich auf und spitzte die Ohren. Onkel und Tante wurden blass und stürzten zur Haustür, um nachzusehen, was los war. Der Lärm kam aus dem Okertal. „Die Eisriesen zürnen!", schrie Ingo. „Los, Volkmar, wir haben nicht viel Zeit! Wir müssen den Nachbarn helfen!" Ohne zu verstehen, was er meinte, lief Volkmar hinter ihm her zum Nachbarhofe. Dieser lag etwas tiefer und näher am Fluss. Dort waren schon sämtliche Bewohner auf den Beinen, holten in aller Eile das Vieh aus dem Hause und brachten es auf höheres Gelände. Ingo und sein Schwestersohn halfen den Nachbarn, die Tiere beisammen zu halten.

Noch zweimal in kurzen Abständen ertönte ein lautes Donnern aus dem engen Tal des Okerflusses und hallte von den Felswänden wider. Die Nachbarn liefen wieder zum Haus zurück und holten wertvolle Gegenstände heraus. Es war fast wie damals bei der Ungarngefahr. Aber Volkmar begriff immer noch nicht, was sich hier abspielte. Es dauerte noch einige Zeit, bis die krachenden Geräusche plötzlich näher kamen und endlich für ihn erkennbar war, dass der Lärm vom Fluss herrührte. Ein

Berg von aufgetürmten, übereinander geschobenen Eisschollen quoll klirrend und knirschend aus der engen Schlucht des Okertales heraus. Die Schollen und ein plötzlicher Schwall eisigen Wassers drängten und ergossen sich über die Ufer des Flusses. Mit Schrecken beobachteten die Bewohner, wie die gewaltige Eiskaskade sich donnernd auf das Wohnhaus zu bewegte – und dicht daran vorbei strömte. Dem näher zum Ufer stehenden Speicher allerdings wurden von der Gewalt des Eises die Stelzen weggerissen. Mit einem Krachen stürzte er zu Boden, trieb ein kurzes Stück mit den aufgewühlten Fluten und blieb dann liegen. Als die zerstörerische Flutwelle vorübergezogen war, zog sich das von Eisstücken bedeckte Wasser wieder in das gewohnte Flussbett zurück. Übrig blieb eine mit zerbrochenen Eisschollen bedeckte Uferfläche und die Trümmer des Speichers. Seit dem ersten hörbaren Lärm war etwa so viel Zeit vergangen wie Volkmar früher gebraucht hatte, um die Ziegenherde auf die Bergweide zu treiben.

„Die Berggeister mögen den warmen Südwind im Winter nicht", sagte Ingo später zu seinem Neffen. „Vielleicht meinen sie, wir Menschen hätten Schuld daran, und versuchen, uns zu vernichten. So etwas ist vor einigen Jahren schon einmal vorgekommen." – Volkmar wusste nicht recht, was er von dieser Erklärung halten sollte. Aber er schwieg dazu, hatte er doch selbst eine ehrfürchtige Scheu vor den dunkel bewaldeten, zerklüfteten Bergen und ihren Geheimnissen!

Als Volkmar und die Familie seines Onkels sich endlich zur Ruhe legen konnten, war an Schlaf kaum zu denken. Zu aufregend waren die Ereignisse gewesen! So dauerte es am nächsten Morgen auch länger, bis alle wieder auf den Beinen waren. Die Ziegen und Pferde waren schon unruhig geworden, als sie nicht zur gewohnten Zeit ihr Futter bekommen hatten. Volkmar war froh, dass die Verwandten und seine vierbeinigen Reisekameraden bei dem Eisüberfall nicht zu Schaden gekommen waren! – Nun aber musste er zum Aufbruch rüsten, wenn er zum befohlenen Zeitpunkt beim Goselager ankommen wollte.

Das Lager am Gosefluß

Nach einem herzlichen Abschied von der Familie seines Mutterbruders setzte Volkmar seine Reise in Richtung Westen fort. Dabei kam er immer näher an den im Harzgebirge aufragenden Rammelsberg heran, von dem sein Onkel Ingo ihm schon erzählt hatte. Als er daran vorbei war und sich der Gose näherte, bemerkte er schon von weitem mehrere dunkle Rauchsäulen, lange bevor er die Hütten des Dorfes erkennen konnte. Böse Ahnungen stiegen in ihm auf. Sollte dort ein Brand ausgebrochen sein? Waren etwa wieder Feinde im Lande? Doch nach einiger Zeit konnte er von einer leichten Anhöhe aus zu seiner Beruhigung die unbeschädigten Bauernhäuser sehen, aus deren Dächern sich der friedliche Rauch der Herdfeuer in die klare, nasskalte Winterluft kringelte. Aber wo war die Quelle der Rauchsäulen? Doch schon bald, als sein Weg ihn unweit der Gosemündung an die Furt über die Abzucht heranführte, konnte er erkennen, dass ziemlich dicht am Fluss große, aus Feldsteinen gemauerte Öfen standen, von denen der Qualm ausging. Die Siedlung befand sich etwas weiter westlich. Sehr bald sollte der junge Gardist auch spüren, warum das so war. Bei dem hier vorherrschenden Westwind wurde der Rauch der großen Öfen die meiste Zeit des Jahres vom Dorf weggeweht. Gerade als Volkmar seine Tiere durch die Furt trieb, senkte sich eine dunkle Rauchwolke auf ihn hernieder. Im selben Augenblick spürt der Reiter einen stechenden Geruch, der ihm die Nase kraus zog und ihm fast den Atem nahm. Auch die Pferde und der Hund zögerten, weiter zu laufen. Volkmar musste sie antreiben, und er beeilte sich, aus dieser unangenehmen Wolke herauszukommen.

Als Volkmar sich die Tränen aus den Augen gewischt hatte, sah er, dass bei den Öfen Männer beschäftigt waren, die ihm zuwinkten und riefen: „Komm schnell herüber! Der Rauch kann dich krank machen!"

Der junge Reiter trieb seine Tiere jetzt durch die Furt, dass es spritzte. Erst als er jenseits der Ofenlinie bei den Arbeitern angekommen war, machte er halt. „Was um alles in der Welt macht ihr hier?", rief er den Männern zu. „Das ist ja ein ekelhafter Qualm!" Mit einem Rundblick stellte er fest, dass die Öfen mit offenbar glühend heiß gemachten Eisenplatten abgedeckt waren. Bei einem Ofen waren Leute gerade dabei, aus Körben einen gelben Kies auf die Ofenplatte zu schütten. Bei den anderen Öfen waren die Platten bereits dick mit diesen seltsamen Gesteinsbrocken bedeckt. Die Arbeiter betrachteten den fremden Reiter und seine Tiere neugierig. „Was ist das hier eigentlich?", fragte Volkmar noch einmal.

Statt einer Antwort kam von einem der Öfen ein Bewaffneter heran, der die Aufsicht zu führen schien. „Wer bist du?", stellte er die Gegenfrage, „Und wo willst du hin?" Die Fragen waren mit einiger Schärfe vorgebracht, so dass Volkmar den Eindruck gewann, dass hier etwas Wichtiges vor sich ging. Jetzt bemerkte er auch am Rande der Anlage noch eine Gruppe Bewaffneter, die langsam näher kam.

Volkmar beeilte sich, seinen Namen zu nennen und mitzuteilen, dass er zur Leibwache des Königs gehöre. Der Aufsichtführende fragte ihn nach Einzelheiten, unter anderem nach dem Namen des Führers der Leibwache, und schien mit den Antworten zufrieden zu sein. „Ich grüße dich", sagte er dann. „Mein Name ist Wulf. Entschuldige bitte mein anfängliches Misstrauen! Uns ist vor kurzem eine Ladung Kupferbarren gestohlen worden. Wir müssen deshalb auf der Hut sein und jeden Fremden erst einmal mit Argwohn betrachten."

„Kupferbarren?", fragte Volkmar verständnislos und sah sich suchend um.

„Die kannst du hier nicht sehen", sagte Wulf und lachte. Er wies auf den am nächsten stehenden Ofen und erklärte: „Dies hier ist rohes Kupfererz vom Rammelsberg. Es wird zunächst geröstet. Dabei entweicht dieses unangenehme Gas. Da hinten siehst du Schmelzöfen stehen. Da wird das geröstete Erz mit Holzkohle vermischt und das Kupfer herausgeschmolzen. Der ganze Vorgang – Rösten und Schmelzen – wird mehrmals wiederholt. Zum Schluss erst haben wir brauchbares Kupfer, das in Barren-Formen gegossen wird. Das ist natürlich ein begehrter Rohstoff und eine wertvolle Handelsware, für die sich auch andere interessieren – zum Beispiel Räuber."

Volkmar hatte Wulfs Erklärungen mit Staunen angehört. Er verstand jetzt auch, warum das Goselager für König

Heinrich so wichtig war, dass er es besser befestigen wollte. Er ließ sich von dem Führer der kleinen Wachmannschaft erklären, in welchen Häusern der König und sein Gefolge untergebracht waren und trieb seine Pferde, denen die Nähe der großen, qualmenden Öfen ohnehin nicht geheuer war, in die gezeigte Richtung.

Der zurückkehrende Urlauber fand das Haus, in dem die Leibwache untergebracht war, und meldete sich zurück. Es gab natürlich ein großes Hallo und einige gut gemeinte, anzügliche Fragen in Bezug auf Volkmars Verlobte. Das Wichtigste war jetzt der Austausch von Neuigkeiten. Volkmar berichtete von dem Fortgang der Arbeiten auf der Pfalz Werla und erzählte den interessierten Zuhörern von dem Brand auf dem Nachbargehöft. Die Sache mit dem Zweikampf verschwieg er, weil er der Meinung war, das ginge niemanden etwas an.

Die Pferde und der Hund, die sich nach dem Marsch auf den matschigen Wegen gerne wieder einmal ausruhten, fanden Platz in einem großen Stallgebäude.

Bruno, der Führer der Leibwache, meldete dem König die Rückkehr Volkmar Geroldsohns und brachte eine Neuigkeit mit zurück: König Heinrich hatte eine Strafexpedition zum Aufspüren der Kupferdiebe befohlen. Er hielt das Unternehmen für so wichtig, dass fünf Mitglieder seiner Leibgarde daran teilnehmen sollten. Bruno suchte die Teilnehmer für diesen kleinen Feldzug aus. Volkmars Abenteuerlust verführte ihn dazu, sich freiwillig zu melden. Sein Vorgesetzter blickte ihn einen Augenblick nachdenklich an und stimmte dann schmunzelnd zu.

Der Diebstahl war vor zwei Tagen geschehen, als es noch stark geschneit hatte. Man hatte die Fußspuren der Räuber genau betrachten können und hoffte nun, sie in dem inzwischen aufgeweichten Boden wiederfinden zu können. Der erste Eindruck war der gewesen, dass die Spuren an Abzucht und Gose entlang flussaufwärts in die Berge führten. Morgen in aller Frühe sollten zehn erfahrene Krieger zu Pferde die Verfolgung aufnehmen.

Die Suche

Die Nacht war kurz gewesen. Volkmar war früh geweckt worden. Nach einer schnellen „Katzenwäsche" hatte er mit seinen Kameraden gefrühstückt und sich für den bevorstehenden Zug ausgerüstet. Die Männer ritten in voller Kriegsausrüstung. Volkmar hatte seine Stute, die offensichtlich nur ungern zurückblieb, im Stall gelassen und saß auf seinem weißen Hengst, der unternehmungslustig die Ohren spitzte. Der Hund war natürlich mit von der Partie.

Zu den fünf königlichen Leibwächtern gesellten sich weitere fünf Krieger, die zur Lagermannschaft gehörten. Der Trupp wurde von einem unbewaffneten, ortskundigen Jäger begleitet. Bruno, der Gardepräfekt, hatte zusätzlich zu Volkmar noch vier richtige Haudegen aus seiner Truppe ausgewählt. Sie waren gute Kämpfer, machten jedoch den Eindruck von Raufbolden, die eine zweifelhafte Vergangenheit hatten. Volkmar hatte inzwischen erfahren, dass der König nicht davor zurückschreckte, verurteilte Gewalttäter zu begnadigen und in seine Leibwache einzugliedern, wenn sie ihm dafür geeignet schienen. Am wichtigsten war ihm ihre Kampfkraft. Sie mussten sich allerdings unter Brunos strenges Regiment beugen; sonst wurde die Begnadigung schlagartig hinfällig. Bisher hatten die Betreffenden sich alle Mühe gegeben, nicht unangenehm aufzufallen. Nun brannten sie darauf, ihre Fähigkeiten zu beweisen, und ihre Augen blitzten in Vorfreude auf das vor ihnen liegende Abenteuer. Von den ortsansässigen Leuten wurden sie mit Zurückhaltung betrachtet. Aber Bruno sorgte dafür, dass seine Gardisten nicht allzu viel Freizeit hatten und es damit wenig Gelegenheit zu Reibereien mit der Dorfbevölkerung gab.

Der zu Fuß gehende Fährtensucher übernahm die Führung, und die Truppe setzte sich in Bewegung. Volkmar hielt sich dicht hinter dem Pfadfinder. Auch Hasso, sein treuer Begleiter, begann sich dafür zu interessieren, was der Mann vor ihm da so oft gebückt mit den Augen untersuchte. Er schien zu begreifen, worum es ging, und lief oft, die Fußspuren eifrig beschnuppernd, schon eine kurze Strecke voraus.

Da der Regen aufgehört hatte, waren die Fußabdrücke mehrerer Männer noch gut zu erkennen. Sie führten an der Abzucht entlang zur Gosemündung und dann an der Gose flussaufwärts, ohne das Gewässer zu überschreiten. Dort, wo der Weg in die Schlucht hinaufführte, kamen plötzlich die Fußspuren weiterer Menschen und die Hufabdrücke eines Pferdes hinzu. Außerdem sah man die Fahrspur eines zweirädrigen Karrens. Also hatte man die gestohlenen Körbe hier auf einen Karren geladen. Man befand sich jetzt auf einem Köhlerweg, der offensichtlich schon lange Zeit benutzt wurde, denn Karrenräder hatten schon eingetiefte Spuren im Gestein hinterlassen. Volkmar hatte ja erfahren, dass zur Kupfergewinnung ständig Holzkohle benötigt wurde. Man konnte die Karrenspuren an den Stellen erkennen, an denen der Schnee bereits getaut oder vom Schmelzwasser weggespült worden war. Dort allerdings waren auch die Spuren der Räuber nicht mehr zu sehen. Das änderte sich aber an Wegstrecken, die noch von Schneematsch bedeckt waren.

Volkmar wunderte sich darüber, dass die Kupferdiebe so klar erkennbare Spuren hinterlassen und sich nicht die Mühe gemacht hatten, sie zu verwischen. Sie konnten sich doch denken, dass sie verfolgt wurden! Mit der Zeit wurde der Weg steiler, und die Reiter stiegen ab, um ihre Pferde nicht zu sehr anzustrengen. Die Spur führte in Windungen um Felsbrocken herum, die auf dem Wege lagen. Bald kamen sie an eine Wegbiegung, die um eine überhängende Steinplatte herumführte, unter der die Natur eine geräumige, vorne offene Höhle gebildet hatte. Hasso scheuchte dort einige krächzende Krähen auf und stöberte aufgeregt zwischen den Resten einer Mahlzeit herum. Hier hatten die Diebe also gerastet! Aber irgendwo mussten sie doch eine feste Unterkunft besitzen! Würden sich die Spuren bis dorthin verfolgen lassen?

Es ging also weiter bergauf. Volkmar warf ab und zu einen scheuen Blick gen Sonnenaufgang zum hoch aufragenden Rammelsberg hinüber, an dessen dunkel bewaldetem Hang auf halber Höhe ein schmaler Streifen kahlen, rötlich gefärbten Gesteins sichtbar war. Es sah aus wie die schlecht verheilte Narbe von einem gewaltigen Schwerthieb. Er sprach einen der einheimischen Männer des Suchtrupps darauf an: „Was ist das für eine seltsame Schneise da oben?"

„Da wird Erz aus dem Berg gehauen.", war die Antwort. „Wenn du genau hinschaust, kannst du die braunen Hütten der Arbeiter sehen. Die grauen Stellen dazwischen sind unbrauchbares Gestein, das man dort zusammengetragen und hingeschüttet hat. Wenn du mal da oben raufkommst, wirst du viele Löcher im Berg sehen. Über die Zugänge zu den Schächten sind aber spitze Holzhütten gebaut worden."

„Ist es interessant, im Berg zu arbeiten?", wollte Volkmar wissen.

„Ach, weißt du," sagte der andere, „wenn ich mir vorstelle, dort oben von morgens bis abends in Nässe, Staub und Dreck auf den Knien zu liegen und im Gestein herumzukratzen – für irgendeinen Vasallen des Königs – dann bleibe ich doch lieber Kriegsmann und habe meine Bewegung an frischer Luft!"

Der junge Leibwächter hätte gern noch mehr über die Erzgewinnung erfahren, aber seine Aufmerksamkeit wurde auf etwas anderes gelenkt. Die Männer spürten plötzlich Brandgeruch. Sie brauchten nicht lange zu warten, um die Ursache zu erkennen. Der Karrenweg führte hier an einer Bergwiese vorbei, auf der sich der riesige, qualmende Meiler eines Köhlers erhob. Ein rußgeschwärzter Mann war gerade dabei, den Brand zu kontrollieren. Bei einer in der Nähe stehenden Blockhütte waren eine in Felle gehüllte Frau und drei Kinder dabei, von einem Holzstapel Brennmaterial ins Haus zu holen. Als die Leute die ankommenden Bewaffneten bemerkten, blieben sie wie gebannt stehen und blickten ihnen argwöhnisch entgegen.

Liutger, der zur Leibwache gehörte und zum Leiter des Suchkommandos bestimmt worden war, ging auf die Köhlersleute zu, während der Rest der Gruppe am Wege wartete. „Ich grüße euch!", rief er nicht sonderlich freundlich. „Wir kommen vom Goselager. Sind hier vorgestern mehrere Männer mit einem Pferdekarren vorbeigekommen?"

Der Köhler und seine Frau machten verschlossene Gesichter. Der Fragesteller wirkte auf sie nicht besonders vertrauenswürdig. „Wir haben nichts bemerkt.", antwortete der Mann schließlich. „Vielleicht sind sie nachts hier durchgezogen. Was ist denn mit denen?" Er konnte sich denken, dass hier ein Suchtrupp hinter Leuten her war, die etwas auf dem Kerbholz hatten. Er wollte es sich mit der Kupferhütte nicht verderben. Schließlich kaufte die ihm regelmäßig seine Holzkohle ab. Andererseits würde er aber auch ungern jemanden verraten, der sich später an der einsam im Walde lebenden Familie rächen könnte.

„Es sind Diebe", antwortete Liutger. „Sie haben Kupferbarren gestohlen. Wenn du irgendetwas Verdächtiges bemerken solltest, dann bist du verpflichtet, es im Lager zu melden. Übrigens – der König befindet sich dort."

Der Köhler nahm diese Nachricht schweigend zur Kenntnis. Ob König oder nicht – für ihn war nur wichtig, dass er hier friedlich leben konnte und nicht in irgendwelche gefährlichen Dinge verwickelt wurde.

„Also – du bist im Bilde!", schloss Liutger nach einem Moment des Zögerns die Unterredung, drehte sich auf dem Absatz um und stapfte grußlos und sporenklirrend zu seiner Gruppe zurück. Der schwarze Mann schaute nachdenklich hinter ihm her.

Die Gruppe folgte dem Weg weiter bergauf. Die Spur war manchmal kaum noch zu erkennen, doch die Eindrücke der Karrenräder machten sich immer wieder bemerkbar. Der Pfadfinder ging etwa zwanzig Meter vorweg. Noch vor ihm lief der große Hund, der die Nase aufmerksam am Boden hielt und sich hin und wieder nach seinem Herrn umschaute. „Brav, Hasso!", rief Volkmar von Zeit zu Zeit. „Suuuch!" Der Hund quittierte diese Aufforderung jedes Mal mit aufgeregtem Winseln und Schwanzwedeln.

Nach etwa 500 Schritten lief Hasso plötzlich dicht ans Wasser und hob ratlos seine Nase in die Luft. Der Fährtensucher blieb stehen und hob seine rechte Hand. Hinter ihm machte die ganze Gruppe halt. Zehn Köpfe reckten sich vor, um zu sehen, was da vorne los war. Der Fährtensucher wandte sich an Liutger: „Die Spur ist weg.", sagte er achselzuckend. „Es wäre ja auch zu einfach gewesen!", fügte er seufzend hinzu. ….. „Hier haben sie es offenbar geschafft, Pferd und Wagen über das Wasser auf die andere Seite zu befördern." Er balancierte über die im Flussbett liegenden Felsbrocken und sprang über die sprudelnde Strömung auf das gegenüberliegende Ufer, um dort nach Fuß- und Wagenspuren zu suchen. Hasso folgte ihm, wobei er ein paarmal tüchtig nass wurde.

Der Jäger breitete hilflos beide Arme aus. „Hier ist nichts zu entdecken!", rief er zu der wartenden Gruppe hinüber. „Die können doch nicht im Wasser weitergefahren sein! ….. Rätselhaft! ….. Haben sie sich in Luft aufgelöst?" Er kam langsam über die Steine zurück und betrachtete dabei aufmerksam das Flussbett, konnte jedoch nichts Auffälliges entdecken. „Wahrscheinlich haben sie den Wagen hier auseinander genommen", meinte er, „und das Pferd ein Strecke weit bergauf im Wasser geführt".

Hasso folgte ihm auf seinem Weg zurück. Gerade hatten sie wieder das diesseitige Ufer erreicht, als der Hund, der sich das kalte Wasser aus dem Fell schüttelte, plötzlich erstarrte, mit gespitzten Ohren zu den seitlich aufragenden Felsen emporblickte und zu knurren begann. An dem Abhang konnte man eine Bewegung erkennen und das Geräusch rollender und springender Steine hören.

„Zurück!", schrie der Fährtensucher und sprang mit großen Sätzen auf die abgesessene, wartende Gruppe zu. Die erfahrenen Kriegsleute hatten das drohende Geräusch ebenfalls vernommen, zogen hastig ihre Pferde, die scheuend die Köpfe hochwarfen, in die Richtung zurück, aus der sie gekommen waren, liefen mit ihnen etwa fünfzig Schritte talwärts und pressten sich dicht an die Felswand. Kaum waren sie aus der Gefahrenzone heraus, da prasselte eine Steinlawine den Hang hinunter und bildete auf dem Weg eine mannshohe Barriere.

Atemlos und mit erschrockenen Gesichtern schauten die Männer des Suchtrupps einander an. Liutger ergriff als Erster das Wort: „Bis hierher und nicht weiter!", sagte er. „Ich habe den Eindruck, dass die Lawine vorbereitet war und uns treffen sollte. Wir haben es offenbar mit einer größeren Bande zu tun. ….. Wie sollen wir jetzt da oben hinauf kommen? ….. Wenn das Räubernest ausgeräuchert werden soll, ist ein größeres Unternehmen erforderlich. Das übersteigt unsere Kräfte. Lasst uns umkehren und dem König Bericht erstatten!"

Volkmar stand wie betäubt von dem großen Schrecken, der ihm beim Niedergehen der Lawine in die Knochen gefahren war. Wie geistesabwesend streichelte er seinen treuen Hasso, der sie alle gerade noch rechtzeitig gewarnt hatte. Seinen Hengst am Zügel führend, folgte er den anderen, die vorsichtig bergab den Rückmarsch antraten. Eines der Pferde lahmte. Ein faustgroßer Stein hatte es am Hinterbein getroffen. Sie kamen wieder in Sichtweite der Köhlerhütte vorbei, bei der die Familie beisammen stand und die zurückkommende Gruppe schweigend beobachtete. Das Getöse der Lawine musste auch hier zu hören gewesen sein. Liutger kümmerte sich nicht um sie, sondern zog schweigend vorüber. Auch er war wie die Übrigen froh, der Gefahr entronnen zu sein. Diese geheimnisvollen Berge mit ihren finsteren Wäldern und unheimlichen Schluchten waren nicht seine Welt. >Wie können Menschen wie dieser Köhler bloß hier leben<, dachte er bei sich.

Nach ihrer Ankunft im Goselager begaben sich Bruno und Liutger sofort zum König, um ihm zu berichten. Auch Gaugraf Sibert war anwesend. Wie Volkmar hinterher erfuhr, billigten die beiden Fürsten Liutgers Entscheidung, die Verfolgung der Diebe vorläufig abzubrechen. Heinrich wies den Grafen an, aus der Umgebung alle verfügbaren Arbeitskräfte zusammenzuziehen, um das Goselager einschließlich der Verhüttungsplätze weiträumig mit Wall und Graben sowie einer soliden Palisade zu sichern. Die Umfriedung sollte so großzügig geplant werden, dass durch die dort gebotene Sicherheit Siedler,

Handwerker und Händler angelockt würden. Dadurch würde sich die Ansiedlung mit der Zeit in eine Stadt verwandeln.

Außerdem erhielt Sibert den Auftrag, im Sommer ein großangelegtes Unternehmen zu starten, um dem Bandenunwesen im Oberharz ein Ende zu bereiten. Über das Ergebnis wollte Heinrich zu gegebener Zeit unterrichtet werden. Die Sache sollte möglichst erledigt sein, ehe die Vorbereitungen für den im übernächsten Herbst geplanten großen Feldzug gegen Bayern voll anliefen.

Heimkehr mit Hindernissen

König Heinrich hielt sich noch einige Wochen im Dorf an der Gose auf, um sich an den Planungen der Stadtgründung selbst zu beteiligen. Dann zog er mit seinem ganzen Anhang zur Pfalz Grone, wo er einige Amtsgeschäfte zu erledigen hatte. Ein Pater war wie immer dabei, um schriftliche Anweisungen aufzusetzen und Urkunden auszustellen. In fast allen Pfalzen und Gaugrafensitzen befanden sich inzwischen schriftkundige Mönche, welche die von ihren Amtsbrüdern in lateinischer Sprache niedergelegten Befehle und Erlasse lesen und mündlich weitergeben konnten. Die Geistlichkeit war somit für die königlichen Regierungsgeschäfte enorm wichtig und besaß eine große Vertrauensstellung. Der Herrscher des Ostfränkischen Reiches war dadurch nicht mehr ausschließlich auf das gute Gedächtnis seiner reitenden Boten angewiesen. Schriftlich niedergelegte Botschaften durften länger und schwieriger sein und gelangten trotzdem wortgetreu an ihren Empfänger.

Selbstverständlich begleitete Heinrichs Leibwache den König auf allen seinen Reisen. Nach einer nochmaligen Rückkehr des kalten Winters wurde es dann doch Frühling. Eis und Schnee schmolzen, die Bäche und Flüsse traten über ihre Ufer, und das Land wurde wie durch Zauberei wieder grün. Es wurde März. Vom Himmel schollen die gurgelnden Trompetenrufe der in Keilformation ziehenden Kraniche, aus den Wäldern tönten das Gelächter und die Werbetrommeln der Spechte, und alles wurde untermalt vom eifrigen Pinkepink der vielen Meisen. Als schon der Monat Mai sich dem Ende zuneigte, beschloss Heinrich, der Quitlingaburg einen Besuch abzustatten.

Volkmar hatte Bruno um einen vierzehntägigen Heiratsurlaub gebeten und auch bewilligt bekommen. Da der König am nördlichen Harzrand entlangzuziehen gedachte, konnte Volkmar bis zur Sudburg mit der Truppe marschieren und dann okerabwärts nach Hause reiten. Das Wetter war wie für ein Hochzeitsfest geschaffen. Die lichten Wälder und bunten Viehweiden voller gelber Blüten von Löwenzahn und Hahnenfuß prangten gleichsam im Brautkleide. Überall sangen die Vögel. Störche stolzierten würdevoll durch Sumpfwiesen, in den Bäumen verrenkten sich die Ringeltauber die Hälse und überboten einander mit Liebesgegurr. Aus den Wipfeln ertönte das melodische Flöten des gelbleuchtenden Pirols, den man fast nie am Boden beobachten konnte, und der Kuckuck rief unausgesetzt seinen Namen. Abends konnte man das Flöten der Amseln und Drosseln und manchmal auch das schluchzende Liebeslied einer Nachtigall vernehmen. Das erinnerte Volkmar lebhaft an einen bestimmten Abend, an dem er mit Gertrude auf dem Wehrgang der Werlaburg gestanden hatte.

In Sudburg verabschiedete sich Volkmar von seinen Kameraden und machte einen kurzen Besuch bei seinem Mutterbruder. Dort freute er sich, zu hören, dass Onkel und Tante bereits durch einen Boten aus dem Werlaburg-Dorf eine Einladung seiner Schwiegereltern zur Hochzeitsfeier erhalten hatten. Sie wollten sich in drei Tagen einem nach Norden reisenden Händler anschließen und dann zum Fest erscheinen. Volkmar wollte jedoch nicht so lange warten. Er nahm die Stute am Zügel, bestieg seinen Hengst, pfiff dem Hund und setzte seinen Weg fort.

Als ihn seine Reise in die Heimat durch ein waldreiches Gebiet führte, wurden die Pferde plötzlich unruhig und warfen schnaubend die Köpfe auf. Der wie meistens vorweg laufende Hasso war stehengeblieben. Sein Nackenfell sträubte sich, und er ließ ein tiefes Knurren hören. Volkmar nahm die Zügel kürzer, presste seine Schenkel fest an das Sattelleder und beobachtete scharf die Umgebung. Die Gefahr, die von den Tieren bemerkt worden war, schien voraus zu liegen. Plötzlich lief etwa eine Speerwurfweite vor ihm ein Bärenjunges über den Weg. Volkmar wusste, wie gefährlich es werden konnte, wenn die Mutter des Kleinen in der Nähe war. Gerade wollte er seinen Hund zurückrufen, als dieser auch schon voller Jagdeifer nach vorne sprang. In diesem Augenblick tauchte aus dem dichten Gebüsch am Waldrand eine große, braune Bärin auf, die sich sofort auf den Hund zu bewegte. Hasso machte ein paar Sprünge vor ihr halt und bellte sie wütend an. Die Bärenmutter richtete sich auf den Hinterbeinen auf und brummte zornig. Hasso spürte wohl, welche Gefahr von den Zähnen und Pranken des starken Tieres ausging. Er blickte kurz zu seinem Herrn zurück, wie um sich seiner Nähe zu vergewissern, und wagte sich nicht näher an den Feind heran. Aber als sich seine Gegnerin wieder auf die Vorderbeine zurückfallen ließ und sich nach ihrem zwischen den Bäumen verschwunden Jungen umsah, meinte er wohl, seinen Herrn und die Pferde beschützen zu müssen. Laut bellend umkreist er die Bärin. Diese drehte sich um sich selbst, schien den Hund aber nicht besonders zu fürchten. Als sie jedoch ihre Aufmerksamkeit kurz den in einiger Entfernung haltenden Pferden zuwandte, biss sich Hasso in ihrem linken Hinterbein fest. Das große Pelztier drehte sich wütend mit gefletschten Zähnen nach ihm um, konnte den Angreifer jedoch nicht erreichen. Die beiden Tiere drehten sich ständig im Kreise; aber es gelang der Bärin nicht, ihren Feind abzuschütteln, der sich eisern an ihrem Bein festhielt.

In dieser gefährlichen Lage beschloss der junge Sachse, in den ungleichen Kampf einzugreifen. Mit einer Hand löste er seine Stoßlanze vom Packsattel der neben ihm haltenden und aufgeregt scheuenden und trippelnden Stute, hob die Waffe über den Kopf und gab seinem Hengst die Sporen. Blitz bewegte sich widerwillig mit geblähten Nüstern und angelegten Ohren nach vorn und zog die durch einen Strick mit ihm verbundene Hasel mit sich. Der junge Reiter trieb die Pferde in einen kurzen Galopp, richtete sich in den Steigbügeln auf und stieß einen lauten Schrei aus.

Die beiden großen Pferde und der brüllende Mensch wirkten auf die Bärin so bedrohlich, dass sie in den Wald sprang, wo sie ihr Junges wusste. Den an ihrem Bein hängenden Hund schleifte sie dabei mit. Volkmar hielt seine Pferde an und rief jetzt energisch nach Hasso. Kurz danach kam dieser erschöpft hechelnd, aber sichtlich stolz auf den errungenen „Sieg" aus dem Gebüsch gesprungen. Er war offensichtlich unverletzt geblieben. Volkmar sprang vom Pferd und lobte seinen tapferen Gefährten ausgiebig. Er war sicher, dass die Bärin nicht zurückkehren, sondern jetzt ihr Junges in Sicherheit führen würde. So setzte die kleine Reisegruppe ihren Weg fort, wobei Hasso voller Selbstbewusstsein „mit stolz geschwellter Brust" vorweg sprang.

Die Hochzeit

Es war schon später Nachmittag, als die aus drei Tieren und einem Menschen bestehende Reisegruppe endlich den Wirtschaftshof Skladheim erreichte. Volkmar trieb seine Tiere den ansteigenden Weg hinan, der auf den langgezogenen Höhenrücken hinauf und später wieder hinunter zum Burgdorf führte. Als der junge Heimkehrer die Höhe des Weges erreicht und ungefähr die Hälfte der Strecke nach Burgdorf zurückgelegt hatte, konnte er zu seiner Rechten in einiger Entfernung die etwas tiefer liegende, am Steilufer der Oker sich erhebende Pfalz betrachten. Staunend nahm er wahr, wie weit die Befestigungsarbeiten schon gediehen waren. Offenbar hatte man auch den Winter über die Werkzeuge nicht verrosten lassen. Man hatte auch die Vorburg vor dem Nordtor mit einer hohen Mauer umgeben. Am eindrucksvollsten aber war das im Sonnenschein leuchtende Weiß der gekalkten Mauer der Kernburg und das Rot der dahinter sichtbaren Dächer der Gebäude.

Volkmar nahm sich vor, so bald wie möglich der Pfalz einen Besuch abzustatten, schon um seine alten Kameraden von der Burgwache wiederzusehen. Aber wichtiger war es ihm natürlich, erst einmal nach Hause zu kommen. Der treue Hasso hatte schon längst erkannt, wohin die Reise ging, und sprang, als der Weg abwärts zur Warnefurt führte, den beiden Pferden weit voraus. Auch Volkmar trieb seine Reittiere ungeduldig durch das aufspritzende Wasser.

Zu Hause angekommen, war die Freude groß. An einen Besuch auf der Pfalz war vorläufig nicht zu denken. Jede Hand wurde bei den Vorbereitungen zur Hochzeit benötigt. Es war auch gut, damit nicht mehr allzu lange zu warten, denn bei Gertrude waren die Folgen ihres letzten Beisammenseins mit ihrem Verlobten nicht mehr zu übersehen. Pater Wilbert, der die Trauung vornehmen sollte, würde wohl beide Augen zudrücken. Er kannte seine Schäfchen. Auch würde die Einladung, bei einem wohlhabenden Bauern eine Hochzeitsmesse abzuhalten, für ihn nicht zum Schaden sein. Das galt nicht nur in materieller Hinsicht. Viele Paare taten sich immer noch ohne kirchlichen Segen zusammen. So war es für ihn eine gute Gelegenheit, den Einfluss der heiligen Kirche zu stärken und dem Sakrament der Ehe zur Geltung zu verhelfen.

Der Zeitpunkt für das Hochzeitsfest war gut gewählt. Die Aussaat auf den Feldern war im Wesentlichen beendet, so dass für alle genügend Zeit zum Feiern vorhanden war.

Das Fest sollte in Gerolds Hof und Haus gefeiert werden. Der Neubau des Hauses für Volkmars Schwiegereltern war zwar schon ziemlich weit fortgeschritten. Fünfzig starke Eichen aus den nahen Wäldern hatten dafür ihr Leben lassen müssen. Jedoch hatten die Arbeiten während des Winters für einige Zeit unterbrochen werden müssen. So wohnten also beide Familien immer noch unter Gerolds Dach.

Pater Wilbert würde noch in einem anderen Falle beide Augen zudrücken müssen. Es war Volkmars scharfer Beobachtung nicht entgangen, dass die Magd Walburga guter Hoffnung war. Wie die Dinge lagen, musste er sich darauf einstellen, dass in absehbarer Zeit ein Halbbruder oder eine Halbschwester die Familie bereichern würde. Er hatte sich etwas Ähnliches schon lange gedacht und konnte es seinem Vater auch nicht übelnehmen. Er mochte Walburga, die mit der Zeit so etwas wie eine Ersatzmutter für ihn geworden war. Es freute ihn, dass sich auch Gertrude gut mit der Magd verstand.

Die Hochzeit war eine Sache, die das ganze Dorf anging. Viele Helfer boten sich an, Gerolds Haus und Hof mit Eichen- und Birkenzweigen festlich zu schmücken sowie Tische und Bänke für den Festschmaus zu zimmern. Und so war es selbstverständlich, dass jeder eingeladen war, der auf seinem eigenen Hof nicht unbedingt gebraucht wurde. Für Essen und Trinken war schon seit längerer Zeit vorgesorgt worden.

Gertrude schwebte wie auf Wolken. Sie hatte ihren Volkmar wieder! Und in drei Tagen sollte der Bund fürs Leben geschlossen werden. Die beiden Verlobten hatten nicht viel Zeit füreinander, da sie tatkräftig bei den Vorbereitungen mithalfen, wenn auch das Tragen schwerer Lasten für das Mädchen nicht mehr infrage kam – für Walburga übrigens auch nicht.

Endlich war es dann so weit. Bei herrlichem Frühlingswetter wurde auf dem großen Hof eine feierliche Messe abgehalten, wobei sich der Mönch von seiner besten Seite zeigte und dem jungen Paar alles Gute für die Zukunft und einen reichen Kindersegen wünschte. Lautstarker Beifall brauste auf, als Volkmar seiner Gertrude zum Zeichen ihrer Verbundenheit einen schön gearbeiteten Ring auf den Daumen steckte. Gertrude trug ein fein gearbeitetes, himmelblaues Kleid, dessen Rand mit Streifen aus gagelstrauchgelbem Gewebe benäht war. Auf dem Kopfe trug sie einen Kranz aus bunten Frühlingsblumen. Volkmar präsentierte sich in einem sauberen Waffenrock stolz als der, der er war: ein junger Krieger im Dienste des Königs.

Nach dem offiziellen Teil des Festes begann der gemütliche. Viele Helfer trugen deftige Speisen herbei und beluden die langen Eichentafeln damit. Das erfreute Gemurmel der vielen Gäste erstarb für einen Augenblick, als Pater Wilbert sich von seinem Ehrenplatz neben dem Hausherrn erhob und ein Tischgebet sprach. Er machte die Sache kurz, da ihm beim Anblick der leckeren Braten schon selbst das Wasser im Munde zusammenlief. Dann wurde allgemein kräftig zugelangt. Auch das reichlich vorhandene Bier floss in Strömen. Auf dem weiten Hofplatz führten zwölf bunt herausgeputzte Mädchen einen Reigentanz auf zu den näselnden Tönen einer Sackpfeife, die einer der anwesenden Spielleute mit kunstvollen Melodieschnörkeln erklingen ließ.

Das Gelage hatte kaum begonnen, da begannen die Hunde, die an den Tischen herumlungerten und ab und zu einige Bissen zugeworfen bekamen, plötzlich bellend zum Hoftor zu stürmen, während von dort laute Rufe erschollen. Die ganze Gesellschaft blickte kauend in die Richtung des Tores, wo sich eine Gruppe von fünf Reitern versammelt hatte. Gerold wies einige Laten an, die Ankömmlinge in den Hof zu bitten und sich um deren Pferde zu kümmern. Es handelte sich um Krieger aus der Wachmannschaft von Werla, die sich nun sporenklirrend im Gänsemarsch auf den Ehrentisch zu bewegten, an dem auch das Brautpaar saß. Die Gruppe wurde angeführt von dem allen Anwesenden wohlbekannten Gerhard, der ein in braunes Tuch gehülltes Paket auf beiden Unterarmen vor sich her trug. Die Gruppe nahm vor dem Ehrentisch Aufstellung, und Gerhard teilte mit lauter Stimme mit, die Abordnung der Werlawache habe den Auftrag, die Glückwünsche des Pfalzgrafen und der Wachkameraden auszurichten und das Geschenk des Grafen zu übergeben, an dem sich auch die gesamte Wache beteiligt habe. Darauf verbeugte er sich höflich vor dem Hausherrn, den Brauteltern und dem Brautpaar und legte das offenbar schwere Paket vorsichtig vor Volkmar auf den Tisch.

Volkmar war zunächst sprachlos. Er erhob sich zögernd, stammelte Dankesworte und löste vorsichtig die Verschnürung des Paketes. Zum Vorschein kam – er konnte es kaum glauben – ein glitzerndes, sorgfältig gearbeitetes Kettenhemd. Der Beschenkte bekam einen roten Kopf vor Stolz und Freude. Gerhard, sein ehemaliger Duellgegner, trat dicht an den Tisch heran und haute dem jungen Bräutigam lachend seine Pranke auf die Schulter. „Ich wünsche euch beiden viel Glück und dir, Kamerad, stets Heil im Kampf!", rief er. „Dieses Eisenhemd wird dich vor Schnittverletzungen schützen!" Damit wollte er sich zum Gehen wenden. Doch Gerold, der mit Staunen gesehen hatte, welch ein wertvolles Geschenk seinem Sohn zuteil geworden war, rief ihn sofort zurück und gab Anweisung, in der Nähe des Ehrentisches fünf Plätze für die neuen Gäste zu räumen. Natürlich seien sie herzlich eingeladen, mitzufeiern, so lange ihre freie Zeit das zuließe. Die fünf Krieger ließen sich das nicht zweimal sagen, zumal der Pfalzgraf sie vorausschauend für den Rest des Tages vom Dienst freigestellt hatte.

Das Gelage dauerte noch lange, nachdem sich das junge Paar diskret in die für sie bereitgestellte Kammer und das blumengeschmückte Ehebett zurückgezogen hatte. Auch an den nächsten beiden Tagen wurde noch kräftig weiter gezecht. Morgens fanden sich alle wieder ein, die nicht unbedingt auf dem eigenen Hof zu tun hatten. Gerold hatte das vorhergesehen und sich einen ausreichenden Vorrat an Bier und Met angelegt.

Nach drei Tagen war endlich des Guten genug, und es wurde nötig, sich wieder den alltäglichen Pflichten zuzuwenden. Auch für Volkmar ging nach kurzer Zeit der Urlaub vorbei, und er musste sich bereit machen, in der Quitlingaburg wieder zur Truppe zu stoßen. Es half alles nichts. Der Dienst rief, und er musste seine junge Frau wieder für längere Zeit allein lassen.

Aber vorher musste er sich unbedingt noch in der Pfalz umsehen, denn er war neugierig, wieweit die Arbeiten dort gediehen waren. Der Anblick aus der Ferne war vielversprechend gewesen. Und vor allem wollte er sich beim Pfalzgrafen und bei seinen alten Kameraden von der Burgwache für das prächtige Hochzeitsgeschenk bedanken. Und so warf er sich zwei Tage vor seiner Abreise auf seinen Hengst, ließ Stute und Hund zu Hause und trabte bei schönstem Sonnenschein durch die Warnefurt, den Höhenrücken hinauf und den Weg zur Pfalz hinunter. Auf der Baustelle war immer noch emsiger Betrieb. Die doppelt mannshohen Mauern wurden immer beeindruckender, je näher er kam. Auch der hohe, halbkreisförmige Begrenzungswall der Vorburg mit dem ausgeschachteten äußeren Graben nötigten ihm Respekt ab. Noch war die Lücke bis zum Steilufer des Überschwemmungsgebietes nicht geschlossen, aber bis zum Winter würde der Schutz der gewaltigen Anlage fertiggestellt sein. Die Wachen am Rande des Vorburggeländes erkannten ihn und begrüßten ihn kameradschaftlich. Er bedankte sich pauschal bei ihnen, hielt sich jedoch nicht lange im Gespräch auf. Es drängte ihn, zur Kernburg und zum Pfalzgrafen zu kommen, der wohl den Löwenanteil an dem prächtigen Kettenhemd finanziert hatte. Vielleicht hatte er das nicht ganz uneigennützig getan, da er ja damit einem engen Gefolgsmann des Königs geholfen und gewissermaßen sogar zu dessen Schutz beigetragen hatte.

Graf Thankmar freute sich über seinen Besuch und vor allem auch darüber, dass ausgerechnet sein bester, aber nicht unproblematischer Krieger Gerhard, Volkmars einstiger Rivale, es freiwillig übernommen hatte, das Geschenk ins Burgdorf zu bringen. Der Pfalzgraf ging auch gerne mit dem jungen königlichen Leibwächter auf der Anlage umher, um ihm persönlich den Stand der Bauarbeiten zu zeigen. Volkmar wusste diese Gunst durchaus zu schätzen. Alle ehemaligen Wachkameraden, denen er auf seinem Rundgang begegnete, sprach er kurz an und bedankte sich für das wertvolle und nützliche Geschenk.

Der Palas war im Rohbau fertig und genau wie die Kirche mit roten Ziegeln gedeckt. Die Warmluftheizung wurde gerade erprobt. Volkmar staunte, wie warme Luft aus Löchern im Fußboden strömte, die man mit eingepassten Verschlusssteinen zustopfen konnte. Arbeiter waren dabei, den kiesigen Boden mit einem gelblich gefärbten Estrich zu versehen.

Auch die Kirche war bereits im Rohbau fertig. An einer Schmalseite hatte sie eine halbkreisförmige Ausbuchtung, in der ein Altar aufgebaut und die heiligen Gegenstände verwahrt werden sollten. Für die Einzelheiten der Gestaltung war Pater Wilbert zuständig, der sich auch gerade dort aufhielt und einen Bogen Pergament mit Konstruktionszeichnungen in der Hand hielt. Er beriet sich mit zwei jungen Mönchen, die Volkmar noch nicht kannte. Sie waren dem Pater – wie Thankmar ihm mitteilte – auf Befehl des Königs zur Unterstützung zugeteilt worden, damit auf der Pfalz immer eine Schreibkanzlei zur Verfügung stand.

In der Vorburg hatte sich die Zahl der Hütten stark vermehrt. Alle für den Betrieb einer so großen Anlage erforderlichen Handwerke waren vertreten. Auch einige Waffen- und Rüstungsschmieden waren dabei. Sogar das dafür erforderliche Roheisen wurde in mehreren Schmelzöfen aus angeliefertem Harzer Erz gewonnen.

Nachdem der Pfalzgraf ihm noch einen erfrischenden Trunk angeboten hatte, nahm Volkmar Abschied und ritt langsam zum Hof seines Vaters zurück.

Quitlingaburg

Am nächsten Vormittag bereitete Volkmar sich auf seine Abreise nach der Quitlingaburg vor. Er hatte vor, zur eigenen Sicherheit und zum besseren Vorwärtskommen die bekannten Handels- und Heerwege zu benutzen. Zunächst wollte er den schon gewohnten Weg okeraufwärts bis nach Sudburg nehmen und dort bei Onkel und Tante übernachten. Auf diesem ersten Teil der Reise brauchte er keine Langeweile zu befürchten, denn die beiden Genannten hatten sich entschlossen, ihn nach der ausgiebigen Hochzeitsfeier und den weiteren geselligen Tagen bei ihrem Schwager und Volkmars Schwiegereltern zu ihrem eigenen Hof am Fuße der Harzberge zu begleiten. Das Wetter war ihnen günstig, und der Weg nach Süden hatte keine Hindernisse für die kleine Reisegesellschaft bereit.

Auf dem Hofe des Mutterbruders war alles in bester Ordnung. Die zuverlässigen Laten hatten in Abwesenheit des Hausherren und seiner Frau Haus und Hof, Vieh und Garten gewissenhaft versorgt. Der Wachhund wollte sich schier umbringen vor Freude, als Herr und Herrin durch das Hoftor geritten kamen. Volkmar und vor allem Hasso wurden von ihm etwas zurückhaltender begrüßt. Die beiden Hunde kannten einander zwar bereits, gingen einander jedoch etwas steifbeinig aus dem Wege.

Am Abend begaben sich alle zeitig zur Ruhe, da Volkmar die Absicht hatte, am nächsten Tag in aller Frühe seine Reise fortzusetzen, um die noch vor ihm liegende Reisestrecke bis zum Dunkelwerden hinter sich zu bringen. Lange Gespräche waren ja auch nicht mehr nötig, da während des langen Rittes schon alles gesagt worden war.

Am Morgen wälzte Volkmar sich beim ersten Hahnenschrei von seinem Lager, wusch sich und frühstückte rasch in Gegenwart von Onkel und Tante, die ihm dabei Gesellschaft leisteten. Tante Hiltrud hatte ihm für seinen langen Tagesritt schon ein umfangreiches „Fresspaket" fertig gemacht, das er in der Tasche seines Packsattels unterbringen konnte. Erik, der Altknecht, hatte bereits Volkmars Pferde geputzt, gefüttert, getränkt und gesattelt, was Hasso nur widerwillig duldete. Aber Erik war ihm ja auch kein Unbekannter mehr. So brauchte Volkmar nur noch den Sitz der Sättel zu überprüfen, die Gurte noch einmal nachzuziehen und die Stute mit seiner ganzen Ausrüstung zu beladen. Er bedankte sich bei Erik, und nach einem kurzen, aber herzlichen Abschied trabte er, mit allen guten Wünschen versehen, aus dem Tor davon in Richtung der Sonne, die sich gerade über den Wipfeln der Büsche und Bäume erhob. Er hatte vor, bis Halberstadt den alten Königsweg zu benutzen, da er dabei sicher sein konnte, dass die Strecke regelmäßig von Hindernissen freigeräumt wurde. Von Halberstadt aus würde er in südöstlicher Richtung die Quitlingaburg ansteuern.

Die Reise verlief ohne Probleme. Bei dem trockenen Wetter griffen die beiden Pferde munter aus, und der Hund lief wie immer hechelnd eine Strecke voraus. Über freien Feldern und Wiesen am Wegesrand jubilierten die Lerchen am blauen Himmel. Wo die bewaldeten Hügel den Blick auf die dunkle Masse des Harzgebirges freigaben, konnte Volkmar die berüchtigte Teufelsmauer und den hohen Felsen des Regensteins erkennen. Manchmal kreuzten Rehe oder auch Rotwild ihren Weg, die Hasso gerne verfolgt hätte. Aber er wurde immer sofort von seinem Herrn und Meister zurückgepfiffen. Auch dem kreischenden und fauchenden Luchs durfte er nicht zu Leibe gehen, der im Gebüsch kauerte und ein geschlagenes Rehkitz verteidigte. So kam der einsame Reiter bereits kurz nach dem Höchststand der Sonne in Halberstadt an und gönnte sich dort in einer Herberge nahe am Kirchenhügel eine erholsame Pause.

Auf seinem Weiterritt nach Südwesten konnte Volkmar nach einiger Zeit, als der Weg über eine Bodenwelle führte, schon von weitem den beeindruckenden Burgfelsen erkennen, der sein Ziel war. Dort angekommen, meldete er sich bei dem gestrengen Bruno zurück und wurde von diesem und von den übrigen Kameraden der Leibgarde herzlich zu seiner Eheschließung beglückwünscht. Er musste auch einige Hänseleien über sich ergehen lassen, wie sie unter Männern bei solchen Anlässen üblich sind; aber er hatte das nicht anders erwartet und wusste die gutmütigen Scherze richtig zu deuten. Er selbst hätte sich umgekehrt nicht anders verhalten.

Bruno teilte seinen jungen Gefolgsmann gleich wieder in den üblichen Ablauf des Wachdienstes ein. Einige Wochen vergingen in Gleichförmigkeit. König Heinrich benutzte seinen Aufenthalt auf der festen Burg zur Erledigung wichtiger Staatsgeschäfte. Es verging nicht ein einziger Tag, ohne dass reitende Boten mit dem königlichen Abzeichen auf der Brust den steilen Anstieg zu der Festung erklommen oder ihre Renner vorsichtig im Schritt ins ebene Vorgelände hinablenkten, um dann zu ihrem Ziel davonzupreschen. Volkmar erfuhr, dass die Vorbereitungen zu dem großen Feldzug gegen Bayern, der im nächsten Jahr unternommen werden sollte, bereits in vollem Gange waren.

Der König hatte mehrere schriftkundige Mönche, an deren Gewissenhaftigkeit nach Urteil ihrer Äbte keine Zweifel bestanden, zu einer mobilen Schreibkanzlei zusammengezogen. Sie mussten ihn so wie seine Leibwache auf seinen Reisen durch das Reich zu allen seinen Aufenthaltsorten – meistens Pfalzen, große Adelssitze und Klöster – begleiten. Überhaupt war Heinrichs Gefolge im Laufe der ersten beiden Jahre seiner Herrschaft ziemlich stark angewachsen. Das bedeutete für seine Gastgeber jedes Mal eine nicht geringe Belastung, besonders wenn mit dem königlichen Aufenthalt auch noch eine größere Adelsversammlung verbunden war, wobei die geladenen oder besser gesagt herbeibefohlenen Herren natürlich zusätzlich ihr eigenes Gefolge mitbrachten. Aber die unfreiwilligen Gastgeber konnten sich ihrer Aufgabe schlecht entziehen und mussten sich eben rechtzeitig darauf einrichten. Deshalb wurden sie auch früh genug von den geplanten Besuchen in Kenntnis gesetzt. Dafür unterhielt der König einen gut eingespielten Botendienst.

Boten hatten die Meldung gebracht, dass in diesem Frühjahr Norditalien wieder unter dem Einfall ungarischer Reiter zu leiden hatte. Die Magyaren waren bis Verona vorgedrungen. Dem König war bewusst, dass die räuberischen Übergriffe jederzeit auch wieder das Ostfränkische Reich treffen konnten. Unglücklicherweise hatte er kein Mittel zur Verfügung, um der Bedrohung durch dieses wilde Steppenvolk ein Ende zu setzen. Irgendwann musste aber etwas Entscheidendes dagegen unternommen werden. Jedoch war erst einmal die Einigung des Reiches vorrangig. Dazu musste der selbstherrliche Bayernherzog gezwungen werden, die in Fritzlar getroffene Königswahl anzuerkennen.

Bodfeld

Für den Spätsommer dieses Jahres hatte Heinrich sich jedoch vorgenommen, seinem Jagdhof im Revier um den Bodefluss im Harz einen Besuch abzustatten und mit einer stattlichen Zahl von Edlen eine Jagd auf den Wisent zu veranstalten. Diese wilden, unberechenbaren Großrinder stellten für die Jäger eine echte Herausforderung dar. Das unwirtliche, zerklüftete Harzgebirge war von alters her so gut wie unbewohnt und ein Gebiet, auf das nur der König irgendwelche Rechte geltend machen konnte. Das hatte vor hundert Jahren schon der große Karl so gehalten. Besonders der Erzabbau und die Großwildjagd in diesem weiten Revier waren unantastbare Königsrechte.

Zur Quitlingaburg hatte auch die Königin Mathilde mit den vier Kindern ihren Gemahl begleitet. Heinrich bestand darauf, dass die beiden jetzt dreizehn und acht Jahre alten Jungen ihn zum Jagdhof Bodfeld, den sie noch nicht kennengelernt hatten, begleiteten. Die sechsjährige Gerberga und die kleine dreijährige Hadwig sollten bei ihrer Mutter bleiben. Die Leibwache hatte sich natürlich wie immer in der Nähe des Königs aufzuhalten. So sollte also auch Volkmar wieder in die gefährlichen Harzberge ziehen, mit denen er ungute Erfahrungen verband.

König Heinrich hatte für den Beginn der Jagd den Tag des Vollmonds im August festgesetzt. An diesem Tag sollten alle geladenen Jagdgäste im Hof Bodfeld versammelt sein. Volkmar war gespannt auf das bevorstehende Abenteuer. Ein Kamerad, der schon seit einigen Jahren der Leibwache angehörte, war schon einmal in Bodfeld gewesen. „Der Hof liegt ganz oben in den Harzbergen", erzählte er. „Der Aufstieg ist mühsam und anstrengend. Wenn man aber erst oben angelangt ist, kommt man an Stellen, von denen man eine wunderbare Aussicht auf das Tiefland hat." Der Mann kam direkt ins Schwärmen. „Das ist dann wie eine Belohnung für die schwere Bergsteigerei".

„Stimmt es, dass der Wisent gejagd werden soll?", fragte Volkmar.

„Da hast du richtig gehört", erwiderte der andere. „Der Wisent ist neben dem Ur das gefährlichste Großwild. Ihn zur Strecke zu bringen, erfordert den ganzen Mann – eigentlich mehrere Männer – und natürlich die Hunde, die dabei eine ganz wichtige Rolle spielen. Ein einzelner Jäger – oha! – Wie sollte der wohl gegen diesen König der Bergwälder bestehen können?!"

Volkmar bekam bei diesem Bericht ein mulmiges Gefühl. Ob er auch diesmal wieder den beiden Königssöhnen als Bewachung zugeteilt würde? Heinrich hatte darauf bestanden, sie auch in diesem Jahr wieder zu dem Jagdausflug mitzunehmen, obwohl die Königin – wie man erfahren hatte – von diesem Gedanken gar nicht erbaut gewesen war. Mathilde hatte ihm das Versprechen abgenommen, die beiden ungebärdigen Jungen nicht an der Jagd auf dieses gefährliche Wild zu beteiligen. Sie selbst sollte mit ihren Töchtern bis zur Rückkehr der Jagdgesellschaft auf der Quitlingaburg bleiben, da Heinrich den dreien die

Anstrengungen des Aufstiegs in das Gebirge nicht zumuten wollte.

Mit Spannung wurde im August das Anwachsen der Mondscheibe beobachtet. Einige Nächte lang war der Himmel ständig bedeckt und der Mond überhaupt nicht zu sehen. Volkmar und seine Kameraden versuchten, die verbleibende Zeit zu schätzen. Zum Glück war aber einer der geistlichen Herren der königlichen Kanzlei in der Himmelskunde bewandert und hatte schon im Voraus die Zahl der Tage bis zum nächsten vollen Mond berechnet.

Zwei Tage vor Vollmond befahl Heinrich den Abmarsch der Jagdgesellschaft aus der Burg. Er wollte rechtzeitig in Bodfeld eintreffen, um die übrigen Jagdgäste dort empfangen zu können. Jeder Teilnehmer hatte wieder ein kräftiges Packpferd dabei. Die wichtigsten Jagdwaffen waren diesmal außer den Langbögen und Jagdpfeilen starke Lanzen aus Eschenholz mit scharf geschliffenen eisernen Flügelspitzen.

Heinrich ritt diesmal nicht sein Schlachtross, den starken Apfelschimmel, sondern einen ruhigen, ausdauernden, braunen Wallach, der aber dennoch schnell sein konnte und sich beim Reiten in den Bergen schon bewährt hatte.

Die gesamte Leibwache war wieder mit von der Partie. Mathilde und ihre beiden Töchter waren ja im Schutze der verlässlichen Burgbesatzung gut aufgehoben. Die Königin konnte sich den anstrengenden Aufstieg in die Berge auch nicht leisten, da sie ihr viertes eigenes Kind erwartete. Volkmar hatte – wie bereits vermutet – den Auftrag erhalten, während des Marsches besonders auf die beiden Prinzen achtzugeben. Also hielt er sich immer in deren Nähe.

Der Reiterzug bewegte sich zunächst durch das hügelige Harzvorland gen Sonnenuntergang, wobei die dunkel bewaldeten Berge langsam immer näher rückten. Bald kam in der Ferne die unheimliche Teufelsmauer in Sicht. Beim hoch aufragenden Regensteinfelsen nahm man direkten Kurs auf eine aus den Bergen herunterführende Schlucht. Der gut erkennbare Weg umging ein kärglich bewachsenes, blankes Steinmassiv und führte in dem Taleinschnitt aufwärts. Bald wurde er für einen direkten Aufstieg zu steil und führte deshalb in Schlangenlinien die Hänge hinauf. Immer wieder mussten Pausen eingelegt werden, damit die Pferde verschnaufen konnten. An einigen Strecken wurden sie geführt, um ihre Kräfte zu schonen. Bei solchen Gelegenheiten konnte Volkmar die beiden Königssöhne manchmal auf bunte Eisvögel aufmerksam machen, die wie leuchtende Edelsteine an den plätschernden Gebirgsbächen umherschwirrten und blitzschnell ins Wasser tauchten, um Käfer, Larven oder auch kleine, zappelnde Fische zu erbeuten. Wo das Ufer eines Baches gut zugänglich war, konnten die Pferde getränkt werden. Auch Volkmars Hasso nahm dann die Gelegenheit wahr, das kalte Gebirgswasser zu schlappen und manchmal ganz in das kühle Nass hineinzusteigen.

Thankmar und Otto verhielten sich beherrscht, wie es von Königssöhnen erwartet wurde. Sie hielten auch bei den starken Steigungen, wenn sie ihre Tiere führen mussten, gut durch. Genau wie Volkmar brannten sie darauf, das sagenhafte Jagdrevier an der Bode, von dem schon viel erzählt worden war, kennenzulernen und neue Abenteuer zu erleben.

Endlich war die Höhe des Bergmassivs erreicht, und die mörderischen Steigungen hörten auf. Oben befand sich zwar keine Ebene, aber eine hügelige, steinige Hochfläche mit lichten Laubwäldern, die sich mit sonnigen Bergwiesen abwechselten. An den vielen Spuren, die den Weg kreuzten, konnte man erkennen, dass hier oben reichlich Hoch- und Niederwild vorhanden war. Das wusste sicher auch das Steinadlerpaar, das hoch oben am blauen Himmel seine Kreise zog. Nun konnte es bis zum Jagdhof nicht mehr sehr weit sein.

Der sanft durch die Stämme der hohen Bäume wehende Ostwind trug plötzlich einen Geruch herbei, der Volkmar bekannt vorkam. Er wandte sich an Bruno, den Gardepräfekten, der sein schweißnasses Pferd am Wegesrand zum Stehen gebracht hatte und mit wachsamen Blicken die ganze Kolonne an sich vorbeiziehen ließ. „Gibt es hier Schmelzöfen?", fragte Volkmar ihn verwundert.

„Du hast eine feine Nase", erwiderte der Präfekt lächelnd. „Es gibt hier in der Gegend Erzvorkommen ähnlich wie beim Goselager. Schon König Konrad hat hier Fachleute angesiedelt, die das Erz verhütten. Es gibt dort in der Nähe auch ein kleines Dorf auf einer gerodeten Hochebene, die einen bescheidenen Ackerbau zulässt. Von dort wird die Königshütte mit Lebensmitteln versorgt."

„Kann das wertvolle Schmelzgut nicht auch gestohlen werden, wie es damals im Lager an der Gose geschehen ist?", erkundigte sich Volkmar.

„Das mag wohl manchmal versucht werden", erklärte Bruno seinem wissbegierigen Untergebenen. „Aber in der Nähe der Hütte liegt auf den steilen Uferfelsen des westlichen der beiden Ursprungsflüsse der Bode eine kleine Burg mit einer wachsamen, schlagkräftigen Besatzung, die wohl in der Lage ist, Banditen abzuschrecken. – Aber lass uns wieder aufschließen! Wir stehen hier etwas im Wege." Nach dieser Aufforderung trieb er seine Tiere wieder an, und auch Volkmar setzte seine Pferde in Bewegung. Hasso, der die kurze Pause dazu genutzt hatte, um sich hechelnd im hohen Kraut am Wegesrand niederzulegen, trottete wieder hinterher.

Nicht lange, nachdem der brenzlige Geruch der Erzhütte sich bemerkbar gemacht hatte, wandte sich der Weg nach Westen. Inzwischen war es schon später Nachmittag geworden. Der Jagdhof wurde erst am Abend erreicht. Ein zum Hof gehörender Kundschafter war ihnen bereits entgegengekommen und beim Anblick der Truppe sofort wieder umgekehrt, um die Ankunft zu melden. Als der Hof endlich in Sicht kam, ertönte ein weithin schallendes Hornsignal, das die Kolonne des Königs ankündigte.

Der gewundene Anmarschweg zum Hof Bodfeld hatte kaum noch Steigungen. Volkmar konnte im letzten Licht, das die untergehende Sonne von den roten Abendwolken spiegelte, eine gerodete, ebene Fläche erkennen, auf der eine Anzahl von Hütten zu sehen war. Links davon erhob sich ein halbrunder, palisadenbewehrter Wall, hinter dem die Dächer von wenigen festen Häusern sichtbar waren. Der Weg, von dem eine Abzweigung zu den Hütten führte, strebte auf ein starkes Holztor zu, das jetzt weit offen stand. Auf der Hoffläche dieser kleinen Burganlage hatte sich die Stammbesatzung zusammen mit einer Anzahl schon angereister Gäste in Doppelreihe aufgestellt, um den Königszug mit erhobenen Waffen lautstark zu begrüßen.

Mit einem Rundumblick stellte der aufmerksame Volkmar erstaunt fest, dass der Jagdhof auf einer ebenen Hochfläche erbaut war, die auf zwei Seiten durch steil in Felsschluchten abfallende Abhänge begrenzt war. Die Lage war hier ähnlich wie auf der Werla, nur dass dort viel mehr Platz vorhanden war. Hier konnten die festen Häuser nicht alle Gäste aufnehmen. Eine große Zahl der anreisenden Jagdgenossen musste deshalb zum Teil in Zelten auf dem Burghof und zum Teil in Hütten außerhalb der Burg untergebracht werden. Für den König und die wichtigsten Personen seines Gefolges stand eine aus Felssteinen gemauerte Kemenate zur Verfügung, die sogar einen halbrunden Anbau für geistliche Andachten besaß. Einer der mit dem König reisenden Mönche machte sich sofort nach der Ankunft dort zu schaffen, um kirchliche Utensilien sowie den Vorrat an Schreibmaterial unterzubringen.

Am festgelegten Tag war fast die gesamte Jagdgesellschaft vollzählig. Einige Nachzügler kamen erst am nächsten Tage an. König Heinrich ordnete zwei Ruhetage an, damit sich Pferde und Reiter von der anstrengenden Anreise erholen und Kräfte für die gefahrvolle Jagd auf die gewaltigen Büffeltiere sammeln konnten. Die Ruhetage wurden in geselliger Runde an langen Eichentafeln unter freiem Himmel verbracht. Alte Bekannte trafen sich wieder und erzählten von ihren Erlebnissen. Die Älteren unter ihnen waren schnell wieder bei ihren Kriegserinnerungen angelangt. Mit Erleichterung wurde manchmal der so glimpflich ausgegangene Schwabenfeldzug erwähnt und der Hoffnung Ausdruck gegeben, dass der für das nächste Jahr geplante Zug gegen Bayern ähnlich friedlich verlaufen möge. Aber so ganz sicher war man sich da nicht.

Der Stier

Endlich war es dann soweit! Nach einem kurzen, aber kräftigen Frühstück zog die vollzählige Jagdgesellschaft unter hellem Hörnergeschmetter zum Tor hinaus. Alle waren begierig darauf, ihr Jagdglück zu erproben und dem wehrhaften Wild, das diesmal erlegt werden sollte, zu Leibe zu rücken. Die ortsansässigen Jäger und Fährtensucher hatten den Herren mitgeteilt, eine ansehnliche Herde der gewaltigen Büffel halte sich zur Zeit in der Nähe einer größeren Bergwiese auf, auf der man sie gut angreifen könne. Etwa zur Hälfte des Vormittags könne man dort sein. Ein Pfadfinder übernahm die Führung. Hinter ihm ritt der Meutemeister mit sechs angeleinten, starken Bodfelder Jagdhunden. Ihm folgte der König mit seinen adligen Gästen und der Hälfte seiner Leibgarde. Der Rest der Wache blieb wie üblich zum Schutz des Hofes und des persönlichen Eigentums der Jagdgesellschaft zurück.

Bruno, Volkmar und zwei weitere Kameraden – dieselben wie im Vorjahr in Dinklar – mussten sich wieder um die beiden Prinzen kümmern. Die unternehmungslustigen Jungen hatten natürlich keine Lust, untätig auf dem Jagdhof herumzusitzen. An der Jagd selbst durften sie sich nicht beteiligen, das war klar! Aber sie hatten den Plan gefasst, das Jagdgeschehen aus der Ferne zu beobachten. Ihre beiden Aufpasser hatten nicht die Befugnis, sie daran zu hindern. Also setzten sich alle sechs auf ihre Pferde und folgten etwa eine Stunde nach dem Aufbruch der Gesellschaft deren unübersehbaren Spuren über die hügelige, bewaldete Hochebene. Der arme Hasso musste wieder im Stall bei der Stute bleiben, die mit seiner Gegenwart sichtlich zufrieden war.

In ihrer Phantasie fühlten sich die beiden Knaben schon als erwachsene Jäger. Dementsprechend hatten sie ihre Bogen und Pfeile mitgenommen sowie jeder mehrere Wurfspeere in besonderen Köchern. Alle sechs Reiter hielten ständig scharf nach allen Seiten Ausschau. Es war jedoch kein Wild zu sehen. Die große hufklappernde und lederknirschende Truppe hatte alle Tiere verscheucht. Auch von den Wisenten fand sich keine Spur. Nur oben in den Zweigen der Laubbäume zwitscherten unbekümmert die Vögel. Die kleine Verfolgergruppe genoss in tiefen Zügen die würzige Luft des Bergwaldes und der mit Kräutern aller Art bewachsenen Höhenwiesen.

Gerade näherten sie sich wieder einer größeren baumfreien Fläche, als von ferne aufgeregtes Hundegebell an ihre Ohren drang. Volkmar und seine Wachkameraden rieten den beiden Prinzen, am Rande der Lichtung im Schutze der Büsche und Bäume zu bleiben, denn der ferne Lärm schien näher zu kommen. Da entdeckte Otto in etwa hundertfünfzig Fuß Entfernung einen Hasen, der sie wohl bemerkt hatte und sich vorsichtig duckte. Der junge Königssohn machte seinen älteren Halbbruder durch Zeichen darauf aufmerksam. Sie einigten sich flüsternd darauf, beide gleichzeitig einen Pfeil auf das Tier abzuschießen. Wer treffe, dürfe es für sich beanspruchen. Wenn beide träfen, wollten sie sich die Beute teilen. Der Schuss sollte vom Pferde aus abgegeben werden, was den Reiz der Sache noch erhöhte. Beide machten ihre gespannten Bögen bereit und setzten einen Pfeil auf die Sehne. Ihre gut abgerichteten Pferdchen standen still wie Bildsäulen. Die beiden jungen Jäger waren so auf ihr Ziel konzentriert, dass sie nicht bemerkten, wie das Hundegebell immer näher kam. Ihre Begleiter sahen einander besorgt an. War es nicht höchste Zeit, sich zurückzuziehen? Die beiden Königssöhne hoben jetzt langsam ihre Bögen und zogen die gefiederten Enden der Pfeile zu ihren Gesichtern. Nach einem kurzen Verharren in dieser Haltung sausten ihre Pfeile fast gleichzeitig zischend aus dem Gebüsch, und die Bogensehnen klatschten gegen die lederbewehrten Unterarme der Schützen.

Thankmars Geschoss streifte den Kopf des Hasen, während Ottos Pfeil das arme Tier in der Mitte durchbohrte. Der getroffene Rammler machte einen verzweifelten Satz und blieb dann zuckend auf der Seite liegen. Otto stieß einen Jubelruf aus, drückte seinem Pferd die Fersen in die Weichen und galoppierte auf die Freifläche hinaus, um sich seine wohlverdiente Beute zu holen. Neben dem toten Hasen sprang er von seinem Pony und hob den Erschossenen an den langen Ohren aus dem Gras.

In diesem Augenblick brach auf der gegenüberliegenden Seite der Bergwiese ein riesiger Wisentbulle durch das Strauchwerk. Er machte einige Sätze auf die Lichtung hinaus, warf dann seinen massigen Körper herum und griff die verfolgenden Hunde an, von denen nur noch fünf übrig waren. Einen davon erwischte er mit einem seiner starken, krummen Hörner und schleuderte ihn in hohem Bogen durch die Luft. Der struppige Jagdhund landete blutend auf einigen Felsbrocken, wo er jaulend liegen blieb.

Den ausgeschwärmten Jägern war es offenbar gelungen, den Stier von seiner Herde zu trennen und zu der Lichtung zu treiben, wo sie ihn zu Pferde einkreisen konnten. Der Wisent bot ein eindrucksvolles Bild mit seinem massigen, mit wolligem, braunem Fell bedeckten Vorderkörper, der breiten Brust, dem hohen Widerrist und dem klobigen Kopf mit den kurzen, kräftigen, nach innen gebogenen Hörnern. Der hintere Teil des Körpers war zwar überraschend schlank und glatter behaart, ließ aber die Gewandtheit des Tieres erahnen. Aus der Flanke und den mächtigen Schultern des Tieres ragten einige gefiederte Pfeile, die aber anscheinend aus größerer Entfernung abgeschossen worden waren und die von dichtem Fell geschützte Haut kaum durchdrungen hatten. Ein entscheidender Treffer war bisher noch keinem der Schützen gelungen. Die bisherigen, relativ harmlosen Verwundungen hatten den Stier nur gereizt und wütend gemacht.

Der achtjährige Otto stand mit dem Hasen in der rechten Hand wie vom Donner gerührt auf der Stelle und versuchte mit der Linken sein scheuendes Pferdchen zu halten. Der Bulle drehte sich auf der Stelle und hieb mit dem Kopf links und rechts nach den verbliebenen vier Hunden, die ihn immer noch bedrängten. Hinter ihm ertönte aus dem Walde das Hufgetrappel der Verfolger. Da warf er plötzlich den Kopf hoch, als er den Menschen und das

Pferd mitten auf der Wiese eräugte. Seine blutunterlaufenen Augen funkelten. Aus seinem Maul zogen sich silbrig glänzende Speichelfäden. Ein kurzes, wütendes Brüllen ausstoßend, senkte er sein mächtiges Haupt und schoss mit erstaunlicher Schnelligkeit auf Otto und sein Pony zu.

„Komm zurück in den Wald!", schrie Volkmar ihm zu. Otto wollte auf sein Pferd springen, aber das riss ihm die Zügel aus der Hand und preschte in Panik über die freie Fläche davon. Der Junge wandte sich dem Waldrand zu und versuchte, so schnell wie möglich rennend, den Schutz der Bäume zu erreichen. Den erbeuteten Hasen ließ er fallen. Volkmar stellte mit Entsetzen fest, dass sein Schutzbefohlener unmöglich noch vor dem mit polternden Hufen heranstürmenden Stier den Waldrand erreichen konnte. Ohne viel zu überlegen gab er seinem Hengst die Sporen und lenkte den Widerstrebenden laut brüllend zwischen Otto und den Wisent, während seine Kameraden sich um Thankmar kümmerten und ihm halfen, dessen Pferd zu halten, das sich scheuend wie wild gebärdete und am liebsten ebenfalls die Flucht ergriffen hätte.

Der Bulle bemerkte den neuen Gegner und nahm ihn sofort an. So wurde er von dem Jungen abgelenkt, der sich keuchend zwischen die Bäume retten konnte. Dafür war jetzt Volkmar in höchster Gefahr. Aber Blitz konnte jetzt beweisen, dass er seinen Namen nicht zu Unrecht trug. In rasendem Galopp trommelten seine harten Hufe den steinigen Boden. Rennend schien er immer niedriger zu werden. Volkmar beugte sich tief über den Pferdehals. Die Luft sauste ihm um die Ohren. Dieses Tempo konnte der Stier nicht mithalten. Aber in seinem Zorn gab er trotzdem nicht auf. Volkmar blickte über die Schulter zurück und achtete darauf, dass immer ein genügender Abstand zu seinem Verfolger bestehen blieb. Auf diese Weise lenkte er ihn in einem weiten Kreis etwa zum Ausgangspunkt zurück. Eine Waffe, die ihm gegen dieses mächtige Tier etwas genützt hätte, stand ihm nicht zur Verfügung. So war er ganz und gar auf die Schnelligkeit und Trittsicherheit seines Pferdes angewiesen. Einen Sturz mochte er sich jetzt gar nicht vorstellen.

Gerade als der schnaubende Bulle, der einen kleineren Innenkreis lief, den Versuch machte, ihm den Weg abzuschneiden, bemerkte Volkmar, wie die Büsche am Waldrand sich teilten und die ausgeschwärmten Jäger fast gleichzeitig auf die Lichtung galoppierten. Der Wisent hielt in der Verfolgung inne, wandte sich dem Waldrand zu und starrte seine Feinde an, die ihm schon eine ganze Weile zugesetzt hatten. Die Hunde hielten jetzt vorsichtig Abstand, da sie schon Bekanntschaft mit den todbringenden Hörnern gemacht hatten.

Volkmar nutzte die erneute Ablenkung des Wildes, um seinen treuen Hengst zu seinen Wachkameraden und den beiden Jungen zurückzulenken. Aus der Deckung der Büsche und Bäume heraus konnten sie den Fortgang der Jagd beobachten, die jetzt ihre entscheidende Phase erreichen würde. Die Reiter kreisten den Stier ein, der zornig brummend mit den Vorderhufen den Boden aufscharrte, sich auf der Stelle drehte und hin und wieder mit gesenkter Stirn nach verschiedenen Seiten kurze Ausfälle machte. Offenbar fiel es ihm schwer, zu entscheiden, welchen von den vielen Feinden er auf die Hörner nehmen sollte.

Diese Unsicherheit nutzten die Jäger aus. Mehrmals versuchten einige besonders Kühne, von rückwärts kommend an der linken Flanke des Tieres vorbei zu galoppieren und ihm die Lanze hinter dem Schulterblatt in den muskulösen Körper zu stoßen. Aber jedes Mal bemerkte der Angegriffene dieses Vorhaben rechtzeitig und wandte dem Feinde seinen mächtigen, bärtigen Schädel zu.

König Heinrich versuchte das Kunststück, dem Bullen die starke Lanze von vorn in die breite Brust zu bohren, während gleichzeitig ein Angriff von der linken Seite erfolgte. Aber er hatte nicht mit der Schnelligkeit gerechnet, mit der ein Wisentstier seinen massigen Kopf zur Seite werfen konnte. Heinrich konnte den Lanzenstoß nicht vollenden, und sein gutes Jagdpferd entging um Haaresbreite den säbelnden Hörnern.

Nun da die Jäger zur Stelle waren, wurden auch die Hunde wieder mutiger und versuchten, sich an den Hinterbeinen des Bullen festzubeißen. Den Berittenen kam diese Ablenkung des Wildes gelegen, und sie verlegten sich eine Weile darauf, den Wisent durch Pfeilschüsse und Speerwürfe zu schwächen. Der aus dem südlichen Harzvorland angereiste Graf des Zorgegaues war es dann, dem es schließlich gelang, dem schon aus vielen Wunden blutenden Tier den tödlichen Lanzenstoß zu geben. Der Bulle ging vorn in die Knie. Ein kurzes, röchelndes Brüllen entrang sich seiner Kehle. Dann sank er auf die rechte Seite zu Boden. Hoch ragte der Lanzenschaft aus dem Körper des Gefallenen.

Ein vielstimmiger Jubelschrei erscholl, und ein Hornbläser verkündete durch ein laut aus den Wäldern widerhallendes Signal das erfolgreiche Ende der Jagd. Der mutige

Wisenttöter konnte sich der vielen Glückwünsche kaum erwehren. Der allgemeine Siegestaumel wurde allerdings etwas gedämpft durch die Tatsache, dass einer der Jäger schon auf einer Behelfstrage liegend mit einer kleinen Gruppe von Helfern auf dem Rückweg nach Bodfeld war, weil ihm während der Verfolgungsjagd offenbar beim Sturz zwei Rippen gebrochen waren, nachdem der Stier sein Pferd mit einem Rammstoß tödlich verletzt hatte.

Nun erst fand König Heinrich die Zeit, sich seinen Sprösslingen zuzuwenden, die das Ende der Jagd atemlos mit angesehen hatten und nun etwas verlegen auf die freie Fläche hinaustraten. Heinrich hatte gerade noch mit ansehen können, wie sein Jüngster mit knapper Not dem Tode entronnen war. Er sah ihm ernst in die Augen. „Hatte ich euch nicht ausdrücklich verboten, euch an der Jagd zu beteiligen?", fragte er in drohendem Ton. Volkmars Wachkamerad trat heran und beeilte sich, die Zusammenhänge zu erklären. Es war also reiner Zufall gewesen, dass die beiden Jungen hier mit der Jagdgesellschaft zusammengetroffen waren. Schließlich konnte sich der Vater sogar über den kleinen Jagderfolg seines Sohnes freuen, als dieser den Hasen holte, in dem noch der Pfeil steckte. An Ottos blassem Gesicht konnte man sehen, dass in ihm noch der überstandene Schreck nachzitterte. Auch Thankmar erhielt sein Lob, als Volkmar erzählte, wie knapp dessen Geschoß das Ziel verfehlt hatte.

Nun aber wandte sich der König voll seinem jungen Gardisten zu, legte ihm beide Hände auf die Schultern und sagte mit Wärme in der Stimme: „Volkmar, ich habe beobachtet, wie du unter Einsatz deines Lebens meinen jüngsten Sohn aus seiner gefährlichen Lage gerettet hast.

Aus ganzem Herzen danke ich dir dafür! Ich werde dir das nicht vergessen. Außerdem hast du einen Wunsch bei mir frei. Überleg ihn dir genau! Wenn es möglich ist, soll er dir erfüllt werden."

Volkmar fehlten die Worte, um sich bei seinem Herrn für dieses Angebot zu bedanken. Aber Heinrich nickte ihm nur zu und wandte sich zu den versammelten Jagdteilnehmern um. „Lasst uns nun den Rückmarsch antreten! Meine Söhne werden das Pferd einfangen, und wir müssen überlegen, wie wir unsere Beute nach Bodfeld zurückschaffen."

Vier Pferde waren nötig, um den mächtigen Stier mit an den Hinterbeinen befestigten Seilen zum Jagdhof zurückzuschleifen. Ein Reiter wurde vorausgesandt, um den Jagderfolg wie auch den Verlust der Hunde beim Hof zu melden.

Abends stieg natürlich trotz der Verluste, die man hatte hinnehmen müssen, ein gewaltiges Gelage. Der glückliche Zorge-Gaugraf konnte gar nicht so viel trinken, wie ihm angeboten wurde. Der Verletzte, ein adliger Herr aus Thüringen, befand sich in der Obhut eines heilkundigen Feldschers.

Es gab diesmal zwei Helden des Tages: den Grafen, der den Wisentstier erlegt hatte, und den jungen Leibwächter Volkmar Geroldsohn. An diesem Tage verwehrte ihm niemand, so viel Met zu trinken, wie er wollte. Als er spät in der Nacht noch in den Stall wankte und nach seinen Pferden sah, wo Hasso ihn schwanzwedelnd begrüßte, ließ er sich einfach in das frische Stroh fallen und schlief dort zusammen mit seinem treuen Hund bis in den hellen Morgen.

Vaterfreuden

Am Tage nach der erfolgreichen Jagd wurde die gewaltige Beute ausgeweidet und zerlegt. Der Zorge-Gaugraf erhielt natürlich die Trophäe, die ihm zustand, nämlich das mächtige Haupt des Stieres mit dem gedrungenen, starken Gehörn. Die übrigen Jagdgenossen wussten nicht recht, ob sie ihn deswegen beneiden sollten. Denn um das schwere Stück mit in die Heimat zu nehmen, musste er seinem armen Packpferd allerhand zumuten! Außerdem war bei dem warmen Spätsommerwetter Eile vonnöten, wenn dieses sichtbare Zeichen seines Jagdglücks noch rechtzeitig haltbar gemacht werden sollte. Auf jeden Fall standen dem tüchtigen Thüringer aber bei dem an diesem Tage fälligen Festmahl die besten Stücke zu.

Das große Jagderlebnis hatte noch einmal das Zusammengehörigkeitsgefühl des sächsischen und thüringischen Adels gefördert. Der Volksstamm der Thüringer, die einstmals die Gebiete nördlich und südlich des Harzes beherrscht hatten und noch immer dort wohnten, hatten sich vor langer Zeit den sächsischen und fränkischen Eroberern beugen müssen. Sie hatten keinen eigenen Herzog mehr, denn ihr Land war zwischen den Herzogtümern Sachsen und Franken aufgeteilt worden. Der thüringische Adel hatte sich dennoch mit den neuen Herren arrangiert und einen Großteil seiner Vorrechte behalten.

Am zweiten Tag nach der Jagd wurde die Gesellschaft aufgelöst, und jeder ritt – mit genauen Anweisungen für die Vorbereitungen zum bevorstehenden Kriegszug versehen – wieder nach Hause.

König Heinrich blieb mit seinem Gefolge noch vier Wochen auf dem Jagdhof Bodfeld, um Pläne für das nächste Jahr zu schmieden. Man merkte, dass er sich gern dort aufhielt. Der Hof hatte schon fast die Bedeutung einer Pfalz erlangt. Heinrich besuchte in dieser Zeit auch mehrmals die Schmelzhütte an der Kalten Bode. Das dort gewonnene Erz hatte für die Rüstung eine große Bedeutung.

Inzwischen war der Monat September herangekommen, und es nahte der Tag des Aufbruchs. Die kleine Ansiedlung beim Jagdhof sah den Abschied nicht ungern, hatten die Bewohner doch fast in jedem Jahr ein- oder zweimal für längere Zeit eine große Gesellschaft mit allem Lebensnotwendigen zu versorgen. Und die adligen Herren der Jagdgesellschaften stellten Ansprüche! Aber andererseits war es natürlich auch eine Ehre, den König beherbergen zu dürfen. Der dafür vorgesehene steinerne Palas in der umfriedeten kleinen Burg wurde dann jedes Mal auf Hochglanz gebracht und geschmückt.

In Volkmars Kopf ging die ganze Zeit immer wieder der Gedanke um, welche Bitte er dem König gegenüber äußern sollte, hatte dieser ihm doch die Erfüllung eines Wunsches versprochen! Er hatte zwar einen heimlichen Traum. Aber war es vielleicht zu vermessen, sich die Verwirklichung vorzustellen? Als Heinrich am Morgen des Abreisetages seine angetretene Leibwache in Augenschein nahm, fasste Volkmar sich ein Herz, trat einen

Schritt vor und sprach ihn an: „Mein König, du hast mir gestattet, einen Wunsch zu äußern."

Heinrich blieb vor ihm stehen und blickte ihn wohlwollend an. „Richtig, Volkmar Geroldsohn", antwortete er und sah dem jungen Gardisten freundlich in die Augen. „Ich warte schon die ganze Zeit darauf. Was hast du dir überlegt?"

Volkmar zögerte mit der Antwort. Sein Wunsch, der ihn tagelang beschäftigt hatte, kam ihm plötzlich unbescheiden vor.

Heinrich betrachtete ihn aufmerksam. „Ich will dich nicht drängen", sagte. „Überleg es dir nur in Ruhe! Mein Wort gilt nach wie vor." Damit wandte er sich zum Weitergehen.

Da gab Volkmar sich einen Ruck. „Ich danke dir für deine Großzügigkeit, mein König! Ich möchte ….. ich würde gern", stotterte er, „Ich bitte um die Erlaubnis, beim nächsten Mal an der Jagd teilnehmen zu dürfen!" Nun war es heraus!

Heinrich machte ein erstauntes Gesicht. Dann lachte er und legte dem jungen Krieger eine Hand auf die Schulter. „Dieser Wunsch ist eines freien Sachsen würdig!", rief er. „Er wird dir bei der nächsten Gelegenheit erfüllt werden." Und zum Gardepräfekten gewandt fügte er hinzu: „Du hast es gehört, Bruno. Bei der nächsten Jagd wirst du auf diesen jungen Mann verzichten müssen. ….. Aber vorher wird eine andere Jagd stattfinden. Und die führt uns nach Bayern." Nach einem letzten anerkennenden Blick auf seinen jüngsten Leibgardisten ließ er sich sein Pferd bringen und gab das Zeichen zum Abmarsch.

Für den König, die Leibwache und das übrige Gefolge war die Reise von der Hochebene ins Flachland fast ein Spaziergang im Vergleich zu dem mühsamen Aufstieg. Beim Regensteinfelsen wandte die Kolonne sich nach Westen. Heinrich beabsichtigte, sich noch einige Zeit auf der Pfalz Werla aufzuhalten und hatte eine Adelsversammlung aus den benachbarten Gauen nach dort einberufen. Auch diese Versammlung diente in erster Linie der Vorbereitung des für Heinrich und für das ganze Reich so wichtigen Bayernzuges.

Für Volkmar kamen diese Reisepläne natürlich sehr gelegen. Im Hause seines Vaters wurde gleich zweimal Nachwuchs erwartet, und der junge Leibgardist hatte ausgerechnet, dass er ungefähr rechtzeitig zur Geburt zu Hause ankommen könnte.

Die Reise ging am Harzrand entlang bis Sudburg, wo Volkmar leider keine Gelegenheit fand, Onkel und Tante zu besuchen, und dann auf dem schon vertrauten Wege okerabwärts nach Norden.

In Werla angekommen, suchte Volkmar sofort seinen Vater auf, der dort immer noch die Burgwache befehligte. Gerold hatte ihn schon erwartet. Volkmar wunderte sich über dessen geheimnisvolles Gesicht. Natürlich wollte er zu allererst wissen, wie es Gertrude und Walburga ging. Aber sein Vater spannte ihn auf die Folter. „Ja, mein Sohn", sagte er zögernd und ging dabei mit verschränkten Armen im Aufenthaltsraum der Pfalzwache hin und her. Dann wandte er sich Volkmar plötzlich voll zu und seine blaugrauen Augen blitzten. „Wir haben einen neuen Sachsenkrieger!", rief er und fasste seinen Sohn fest an beide Oberarme.

„Wer?", fragte Volkmar unsicher. „Gertrude oder Walburga?"

„Ich habe einen gesunden, kräftigen Enkelsohn bekommen", antwortet Gerold und lachte.

Es dauerte einen kleinen Augenblick, bis Volkmar begriff. Vor Freude stieg ihm das Blut zu Kopfe. „Ich ….. ich habe einen Sohn!", stotterte er. „Wann?"

„Vor fünf Tagen", war die Antwort. „Alles ist gut verlaufen. Gertrude ist wohlauf."

Volkmar musste sich erst einmal von der freudigen Überraschung erholen. Dann erst fiel ihm auf, dass sein Vater noch nichts über Walburga gesagt hatte. „Und Walburga?", fragte er.

„Ich hätte gern noch einen Sohn gehabt", antwortete sein Vater und wiegte den Kopf. „Nun ist es leider nur ein Mädchen geworden", fügte er mit säuerlicher Miene hinzu. „Aber, mein Sohn, wenn ein Volk Bestand haben soll, sind schließlich auch Frauen nötig, meinst du nicht auch?", sagte er schmunzelnd und schlug Volkmar krachend auf die Schulter. „Die Kleine kam vor einer Woche zur Welt. Mutter und Kind geht es gut", schloss er seinen Bericht.

Nun war Volkmar natürlich nicht mehr zu halten. Bruno, der ihn zur Geburt seines Sohnes herzlich beglückwünschte, gab ihm einen Tag Sonderurlaub, und kurze Zeit später sah man den jungen Krieger in einer Staubwolke mit dem rennenden Hund im Schlepptau den Schotterweg in Richtung Burgdorf davongaloppieren.

Unterwegs fiel ihm ein, dass er ganz vergessen hatte, sich nach den Namen der beiden Kinder zu erkundigen. Aber er wusste ja, dass man sich damit gewöhnlich nicht beeilte. Bei den harten bäuerlichen Lebensumständen überlebten viele Säuglinge das erste Jahr nicht. Zu Hause würde er erfahren, welche Namen man sich ausgedacht hatte. Und, was seinen Sohn betraf, hatte er ja schließlich auch ein Wörtchen mitzureden! Ein Name formte sich im Kopf des dahinstürmenden Reiters: Er soll Albrecht heißen, entschied er bei sich.

Auf dem väterlichen Hof angekommen, sprang er vor der Eingangstür vom Pferd und ließ es laufen. Seinem Hund befahl er, bei dem Hengst zu bleiben. Das Herz schlug ihm bis zum Halse, als er leise den Türriegel zurückschob und in die geräumige Diele trat. Was er sah, war ein Bild des Friedens. Gertrude und Walburga waren damit beschäftigt, ihre Säuglinge zu stillen, während seine Schwiegermutter Astrid an der Herdstelle hantierte. Der Schwiegervater hatte wahrscheinlich irgendwo draußen zu tun. Da waren sie also, sein eigener Sohn und seine Halbschwester! Er räusperte sich verlegen, bevor er nähertrat. Die drei Frauen hatten sein leises Eintreten nicht bemerkt. Nun wandten sich alle Blicke dem Heimkehrer zu. Staunen und Freude spiegelten sich in ihren Gesichtern. „Da bist du!", rief Astrid als Erste. „Wir haben schon erfahren, dass unser König zur Werla gekommen ist. Da wussten wir, dass wir bald mit deiner Heimkehr rechnen konnten und haben voller Ungeduld auf dich gewartet", sagte sie mit einem Blick auf die beiden jungen Mütter. Die blieben stumm, aber ihre Gesichter strahlten. Wortlos hielten sie ihm die beiden kleinen

Menschlein entgegen, die sattgetrunken und müde ihre Köpfchen in die Hände ihrer Mütter schmiegten.

Der junge Krieger mit dem klirrenden Kettenhemd stand verlegen da und wagte kaum, sein Söhnchen mit seinen schwieligen Händen anzufassen. Die junge Mutter erschien ihm mit einem Mal seltsam fremd, reifer als bisher. Wortlos und mit einer gewissen Scheu umarmte er vorsichtig seine Gertrude zusammen mit dem schlafenden Säugling. „Da haben wir unseren Albrecht", flüsterte er.

„Albrecht?", fragte sie leise, „Ein schöner Name. – So soll er heißen!"

Volkmar wandte sich zu Walburga um, die die Begrüßungsszene still miterlebt hatte. „Du hast ein Töchterchen", fragte er verlegen. „Wie soll sie heißen?"

„Dein Vater will sie Uta nennen" – sie zögerte und bekam einen roten Kopf – „nach deiner verstorbenen Mutter".

„Ein guter Gedanke.", sagte Volkmar und legte ihr eine Hand auf die Schulter. „Und ich habe jetzt eine Schwester", meinte er lächelnd. „Und damit sind jetzt vier Frauen im Hause", fügte er mit Blick auf seine Schwiegermutter hinzu, die hinzugetreten war und den frischgebackenen Vater mit einem Becher warmer Kuhmilch als Willkommenstrunk überraschte.

Bald darauf kam auch Schwiegervater Harald ins Haus, der den jungen Krieger herzlich begrüßte und ihn rau, aber herzlich zu seinem Sohn beglückwünschte. Eine ganze Weile saßen die Erwachsenen beisammen, und

Volkmar musste von seinen letzten Erlebnissen im Harzgebirge erzählen, während die beiden Säuglinge in ihren Körbchen selig schlummerten.

Als es dunkel wurde, kam auch Gerold von der Pfalz her kurz zu Besuch, musste dann aber bald wieder zurückreiten, weil er nicht lange abkömmlich war. Schließlich war wegen des wichtigen und zahlreichen Besuches auf der Burg allerhand zu tun. „Also dann bis morgen früh", sagte er beim Abschied zu seinem Sohn, denn er wusste wohl, dass Volkmar sich am nächsten Vormittag wieder bei Bruno zum Dienst melden musste.

Gertrude stellte endlich die Frage, die sie schon lange auf dem Herzen hatte: „Wann werden wir uns wiedersehen? Ist es wahr, dass du wieder in den Krieg ziehen musst?"

„Ich hoffe, dass es nicht zu einem richtigen Krieg kommen wird", meinte Volkmar, war aber innerlich seiner Sache nicht sicher. „Ich habe mir jedenfalls vorgenommen, wohlbehalten zurückzukehren", sagte er. „Bleibt ihr nur gesund und passt gut auf die beiden Kinder auf!"

Alarm im Westen

Bald darauf verließ König Heinrich mit seinem inzwischen angewachsenen Gefolge die Werlaburg und zog weiter nach anderen Pfalzen, um dort wichtige örtliche Streitfragen zu regeln und sonstige Staatsgeschäfte zu erledigen. Seine Leibwache und damit auch Volkmar mussten ihn natürlich wie immer begleiten. Leider blieb unserem jungen Gardisten wenig Zeit, sich von seinen Angehörigen zu verabschieden.

Dann aber kam der Krieg doch schneller auf ihn zu, als er sich vorgestellt hatte. Allerdings war es ein anderer, als vermutet worden war.

Der König befand sich gerade in der Pfalz Pöhlde, als ihm ein Bote gemeldet wurde, der ihm von Gandersheim aus nachgeschickt worden war. Während Bedienstete der Pfalz noch das schweißnasse, keuchende Pferd des Meldereiters langsam im Kreis herumführten, um es wieder zu Atem kommen zu lassen, und andere schon mit Strohbündeln bereitstanden, um es trocken zu reiben, wurde der Reiter, ein drahtiger, junger Westfale, vor den König geführt. Er hielt ein rundes Lederfutteral in den Händen, aus dem er eine versiegelte Pergamentrolle zog und Herrn Heinrich mit einer respektvollen Verbeugung überreichte.

„Was gibt es so Wichtiges, dass du ein gutes Pferd fast zu Schanden reitest?", fragte Heinrich mit einem tadelnden Blick auf das zitternde Reittier und betrachtete dann die Schriftrolle. „Das Siegel des Bischofs von Worms!", rief er erstaunt. Darauf zog er ein kurzes Messer aus einer Lederscheide, die an seinem Gürtel hing, und durchtrennte die Schnur, mit der das Lacksiegel an dem Schriftstück befestigt war. „Reginbert!", rief er mit lauter Stimme. Ein Mönch seines Gefolges, der sich schon seit der Ankunft des Boten bereitgehalten hatte, war mit einigen Schritten bei ihm.

„Mein König?", fragte er.

„Welche Nachricht kommt hier aus Worms?", fragte Heinrich stirnrunzelnd. In Anbetracht der Eile, mit der die Botschaft überbracht worden war, ahnte er nichts Gutes.

Der schriftkundige Mönch rollte das Pergament auseinander und überflog den Schriftsatz. Dabei fasste er die Nachricht, die sich immer wieder zusammenrollen wollte, mit beiden Händen oben und unten und hielt sie mit gestreckten Armen vor sich hin, denn seine Augen hatten während der jahrelangen Aufenthalte in den klösterlichen Skriptorien gelitten. Heinrich beobachtete den Geistlichen gespannt.

Nach kurzer Zeit blickte Reginbert auf und sah seinem König fest in die Augen. „Bischof Richowo von Worms bittet um Hilfe!", stieß er hervor. „Die Truppen des westfränkischen Königs Karl sind auf dein linksrheinisches Reichsgebiet vorgedrungen und belagern die Burg".

„Verdammt!", entfuhr es dem König. Sofort hielt er sich die Hand vor den Mund, denn er wusste wohl, dass es sich nicht geziemte, zu fluchen – und schon gar nicht in Gegenwart eines Kirchenmannes! Seine hohe Stirn überzog sich mit Zornesröte. Er hatte gedacht, er könnte sich in Ruhe den Vorbereitungen zum Bayernfeldzug widmen, und nun das! Aber es half nichts. Wenn er irgendwann gegen die Erzfeinde im Südosten, die Magyaren, bestehen wollte, musste er nicht nur im Süden, sondern auch im Westen Sicherheit haben. Hatte dieser Karl sich etwa eingebildet, er könnte ungestraft ostfränkisches Gebiet westlich des Rheinstromes an sich reißen, nur weil die Sachsen mit den Bayern uneins waren? Dann musste er eben sofort eines Besseren belehrt werden!

Heinrich blickte in die Runde der Kaplane, die sich neugierig um ihn versammelt hatten. Er hatte einen Entschluss gefasst. Hier musste schnell gehandelt werden! Er hielt es für Zeitverschwendung, erst die Mainfranken und Schwaben zu mobilisieren, obwohl die sich näher am Ort des Geschehens befanden. Lieber verließ er sich auf die kampferprobten Einheiten seiner ihm treu ergebenen Sachsen.

Und nun bekamen die schreibkundigen Herren der Hofkapelle Arbeit, dass – bildlich gesprochen – die Gänsefedern qualmten! In Heinrichs militärisch geschultem Kopf formierte sich ein genau abgestimmer Feldzugsplan; und die Mönche malten in aller Eile Einsatzbefehle für die sächsischen Grafen und Truppenführer auf ihre Pergamentbögen, während alle verfügbaren Meldereiter zusammengetrommelt und die schnellsten Pferde von den Stallknechten gesattelt wurden. Bald sah man die Boten mit dem königlichen Adler auf der Brust in verschiedene Richtungen davongaloppieren.

Schon am nächsten Tage rückte eine kleine Truppe gepanzerter Reiter aus Pöhlde ab in Richtung Westen. Planmäßig wuchs der Heereszug von einem Treffpunkt zum anderen immer mehr an. Die Kommandanten der anrückenden Einheiten hatten ihre Krieger befehlsgemäß mit schwerer Ausrüstung versehen. Die Truppen waren ausnahmslos beritten. Galt es doch, so schnell wie möglich zum Rhein zu kommen! Und so ging es in Eilmärschen gen Südwesten.

Nach dem friedlichen Schwaben-Unternehmen schien es diesmal ernst zu werden. Während des anstrengenden, etwa einwöchigen Marsches unterhielt sich Volkmar manchmal mit seinem Vorgesetzten Bruno. Das Gespräch drehte sich um das bevorstehende Treffen mit westfränkischen Truppen, um die Befreiung der Burg Worms, aber auch um den dortigen Bischof und überhaupt um die Rolle der geistlichen Herren im Königreich.

„Ich habe oft das Wort Hofkapelle gehört", wandte sich der wissbegierige Volkmar an seinen Vorgesetzten. „Was bedeutet das eigentlich?"

„Das ist eine etwas umständliche Geschichte", antwortete dieser. „Bei den Fürsten werden oft kleine Stücke vom Mantel des heiligen Martin als Reliquien aufbewahrt. Das lateinische Wort für diesen Mantel soll *capella* sein, wie mir ein Mönch mal erklärt hat. Es wird sich wohl nur noch um den halben Mantel gehandelt haben, weißt du, denn die andere Hälfte hatte Martin ja einem Bettler geschenkt. Wenn du bei den Predigten aufgepasst hast, wirst du das wissen. ….. Nun, und der Geistliche, der für die Aufbewahrung dieser heiligen Reliquie verantwortlich ist, wird *capellanus* genannt, oder einfach Kaplan. Und er sowie die Gruppe von Mönchen, deren Vorgesetzter er bei Hofe ist, die heißen eben alle zusammen Hofkapelle. Das ist alles".

Volkmar bewunderte oft das umfangreiche Wissen, über das Bruno verfügte. Aber der stand schließlich auch schon länger im Dienste des Königs, schon während dessen Zeit als Herzog von Sachsen. Und er war weit im Lande herumgekommen.

Das sächsische Heer zog denselben, nun schon bekannten Weg wie im Vorjahre gegen Schwaben, ging jedoch diesmal bei Mainz über den Rhein und marschierte an dessen Westufer stromaufwärts auf Worms zu. Etwa 20 Meilen vor dem Bischofssitz schickte Heinrich gefächerte Spähtrupps voraus und ordnete für alle Einheiten volle Gefechtsbereitschaft an. Ein Hornist hielt sich an seiner Seite, um Befehle in Signale umzusetzen, die den kriegserfahrenen Reitern aller Gaue bekannt waren. Die gut geübten Truppen waren in der Lage, schnell und diszipliniert verschiedene Formationen zu bilden.

Bald wurde die Burg mit dem Dom Bischof Richowos in der Ferne sichtbar. Vorsichtig und mit tiefgestaffelter Flankensicherung in Richtung Westen bewegte sich die sächsische Truppe auf die befestigte Stadt zu. Da kam einer von Heinrichs Spähern zurückgaloppiert und meldete, König Karl habe die Belagerung aufgegeben und sich in aller Eile nach Süden zurückgezogen.

Statt der Westfranken gingen nun die Sachsen im Halbkreis um die große Ansiedlung am Rheinstrom in Stellung, um sie zu beschützen. Bischof Richowo kam mit militärischem und zivilem Gefolge aus dem Burgtor, dankte dem König für sein entschlossenes Eingreifen und erteilte ihm seinen kirchlichen Segen.

„Dank gebührt auch dir, ehrenwerter Bischof", erwiderte Heinrich, „weil du mehr als zwei Wochen lang dem Feinde die Stirn geboten hast!"

Der Bischof sorgte für die Verpflegung des sächsischen Heerlagers vor der Stadt. Von Karls Truppen war nichts mehr zu sehen. Aber über ihre weiteren Pläne war man im Ungewissen. Deshalb blieben die Sachsen in Alarmbereitschaft, und Heinrich zog gleich am nächsten Morgen mit seiner gesamten Streitmacht am Rhein entlang nach Süden hinter Karl her.

Gegen Mittag wurde von vorn eine Gruppe von Reitern gemeldet, von denen einer ein weißes Tuch schwenkte. Es waren Gesandte Karls, die ein Verhandlungsangebot überbrachten. Der König erklärte sich einverstanden. Es wurde ein Treffen der beiden Herrscher am Rheinufer verabredet, wo Karl mit seinen Kriegern ein Heerlager aufgeschlagen hatte.

Heinrich zog mit seinen Sachsen bis dicht an das Lager Karls heran und ließ seine Reiter ebenfalls biwakieren.

Die Verhandlungen zwischen den beiden Fürsten zogen sich in die Länge. Heinrich konnte sich mit Karls Gebietsansprüchen nicht einverstanden erklären. Immerhin aber waren beide Seiten bestrebt, einen offenen Konflikt zu vermeiden. Besonders war das bei Karl zu spüren, der vor den sächsischen Panzerreitern einen mächtigen Respekt zu haben schien.

Während der langwierigen Gespräche, die sich über den ganzen Nachmittag hinzogen, war es nicht zu vermeiden, dass die Krieger der beiden Heerlager miteinander in Berührung kamen. Zum Beispiel geschah dies beim Besorgen von Lebensmitteln und Pferdefutter aus den nahegelegenen Dörfern des dicht besiedelten, fruchtbaren Rheintales. Man befand sich auf ostfränkischem Gebiet, und die Sachsen konnten nicht einsehen, dass die Männer des gegnerischen Lagers überhaupt ein Recht haben sollten, sich hier aus dem Lande, das nicht ihr eigenes war, zu versorgen.

Volkmar konnte beobachten, wie zwei sächsische Krieger eine Gruppe von fünf Westfranken zur Rede stellten, die ein junges Schwein von einem Bauernhof geholt hatten. Um das quiekende Ferkel entstand ein Handgemenge. Einer der beiden Sachsen, ein untersetzter Mann mit krummen Reiterbeinen, der auf einem Auge schielte, so dass er damit immer die Spitze seiner langen Nase anzuschauen schien, versuchte, dem Franken das Schwein zu entreißen.

„Nimm deine Flossen weg, du komischer Sachse!", rief der Franke in seiner eigenartigen, gallisch gefärbten Mundart.

„Was soll das heißen?", rief der so Angeredete wütend, ohne das zappelnde Tier loszulassen.

„Entschuldigung, ich hab's nicht so gemeint! Ich wollte sagen: du saublöder Sachse!", lachte der andere, der sich in Gegenwart seiner Kameraden sicher fühlte.

Er hatte aber nicht mit der Reaktion gerechnet, die jetzt kam. Denn der Beleidigte ließ das Schwein los und knallte dem Franken seine Faust aufs Auge, dass dieser zurücktaumelte und das Ferkel ebenfalls losließ. Das verängstigte Tier fiel zu Boden, rappelte sich quiekend auf die Füße und rannte ohne Orientierung im Zickzack zwischen den in wenigen Augenblicken immer zahlreicher werdenden Menschen umher. Doch niemand versuchte, es wieder einzufangen, denn jetzt gingen die Begleiter des Geschlagenen auf den Sachsen los, der sich jedoch als geübter Faustkämpfer erwies. Außerdem wurde er von seinem Kameraden unterstützt.

Die zornigen Stimmen der Kämpfenden wurden in beiden Lagern gehört, aus denen immer mehr Krieger auf den Ort der Prügelei zu eilten. „Ihr gallisches Diebsgesindel!", schrien die einen, „Ihr sächsischen Barbaren!" die anderen. Es dauerte nicht lange, bis eine gewaltige, blutige Massenschlägerei im Gange war. Dabei blieb es auch nicht aus, dass hier und da ein Messer oder Schwert gezückt wurde.

Melder beider Parteien, darunter auch Volkmar, eilten zum Besprechungszelt der Könige, die schon auf den Lärm aufmerksam geworden waren, und teilten atemlos mit, was sich da draußen zwischen den Heeren abspielte. Karl und Heinrich, die zwar uneins waren, aber zum gegenwärtigen Zeitpunkt unbedingt einen Krieg vermeiden wollten, ergriffen sofort drastische Maßnahmen. Die Leibgardisten beider Seiten wurden als Polizei eingesetzt, um die Kampfhähne zu trennen. Das war nicht einfach, denn das Getümmel war inzwischen sehr unübersichtlich geworden. „Lasst eure Schwerter stecken!", rief Heinrich seinen Gardisten nach, die sich auf ihre Pferde warfen und auf den Tumult zu galoppierten.

Die beiden Könige entschlossen sich dazu, beide Heere durch die vertrauten Trompetensignale zu den Standarten zu rufen. Erst danach kamen die Wütenden zur Besinnung.

Karl und Heinrich ließen ihre Truppen durch die jeweiligen Kommandeure eindringlich ermahnen, Frieden zu wahren. Zum Glück hatte es zwar viele Verletzte, aber keine Toten gegeben. Den Grund für die Schlägerei wusste hinterher kaum jemand zu nennen; und das Ferkel war verschwunden.

Da die Könige sich in der Sache nicht einigen konnten, wurde zunächst ein einjähriger Waffenstillstand geschlossen und unter Zeugen besiegelt. Der Vertrag sah aber vor, dass die westfränkischen Truppen sich unverzüglich wieder hinter ihre Grenze zurückzuziehen hatten. Im nächsten Jahr sollte erneut verhandelt werden.

Der große Bayernfeldzug

Inzwischen wurde es Winter, und das Jahr 921, das eine große Entscheidung bringen sollte, rückte heran. Nach der Frühjahrs-Feldbestellung begab sich der König nach Gandersheim zur Musterung des sächsischen Heeres, das sich zum Ende des Monats Mai wieder – wie schon zwei Jahre zuvor – rund um das Kloster Brunshausen versammeln sollte. Dieser Kreuzungspunkt der West-Ost- und Nord-Süd-Heerwege hatte schon von jeher eine wichtige Rolle gespielt. Ließen sich hier doch gleich zwei Stränge des durch das sächsische Herzogtum ziehenden Fernhandels wirksam überwachen. Heinrichs Großvater Liudolf, Graf von Ostfalen, hatte, da er die neue Religion freiwillig annahm, von den Franken das Recht erwirkt, hier an der Engstelle des Gandetales einen Kontrollposten zu errichten.

Königin Mathilde, die mit ihren Kindern die notwendigen Reisen des königlichen Gefolges durch den Norden des Reiches mitgemacht hatte, musste nun bis zur Rückkehr des Heeres im Stift Gandersheim bleiben. Sie sollte dort ihr viertes Kind zur Welt bringen. Doch es war dem König nicht möglich, die Geburt abzuwarten. Die Staatsgeschäfte hatten – wie meistens – Vorrang.

Die Besichtigung des Heeres verlief zufriedenstellend. Am festgesetzten Tage formierten sich die westfälischen, engerschen, ostfälischen und nordalbingischen Truppen wieder einmal zum Abmarsch nach Süden. Der inzwischen 16-jährige Volkmar hatte sich im Gefolge des Königs durch seine Tüchtigkeit und Gewissenhaftigkeit eine geachtete Stellung erworben. Für einen militärischen Führungsposten war er noch zu jung, aber Heinrich behielt seinen jüngsten Leibwächter wohlwollend im Auge. Auch Bruno, Volkmars direkter Vorgesetzter, schien mit ihm zufrieden zu sein.

Der Kriegszug bewegte sich auf dem alten Handels- und Heerweg, der auf Speyer am Rhein zielte. Zunächst ging es ins Tal der Leine und in diesem flussaufwärts zur Pfalz Grona. Auf dem Weitermarsch nach Süden traf man auf den Werrafluss, der durch eine steinige Furt überquert wurde. Zwischen der ruhig dahinströmenden Fulda und dem Kaufunger Wald standen die thüringischen Truppen bereit, sich dem sächsischen Heereszug anzuschließen. Gemeinsam wurde der Fluss überschritten und auf der geräumigen Ebene bei der Pfalz Fritzlar wieder einmal eine Pause eingelegt. Nach weiteren Tagesmärschen nach Süden gelangte das sächsisch-thüringische Heer in die Wetterau. Bei Frankfurt am Main traf es mit dem Aufgebot der Franken zusammen. Kein Geringerer als Herzog Eberhard persönlich führte sie an.

Als das mächtige Heer bei seiner Südwanderung durch die Rheinische Tiefebene auf die Mündung des Neckar traf, wandte es sich nach Südosten in Richtung auf Augsburg und zog stromaufwärts an dem Fluss entlang. Bei Winterbach an der Rems wurde es von den Kriegergefolgschaften der Schwaben erwartet, die das gewaltige Heer weiter verstärkten. Herzog Burchard hielt es für angebracht, seine vor zwei Jahren dem König gelobte Treue durch seine eigene Teilnahme an dem Unternehmen gegen Bayern unter Beweis zu stellen, zumal ein Teil des schwäbischen Adels zwei Jahre zuvor noch den Bayernherzog unterstützt hatte. Heinrich wusste das zu würdigen, indem er Burchard einen ehrenvollen Platz in seinem Gefolge einräumte.

Die Armee zog nun im Remstal entlang gen Sonnenaufgang bis nach Aalen, einem ehemaligen römischen Reiterkastell, wie die gelehrten Mönche, die den Zug begleiteten, zu berichten wussten. Von dort ging es südwärts zwischen den steilen, bewaldeten Hängen der Albuch-Berge und der Hochfläche des Härtsfeldes hindurch bis zu dem alten Kloster Herbrechtingen an der Brenz. Bald konnte man auf die grüne Niederung des Donau-Riedes hinunterblicken und sah den breiten Strom in der Sonne glitzern.

Als man der Grenze des bayrischen Herzogtums näher kam, wurde Gefechtsbereitschaft befohlen. Die fächerförmig in Richtung Donau vorausgesandten, berittenen Spähtrupps konnten aber keine feindlichen Truppenansammlungen feststellen. Es gab nur leichte Geplänkel mit bayrischen Erkundungsgruppen. Ein von einer fränkischen Streife gefangen genommener bayrischer Krieger sagte vor König Heinrich aus, sein Herzog Arnulf befinde sich mit seiner Streitmacht auf dem Marsch zur Festung Regensburg, um dem gewaltigen Heer der Angreifer auszuweichen. Die Angaben des Gefangenen bestätigten sich. Die königlichen Truppen wandten sich daher nach

Nordosten, um Arnulf am Donaufluss entlang zu verfolgen.

Für die von Gandersheim abmarschierten Sachsen hatte der Mond inzwischen fast wieder dieselbe Form angenommen wie bei Beginn des Zuges, als endlich nach einem langen Marsch fast ohne Feindberührung die beeindruckenden Mauern und Wälle der Regensburg am Südufer der Donau gegenüber der Einmündung des Flusses Regen im mittäglichen Sonnenlicht vor ihnen auftauchten. Arnulf hatte sich offenbar in dieser mächtigen, schwer einnehmbaren Festung eingeigelt.

Nun konnte es nicht mehr lange dauern, bis es zu der entscheidenden Begegnung kam. Heinrich beschloss, die Burg seines Gegners zu belagern. Sein vereinigtes Heer ging unter allen Sicherheitsvorkehrungen bei der nächstgelegenen Furt über den Fluss. Es war zahlenmäßig stark genug, um Arnulf von seinem Hinterland abzuschneiden und lebens- und kriegswichtigen Nachschub zu unterbinden. Dafür musste sich das königliche Heer aus dem Lande versorgen. Für die bayrischen Dörfer der näheren und weiteren Umgebung bedeutete es eine schier unerträgliche Belastung, die riesige Zahl an Menschen und Pferden, die sich rund um die Burg niederließ, für längere Zeit zu verpflegen. Die Versorgungstrupps des königlichen Heeres mussten immer weitere Wege zurücklegen, um genügend Nahrung für die Soldaten und Futter für die Tiere herbeizuschaffen.

Für die nächsten Tage herrschte Ruhe an der Front rund um die Festungswälle. Heinrich hatte noch nicht vor, die Burg zu stürmen. Im Bewusstsein seiner militärischen Stärke wollte er zunächst abwarten, ob Arnulf sich vielleicht dazu entschließen würde, klein beizugeben. Denn solange es kein großes Blutvergießen gegeben hatte, war der Weg zu einer friedlichen Einigung noch nicht versperrt.

Die Krieger im riesigen Feldlager des Königs waren froh, sich nach dem langen, aufreibenden Marsch, der kein Ende hatte nehmen wollen, endlich wieder richtig ausruhen zu können. Der in Schichten eingeteilte, Tag und Nacht aufrechterhaltene Postendienst war eine Erholung im Vergleich zu dem ständigen Schwitzen und Staubschlucken auf den Heerwegen. Man war zwar oft durch liebliche Landschaften gezogen, hatte aber bei all den Anstrengungen für die Schönheit der Natur kein Auge gehabt. Nun wurde zwar allgemeine Einsatzbereitschaft beibehalten, jedoch bestand in den dienstfreien Zeiten sogar die Möglichkeit, außerhalb der Reichweite der bayrischen Katapultgeschosse und Pfeile im Strom zu baden.

Die Bayern, die sich doch mit einer beträchtlichen Truppenstärke in der Festung aufhalten mussten, wagten keinen Ausfall gegen die Belagerer. Jedenfalls wurde er ihnen wohl nicht befohlen. Im Lager der Verbündeten kam es während dieser ruhigen Tage zu vielen kleinen Begegnungen zwischen den Angehörigen der verschiedenen Stämme, wodurch das gegenseitige Verständnis gefördert wurde.

Im Hauptquartier, das in der Nähe des Donauufers aufgeschlagen worden war, hatte Heinrich die Führer der einzelnen Kontingente und seine Schreibkanzlei versammelt. Die Leibwache war natürlich immer in seiner Nähe. Bruno war streng darauf bedacht, den König immer sicher abzuschirmen und hatte einen straffen Wachdienst aufgezogen.

Der wissbegierige Volkmar nutzte die dienstfreien Stunden gern zu Gesprächen mit den geistlichen Herren der Kanzlei. Gern hörte er einem jungen Mönch zu, der ihm wieder von den Römern erzählte, über die Volkmar im Laufe der letzten paar Jahre schon so einiges erfahren hatte. Regensburg, sagte der Mönch, sei schon seit langer, langer Zeit eine Festung. Die Römer hätten sie gebaut zum Schutz ihrer Reichsgrenze, die entlang der Donau verlaufen sei. Eine starke militärische Einheit, eine Legion, sei hier stationiert gewesen. Der Name Regensburg stamme von dem lateinischen Namen *Castra Regina*. Das bedeute Lager gegenüber der Mündung des Flusses Regen, den die Römer *Reganus* nannten. Er habe das alles in lateinischen Büchern gelesen, die in seinem Kloster aufbewahrt würden.

Volkmar war beeindruckt von dem umfangreichen Wissen, dass man sich durch Lesen aneignen konnte. Er hätte auch gern diese Fähigkeit erworben. Aber wie sollte das wohl geschehen? Diese geheimnisvolle Kunst war den Klosterbrüdern vorbehalten. Na ja, die hatten ja auch Zeit dazu. Die brauchten sich ja nicht mit Waffenübungen abzugeben und Kriegsdienst zu tun! Für ihn selbst waren andere Dinge wichtiger. Er brauchte keine Zeichen auf Pergament zu malen oder geschriebene Zeichen zu deuten. Seine Befehle bekam er mündlich, und das genügte.

Am dritten Tag der Belagerung beobachtete Volkmar, wie eine Gruppe von drei sächsischen Reitern vom Königszelt aus auf das Stadttor zu galoppierte. In einiger Entfernung von der Burgmauer hielten sie an, und einer von ihnen band ein weißes Tuch an seine Lanze. So als Unterhändler gekennzeichnet ritten sie im Schritt auf das Tor zu. Nach kurzer Zeit kamen sie im Galopp zurück. Volkmar konnte von einem Kameraden, der im Zelt des Königs Dienst gehabt hatte, erfahren, dass Heinrich an Arnulf eine schriftliche Botschaft gesandt hatte, in der er dem Bayernherzog ein Gespräch unter vier Augen vorschlug. Nun waren alle gespannt, wie der Belagerte darauf reagieren würde.

Am Vormittag des vierten Belagerungstages war Volkmar gerade wieder in ein Gespräch mit dem freundlichen Mönch vertieft, als plötzlich Alarm gegeben wurde. Volkmar eilte zum Sammelplatz der Wache beim Königszelt. Von der Mauer der Festung ertönte wiederholt ein langgezogenes Hornsignal. Dann öffnete sich langsam das im Blickfeld liegende Tor, und drei Reiter erschienen auf der freien Fläche. Einer von ihnen schwenkte ein großes, an einer Lanze befestigtes, weißes Tuch. Das Tor wurde hinter ihnen wieder geschlossen. Im Schritt bewegten sich die drei auf den Belagerungsring zu und nahmen die Richtung auf das von weitem erkennbare, große, rotgefärbte, mit einem schwarzen Adler gekennzeichnete Leinenzelt des Königs. Eine Pfeilschussweite vor dem Zelt machten sie Halt, um die Aufforderung zum Näherkommen abzuwarten.

Heinrich und seine Truppenführer standen abwartend vor dem Zelt, neben dem ein Pulk von Meldereitern sich bereithielt, die Zügel ihrer gesattelten Pferde in den Händen. Der König wies Bruno an, die drei Bayern heranzuholen. Der Führer der Leibwache winkte daraufhin zwei seiner Leute zu sich. Die drei bestiegen ihre Pferde, trabten zu den Unterhändlern hinüber und ließen sich deren Waffen aushändigen. Dann forderte Bruno sie auf, ihm zum Zelt des Königs zu folgen.

Je zwei Leibwächter nahmen mit gezogenen Schwertern rechts und links vom König Aufstellung und beobachteten scharf jede Bewegung der Bayern. Auch Volkmar stand in der Nähe Heinrichs und konnte das folgende, kurze Gespräch mit verfolgen. Die Unterhändler waren – von Heinrichs Leibgardisten misstrauisch beäugt – fünf Schritte vor dem König stehen geblieben. Heinrich ergriff als Erster das Wort. „Was habt ihr mir zu sagen?", rief er. Derjenige, der die weiße Fahne an der Lanze getragen hatte, die er hatte abgeben müssen, war offenbar der Wortführer der Gruppe. „Unser Herzog Arnulf schickt uns. Er entbietet dir seinen Gruß und ist bereit, sich mit dir zu treffen. Ort und Zeit für das Gespräch mögest du bestimmen", sagte er mit fester Stimme.

Heinrichs Lippen kräuselten sich zu einem leichten Schmunzeln, als er den Titel Herzog hörte. Also nicht König! Das ließ ja schon auf einen friedlichen Ausgang der Angelegenheit hoffen. „Gut!", antwortete er. „Richte deinem Herzog aus", – dabei betonte er das Wort Herzog – „dass ich ihn bitte, sich morgen am Höchststand der Sonne hier in diesem Zelt einzufinden!"

Die drei Unterhändler verneigten sich stumm mit undurchdringlichen Mienen und gingen einige Schritte rückwärts. Heinrich wies Bruno an, ihnen die abgenommenen Waffen zurückzugeben. Darauf bestiegen die Bayern ihre Pferde und trabten erleichtert zur Festung zurück.

Am nächsten Tag zur angegebenen Zeit erschien der Bayernherzog in prächtiger Aufmachung, in stolzer Haltung und in Begleitung einer bis an die Zähne bewaffneten Leibwache von sieben bulligen Kriegern. Heinrich hatte sich einen Feldstuhl so in das Zelt stellen lassen, dass er durch den weit offenen Eingang auf die Festung Regensburg blicken konnte. Auf dem Stuhl sitzend sah er dem Trupp ruhig entgegen, der in einer Staubwolke herangaloppierte. Auch er wurde von seiner Garde eng abgeschirmt. Auf beiden Seiten des Zeltes waren in einem weiten Halbkreis sächsische Langbogenschützen aufgestellt.

Angesichts dieser bedrohlichen Vorsichtsmaßnahmen hielt Arnulf eine Pfeilschussweite vor dem Königszelt sein Streitross an, und sein Gefolge tat es ihm gleich. Der voll bewaffnete Herzog sprang vom Pferd und übergab die Zügel einem seiner Krieger. Da er zwar anmaßend, aber kein Feigling war, ging er allein und mit gemessenen Schritten auf Heinrich zu, den er im offenen Zelteingang sitzen sah. Man konnte ihm anmerken, dass er damit rechnete, Heinrich werde ihn zu einem Zweikampf herausfordern, um ein Gottesurteil herbeizuführen. Bei dem Sachsen, dem der Ruf großer Tapferkeit vorausging, wäre das durchaus möglich gewesen. Andererseits war aber auch Heinrichs politischer Weitblick sprichwörtlich; und das ließ den Bayern auf einen friedlichen Ausgang der Sache hoffen. Eine Hinterlist traute er dem Sachsen nach allem, was er über ihn gehört hatte, nicht zu. Er blieb draußen vor dem Eingang stehen, verbeugte sich förmlich, breitete die Arme aus und rief mit klingender Stimme ohne Anrede: „Hier bin ich! Ich bin zu Verhandlungen bereit!"

„Als Verhandlungspartner bist du mir willkommen", erwiderte Heinrich, ohne sich zu erheben. „Du bist dabei sogar mein Gast", fügte er mit ruhiger Stimme hinzu. Er gab einem seiner Leute einen Wink. Daraufhin wurde ein bereitgehaltener zweiter Feldstuhl gebracht und drei Schritte vom König entfernt aufgestellt. Heinrich forderte den Bayern durch ein Handzeichen auf, sich zu setzen. Zwischen beide wurde ein kleiner Klapptisch gestellt, ein Bediensteter brachte einen Krug mit verdünntem Wein und zwei Becher und schenkte ein.

Da Heinrich auf eine gütliche Einigung hoffte, verzichtete er darauf, Arnulf durch eine Entwaffnung zu demütigen. So durfte der Bayer seinen Dolch und das kostbar verzierte Schwertgehänge mit der Prunkwaffe, die er extra zu diesem Anlass mitgenommen hatte, bei sich behalten. Der Herzog saß steif auf dem angebotenen Stuhl. Seinen aufwendig bemalten Schild, den er am Ledergurt auf dem Rücken getragen hatte, stellte er auf den Boden und lehnte ihn gegen sein Knie. Die Leibwächter des Königs ließen den furchtlos wirkenden Mann nicht einen Moment aus den Augen.

Volkmar verfolgte mit großem Interesse das Gespräch, das sich nun, nachdem die beiden Fürsten mit großer Förmlichkeit einen Begrüßungsschluck genommen hatten, zögerlich entwickelte. Arnulf entspannte sich langsam, nachdem klar wurde, dass der Sachse tatsächlich friedlich verhandeln wollte. Dennoch wurde mit Worten hart gerungen. Heinrich warf dem Bayern vor, er habe vor einigen Jahren mit den Feinden des Reiches, den Ungarn, gemeinsame Sache gemacht und sich bei seinem Streit mit Kaiser Konrad sogar in deren Schutz begeben.

Arnulf erwiderte darauf, sein Pakt mit den Ungarn sei inzwischen überholt. Heute werde Bayern das Reich auch gegen die Magyaren verteidigen. Auf den bayrischen Adel und seine Truppen könne er sich verlassen. Er sei auch bereit, die Entscheidung von Fritzlar und damit Heinrich, den Sachsen, als König anzuerkennen, lege jedoch gleichzeitig Wert darauf, ein gewisses Maß an Selbständigkeit zu behalten. Heinrich möge bedenken, dass das große Herzogtum Bayern eine starke Macht darstelle, die bei außenpolitischen Handlungen des Reiches von großem Wert sei. Es habe schon aufgrund seiner langen, eigenständigen Geschichte eine Sonderstellung verdient.

Heinrich wollte sich vor einer endgültigen Entscheidung mit seinen Beratern besprechen. Und so einigte man sich für den Augenblick darauf, die Verhandlung am nächsten Tag zur gleichen Zeit fortzusetzen.

Mit der grundsätzlichen Anerkennung von Heinrichs Königtum war eigentlich schon das Eis gebrochen. Am folgenden Tage war deshalb der Empfang Arnulfs und seiner Leibwache weit freundlicher als beim ersten Mal. Mit handgreiflichen Auseinandersetzungen war nicht mehr zu rechnen. Deshalb durften alle Gäste ihre Waffen bei sich behalten. Arnulf wurde im Königszelt und seine Garde in einem Nachbarzelt gastlich empfangen und beköstigt.

Volkmars Dienst war wieder so eingeteilt, dass er sich in der Nähe des Königs aufzuhalten hatte. So konnte er mithören, wie das Gespräch zwischen Heinrich und Arnulf in fast freundschaftlicher Atmosphäre verlief. In der Sache jedoch gab es ein hartnäckiges Ringen um Selbständigkeit und Vorrechte. Da die Sprache des Bayern für den Sachsen oft schwer zu verstehen war, wurde ein schwäbischer Adliger aus dem Grenzgebiet zum bayrischen Herzogtum einige Male zur Übersetzung schwieriger Ausdrücke herangezogen. In ganz kniffligen Fragen halfen die geistlichen Begleiter beider Seiten aus, die die Angelegenheit in lateinischer Sprache untereinander beredeten und dann übersetzten. Arnulf musste von einigen überzogenen Ansprüchen Abstand nehmen. Doch war deutlich zu spüren, dass der König zu großen Zugeständnissen bereit war, um Bayern in eine außenpolitische Reichseinheit einzubinden. Zunächst aber ging es um das Verhältnis zur Kirche. Arnulf erhielt das Recht, innerhalb seines Herzogtums nach eigenem Gutdünken Bischöfe zu ernennen und Synoden einzuberufen. Damit er seine wirtschaftliche Machtstellung absichern konnte, bekam er außerdem die Erlaubnis, eigene Münzen zu prägen und Zölle zu erheben. Arnulfs Vorrechte gingen damit noch erheblich über das hinaus, was vor zwei Jahren dem Schwaben zugestanden worden war. Es kam Heinrich ja nicht darauf an, einen von einem Mittelpunkt aus gesteuerten Staat zu errichten, sondern die Führer der einzelnen Stämme des Reiches durch Gefolgschaftstreue in außenpolitischen Angelegenheiten an sich zu binden, um die Einheit des ostfränkischen Reiches und seine Verteidigung zu sichern. Er gedachte – sinnbildlich gesprochen – mit straffer Hand und losem Zügel zu regieren.

Nun bekam die königliche Kanzlei natürlich einiges zu tun. Etliche Gänsefedern wurden verschlissen, um die Abmachungen, die unter Zeugen getroffen worden waren, kunstvoll mit bunten Schnörkeln auf zahlreiche, vorbereitete Pergamentbögen zu malen. Nachdem die beiden

Fürsten feierlich ihre Siegelringe auf das heiße Wachs gedrückt hatten, wurden die geschlossenen Verträge mit einem kleinen Festessen im Zelt des Königs gefeiert. Arnulf lud Heinrich und die verbündeten Heerführer außerdem für den folgenden Tag zu einem Gegenbesuch in der Regensburg ein. Die Masse der verbündeten Truppen erhielt daraufhin von ihren Herzögen die Rückmarschbefehle in ihre Heimatländer.

Die zweite Begegnung

Heinrich und sein Gefolge wurden in der schwer befestigten Regensburg freundschaftlich aufgenommen. Herzog Arnulf und eine Anzahl festlich gekleideter Ehrenjungfrauen empfingen ihn würdevoll am weit geöffneten Stadttor. Feierlicher Hörnerklang begleitete den Einzug des Königs des Ostfränkischen Reiches. In der großen Empfangshalle des fürstlichen Regierungspalastes erwartete die Besucher eine reich gedeckte Tafel, an der bald ein munteres Gelage begann. Es kam Arnulf wohl darauf an, Pracht und Macht des Bayernstammes zu demonstrieren. Der König quittierte dies mit freundlich lobenden Bemerkungen. Fast der gesamte bayrische Adel war in der Halle versammelt. Allen war die Erleichterung über den geschlossenen Vertrag und die Bewahrung des Friedens anzumerken.

Volkmar und sein Vorgesetzter Bruno hatten Plätze in der Nähe der Wache des Herzogs. Mit den bayrischen Kriegern entspannen sich freundschaftliche Gespräche, die aufgrund der Verständigungsschwierigkeiten etwas holprig verliefen. Aber das reichlich zur Verfügung stehende bayrische Bier löste bald die Zungen. Volkmar machte seinen bajuwarischen Gesprächspartner auf einen mittelgroßen, fremd aussehenden Bediensteten aufmerksam, der mit anderen gemeinsam Fässer und Krüge in die Halle trug. Ihm fielen die struppigen, schwarzen Haare und vor allem die hohen Wangenknochen in dem gelblich braunen Gesicht auf. Auch konnte er feststellen, dass der seltsam aussehende Mann etwas hinkte. „Was ist das da für einer?", fragte er seinen Gesprächspartner, indem er auf den Fremden deutete.

Der Bayer sah ihn fragend an. Volkmar musste seine Frage langsam wiederholen, damit sie verstanden wurde. „Ein Magyare", antwortete der andere.

Volkmar stutzte. Die unvergesslichen Bilder der gefährlichen ungarischen Reiter in Sudburg erschienen wieder vor seinem inneren Auge. „Ein Feind des Reiches in der Burg deines Herzogs?", fragte er staunend.

„Er ist ein Überläufer", antwortete der Bayer, indem er sich den Bierschaum vom Mund wischte. „Er hat sich mit den Seinen überworfen. Ich weiß nicht, was genau geschehen ist. Jedenfalls wollte er hier bleiben und hat seine Dienste angeboten. Er macht sich bei Hofe nützlich und ist vor allem im Pferdestall eine gute Hilfe. Unser Herzog hält ihn hier in seiner Nähe, um ihn besser unter Kontrolle zu haben. Du weißt ja, dass er sich mit den Ungarn auskennt", ergänzte er mit einem Seitenblick auf König Heinrich.

Volkmar musste mehrmals nachfragen, um die lange Rede zu verstehen. Er wunderte sich noch immer. „Ich möchte gern mit ihm reden.", sagte er.

„Das lässt sich bestimmt machen.", war die bereitwillige Antwort.

Der Bayer gab Volkmars Wunsch an seinen Vorgesetzten weiter. Der winkte den Dunklen heran. „He, *Attila*", rief er durch das Stimmengewirr der Zecher, „dieser Sachse hier will mit dir reden!" Zu dritt zogen sie sich in eine ruhigere Ecke des Saales zurück.

Volkmar betrachtete den Hinkenden interessiert, dessen langer, wattierter Rock ungewöhnlich aussah. Der Fremde starrte ihn aus stechenden, schmalen Kohleaugen misstrauisch an. „Zu welchem Volk gehörst du?", fragte Volkmar.

„*Magyar*", war die kurze Antwort.

„So nennen sich die Ungarn", erläuterte der bayrische Wachleiter, der bei den beiden stehen blieb, um im Notfalle dolmetschen zu können. Offenbar verstand er etwas von der seltsamen, fremden Sprache.

Volkmar wollte nun wissen, wo die Magyaren ihre Heimat hätten.

„*Pannonia*", erklärte der Fremde, „vorher *Etelköz*."

„Was bedeutet das?", fragte Volkmar den Bayern.

„Das heißt Zweistromland. So nennen sie das Gebiet zwischen Donaumündung und Don", erklärte dieser.

„Donaumündung?", erkundigte sich Volkmar ahnungslos, weil er sich nicht vorstellen konnte, wo und wo hinein der Donaufluss münden konnte.

„Ins Schwarze Meer", war die Antwort.

Volkmar machte immer noch ein verständnisloses Gesicht.

„Und der Don soll ein Fluss sein, etwa so breit wie die Donau", setzte der Bayer nach. „Der *Attila* hat mir das alles erzählt."

„Warum seid ihr dort nicht geblieben?", fragte Volkmar den Ungarn mit Hilfe des bayrischen Kriegers.

„Nachbarn stark. Großfürst *Árpád* uns führen nach *Gyepüelve*, Bayern sagen *Pannonia*", radebrechte der Fremde.

„Sie haben das Land östlich der Alpen zwischen Donau und Sawe besetzt, das eigentlich der Herzog *Swatopluk* von Mähren für sich beanspruchte", erläuterte der Bayer.

Der Ungar nickte. „Dort groß Wasser, *Balaton*", sagte er.

„Von dort aus unternehmen sie ihre Raubzüge nach Westen", ergänzte der bayrische Wachleiter mit einem abschätzigen Seitenblick auf den Fremden.

„Wie könnt ihr euch solche weiten Heerzüge leisten?", wollte Volkmar von dem Ungarn wissen. Der Bayer erklärte diesem die Frage.

„*Magyar* Pferd viel wie Himmel Stern", erwiderte *Attila* mit einer weiten Armbewegung und blitzenden Augen. Dann jedoch senkte er den Kopf und schwieg.

„Ihr habt eine gute Pferdezucht?", fragte der Sachse.

„Gut Pferd und gut Hund. Sehr gut Hund für Herde. Hund viel Ehre", war die Antwort.

„Warum bist du hier?", fragte Volkmar misstrauisch.

Der Ungar blickte ihm voll ins Gesicht. „Fürst *Zoltán* beleidigen – böse, mich verwunden, nicht können zurück", antwortete er. Zu weiteren Erklärungen war er nicht zu bewegen.

Volkmar und der Bayer kehrten wieder an die Tafel zurück. Arnulfs Haushofmeister hatte schon einen missbilligenden Blick auf die Dreiergruppe geworfen und den Ungarn durch Zeichen aufgefordert, wieder an seine Arbeit zu gehen.

Nachträglich fiel es Volkmar auf, dass der Ungar den Hund besonders erwähnt hatte. Er sprach seinen bayrischen Dolmetscher darauf an: „Hat der Hund für die Ungarn eine besondere Bedeutung?"

„Das kann man wohl sagen", erwiderte der Bayer. „Er gilt sozusagen als heilig. Allerdings ist das mit unserer Heiligenverehrung nicht zu vergleichen. Ich war damals dabei, als unser Herzog den unseligen Freundschaftsvertrag mit den Magyaren schloss. Die haben zur Bekräftigung des Paktes doch tatsächlich einen Hund getötet und in zwei Hälften geteilt. Und über den beiden Hälften der Hundeleiche musste der Vertrag beschworen werden. ….. Daran kann man schon sehen, was für entsetzliche Barbaren das sind!"

Schlagartig fiel Volkmar die Szene wieder ein, wie der ungarische Reiter damals in Sudburg seine Kappe vor dem erschossenen Hund gezogen hatte. Das also steckte dahinter! Ein Hund war für die Ungarn kein Tier wie alle anderen! Hatte er für die Steppenreiter etwa eine noch größere Bedeutung als ein Pferd? Die seinerzeit erlebten Tage voller Angst und Sorge wurden in ihm wieder lebendig. Volkmar wurde nachdenklich. Er hatte das Gefühl, dem ungarischen Pferdepfleger nicht trauen zu können. Warum behielt der Bayernherzog so einen Mann bei Hofe? Vielleicht um für Verhandlungen mit den größten Feinden des Reiches einen Dolmetscher zur Verfügung zu haben? Hatte er sich in den vergangenen Jahren nicht zu sehr mit diesen wilden Gesellen eingelassen, ihnen sogar mehrmals für ihre Beutezüge freien, ungehinderten Durchzug durch sein Herzogtum gewährt? Es war nur zu hoffen, dass er seinen Vertrag mit dem König im Ernstfalle auch einhielt!

Heimkehr

Nach Abschluss der Feierlichkeiten in der Regensburg zog König Heinrich mit dem bei ihm gebliebenen Gefolge zurück nach Norden. Volkmar und seine vierbeinigen Freunde freuten sich, nach den langen Tagen der Ruhe nun wieder in Bewegung zu sein. Der treue Hasso sprang meistens hechelnd dem unzertrennlich gewordenen Pferdepaar vorweg. Nun, da die Truppe nicht mehr so riesig war, brauchte er nicht mehr zu befürchten, sich zwischen den unzähligen Pferdebeinen, Wagenrädern und marschierenden Kriegern zu verirren, und er konnte sich bei interessanten Gerüchen kleinere Ausflüge leisten.

Irgendwann war die sächsische Heimat wieder erreicht, wo die Leute in der vertrauten Sprache redeten. Die heimatlichen Harzberge kamen in Sicht, und die Truppe näherte sich Gandersheim, dem Ausgangspunkt des Feldzuges.

Natürlich war die Heimkehr des Königs durch Boten angekündigt worden, und man war auch über den unblutigen Ausgang des Unternehmens unterrichtet. Heinrich hoffte, am Abend wieder bei seiner Familie zu sein. Da kam aus Richtung Gandersheim ein Bote angaloppiert, der eine Mitteilung für den König persönlich brachte und diesem mit geheimnisvollem Lächeln überreichte. Heinrich winkte einen Mönch seiner Begleitung heran, der ihm die kurze schriftliche Botschaft übersetzte. Kaum hatte er die Mitteilung vernommen, da warf er die Arme hoch und stieß einen Freudenschrei aus. „Ich habe wieder einen Sohn!", rief er. „Er soll Heinrich heißen!"

Die Äbtissin des Stiftes stand im Kreise ihrer Kanonissen vor dem weit geöffneten Burgtor, als Hornsignale das Eintreffen der Truppe meldeten. Sie ließ jedoch der Königin Mathilde den Vortritt, die mit ihren fünf Kindern – ihrem Stiefsohn Thankmar und vier eigenen – ihrem Gemahl entgegenschritt. Die Begrüßung in der Öffentlichkeit vollzog sich in aller Form. Heinrich schwang sein rechtes Bein über die Kruppe des tänzelnden Apfelschimmels, sprang sporenklirrend zu Boden und umarmte Mathilde samt dem kleinen Heinrich, den sie auf dem Arm trug. Sein gut abgerichtetes Pferd blieb sofort stehen, ohne dass der Leibwächter, der an der rechten Seite des Königs geritten war und vorsorglich die Zügel des prächtig aufgezäumten Tieres ergriffen hatte, es festhalten musste.

Die beiden älteren Königssöhne wollten natürlich gleich hören, wie die Belagerung der Regensburg verlaufen war, wurden aber auf später vertröstet. Heinrich begrüßte die beiden Jungen würdevoll wie kleine Krieger, indem er ihnen die rechte Hand drückte und seine Linke kräftig auf ihre Schulter schlug. Man konnte den beiden Knaben anmerken, wie stolz sie auf diese Begrüßung waren. Er strich den beiden Mädchen liebevoll über die Köpfe und fuhr dem Säugling, der seinen Namen tragen sollte, zart mit dem Zeigefinger über das Näschen.

Nach Erledigung einiger Amtsgeschäfte in Gandersheim zog Heinrich mit seinem üblichen Gefolge weiter in Richtung Werla, wo er sich längere Zeit aufzuhalten gedachte. Seine Familie nahm er mit. Der Weg führte wieder über Langelsheim, Goselager, wo der König sich von dem Fortgang der Befestigungsarbeiten überzeugte, dann über Sudburg nach Skladheim. Da das Überschwemmungsgebiet der Oker in dieser Sommerzeit trocken lag, zog die Kolonne nicht über den langgezogenen Schieferberg, sondern nahm vom Gut Skladheim aus den kürzeren Weg am Fluss entlang durch die Niederung.

Die hohen, weiß gekalkten Mauern der Burg wurden von der Abendsonne angestrahlt. Die ganze, auf dem Hügel thronende Anlage machte einen erhabenen Eindruck. Von dem Abhang zur Niederung und bis weit in das Vorgelände hinein war alles Gebüsch entfernt worden, um von der Mauer aus freies Schussfeld zu haben. Von Nordwesten wehte eine laue, gleichmäßige Brise, die das lange Schilf am Okerufer bog, so dass die breiten Halme die Sonne spiegelten.

Als der königliche Trupp sich dem auf die Höhe führenden Hohlweg näherte, suchte Volkmar angestrengt die Mauerkrone ab, wo sich zwischen den Schießscharten viele Menschen zeigten. Er hoffte, seinen Vater und Gertrude dort zu erkennen. Er wusste ja, dass seine junge

Frau ihre Arbeit als Weberin in der Pfalz wieder aufgenommen hatte. Seinen Vater konnte er nirgends entdecken. Wahrscheinlich stand er unten am Tor, um gemeinsam mit dem Pfalzgrafen den König zu begrüßen. Aber kurz bevor die Reiter und Transportwagen in den Hohlweg einbogen, sah er Gertrude von oben mit einem bunten Tuch winken. Und sie trug den kleinen Albrecht auf dem Arm!

Nach den Begrüßungsförmlichkeiten begab sich die ganze Truppe in die große Halle, um sich nach der Reise bei einem kräftigen Mahl zu stärken. Volkmar jedoch erhielt von seinem Vorgesetzten Bruno für die nächsten drei Tage Dienstbefreiung, um sich um seine Angehörigen zu kümmern. Die Wiedersehensfreude war natürlich groß. Volkmar musste sich immer wieder klar machen, dass das einjährige Jüngelchen, das sich da auf wackligen Beinchen am Knie seiner Mutter festhielt, sein eigener Sohn war! Er hatte ihn zuletzt als Säugling gesehen, und es wäre ihm unmöglich gewesen, sein Kind wiederzuerkennen, hätte Gertrude es nicht bei sich gehabt. Der Kleine schien zuerst Angst vor dem fremden Mann zu haben, machte große Augen und drückte sich eng an seine Mutter. Es dauerte eine ganze Weile, bis er Vertrauen zu seinem Vater fasste. Als dieser jedoch anfing, die mit Kleinkindern üblichen Späße zu machen, ihn zum Beispiel in die Luft warf und wieder auffing, war das Eis bald gebrochen. Vor allem war seine Mutter ja immer dabei!

Es dauert nicht lange, bis Gerold hinzukam, der seinen erst sechzehnjährigen, aber schon erwachsen wirkenden Sohn herzlich begrüßte. Abends wollten sie gemeinsam

Gertrudes Eltern besuchen, deren neues Haus im Burgdorf inzwischen fertiggestellt war. Auch in der Pfalz waren die Befestigungsarbeiten im Wesentlichen abgeschlossen. Nur an der Ummauerung der Vorburg wurde noch gearbeitet. Auf dem gesamten Gelände herrschte jedoch ein lebhaftes handwerkliches Treiben. In den vielen Holz- und Fachwerkhütten wurden Stein, Metall, Holz, Leder und Textilien verarbeitet. Von allen Seiten drangen die Geräusche vom Hämmern, Klopfen und Sägen an das Ohr. Auch die verschiedensten Gerüche von den unterschiedlichen Materialien mischten sich miteinander. Die meisten Handwerkerhütten standen in der Vorburg, wo nur in der Nähe des Eselsstieges ein Platz zum Satteln der Pferde und Abstellen von Reisewagen freiblieb. Gertrude zeigte ihm stolz ihr Grubenhaus mit der Webwerkstatt und die fertigen, sauber aufgerollten Leinenstoffe, die sie auf einem dafür gefertigten Gestell aufgeschichtet hatte.

Am Abend wanderten sie zusammen von der Pfalz zum Burgdorf. Gerold schritt neben seinem Sohn her, der die geduldige Hasel am Halfter führte. Auf der Stute saß Gertrude mit dem kleinen Albrecht. Der gesattelte Blitz und Hasso liefen frei neben der Gruppe her. Niemand brauchte zu befürchten, dass sie wegliefen. Der Hengst erlaubte sich nur ab und zu, kurz stehenzubleiben, um einige Grasbüschel am Wegesrand zu rupfen und schloss dann sofort wieder auf. In Volkmars Vaterhaus wartete Walburga mit der kleinen Uta. Die beiden jungen Mütter verstanden sich noch immer so gut wie am Anfang. Gertrudes Eltern waren inzwischen in ihr neues Haus eingezogen, das die Dorfgemeinschaft für sie gebaut hatte. Nach Volkmars Urteil hatten die Leute solide Arbeit geleistet. Das dicke Schilfdach sah noch hell aus, noch nicht von Wind und Wetter gedunkelt. Auch das Eulenloch am Giebel hatte man nicht vergessen. Volkmar wurde von Harald und Astrid genauso herzlich begrüßt wie von seinem Vater.

Harald machte den Vorschlag, noch bei einem Krug Met in seinem neuen Hause zusammenzusitzen. Und so geschah es. Volkmar musste natürlich viel erzählen: vom Marsch nach Bayern, den Landschaften, durch die das Heer marschiert war, vom Wesen und der Mundart der Bayern. Alle mussten lachen, wenn Volkmar einige Ausdrücke zum Besten gab, die er dort aufgeschnappt hatte. Und alle waren froh darüber, dass es keine ernsthaften Kämpfe gegeben hatte. Die beiden Kinder schliefen währenddessen selig in ihren Bettkörben.

Die Wiedersehensfreude wurde etwas getrübt, als Volkmar berichtete, dass der König beabsichtigte, im Herbst mit großem Gefolge nach Bonna am Rheinstrom zu ziehen, weil er sich dort mit Karl, dem König des Westfränkischen Reiches, verabredet hatte. Die beiden Herrscher wollten dort einen Friedens- und Freundschaftspakt besiegeln. Natürlich würde die Leibwache vollzählig dabei sein; daran bestand kein Zweifel. Alle wussten, dass zwischen den beiden fränkischen Reichen noch Kriegszustand herrschte, der nur durch einen Waffenstillstand unterbrochen war. Also würde Gertrude wieder für längere Zeit auf ihren Volkmar verzichten müssen.

Auch unserem jungen Leibgardisten fiel es schwer, seine Familie wieder zu verlassen. Es war Spätsommer, und der Herbst kam viel zu schnell. Am Abend vor dem Abmarsch ging Volkmar mit Frau und Söhnchen noch einmal durch das Tor des Eselsstieges den Geländeeinschnitt hinunter zum Fluss. Den kleinen Albrecht hatte er sich auf den Nacken gesetzt. Er strampelte und krähte lustig, als sie zwischen den vielen Pferden, Rindern, Schafen und Ziegen hindurchgingen, die das üppige Gras in der Okerniederung abfraßen. Die Hirten, die – auf ihre langen Hütestöcke gestützt – die junge Familie ankommen sahen, grüßten freundlich. Der Kleine war ganz begeistert, als er das glucksende Wasser sah, wie es eilig am Ufer vorbeiströmte. So etwas bekam er nicht oft zu sehen. Oben in der Pfalz wurde mit dem Wasser sorgfältig umgegangen, denn es musste immer mühsam vom Fluss heraufgeholt werden. Meistens benutzte man dazu Maultiere und Esel, denen die schweren Wasserschläuche an die Geschirre gebunden wurden. Es wäre nützlich gewesen, oben in der Burg einen Brunnen zu graben, aber so weit war man noch nicht.

Volkmar blickte hinüber zur vertrauten Kulisse des Harzgebirges mit dem gewaltigen Brockenmassiv. Am Himmel zogen von Südwesten her dunkelblaue, oben weiß umrandete Wolkenberge heran. Es wirkte, als würden sich die Harzberge am Himmel fortsetzen. Es dauerte nicht lange, da wurde der Anblick des Brockens durch einen fernen Regenschleier verhängt. Das junge Ehepaar betrachtete das ferne Schauspiel nachdenklich. War die Verhüllung des Berges ein gutes oder ein schlechtes Vorzeichen?

Nochmals zum Rhein

Nachdem durch die Abkommen mit den Herzögen von Schwaben und Bayern der Zusammenhalt Ostfrankens gesichert war, wollte Heinrich dafür sorgen, dass er im Westen den Rücken frei hatte, um mit zusammengefassten Kräften gegen die aus Südosten immer wieder vorstoßenden, raubenden und mordenden Reiterscharen der Ungarn bestehen zu können. Diese waren aber militärisch gut organisiert und schwer zu besiegen. Für den König bedeutete es deshalb einen großen Erfolg, Herzog Arnulf von Bayern nun endgültig auf seine Seite gebracht zu haben.

Außerdem hatte König Heinrich aber auch als Fernziel im Kopf, nach der Absicherung des Reiches gegen die Ungarn das lothringische Gebiet im Westen, das seinen Vorgängern verloren gegangen war, wieder dem Ostfrankenreich anzugliedern. Doch zunächst war es wichtig, mit Karl von Westfranken – „dem Einfältigen", wie er genannt wurde – erst einmal Frieden zu schließen. Dafür war Heinrich sogar bereit (vorübergehend, wie er sich insgeheim vornahm), auch noch auf den Westteil des nördlichen Lothringen zu verzichten, der nach all dem Hin und Her der Vergangenheit schließlich zum ostfränkischen Reichsgebiet gehört hatte.

Das alles hatte Volkmar aus Gesprächen zwischen den älteren Mitgliedern der Leibwache herausgehört.

Nun war es also wieder einmal soweit! In der Vorburg standen die beladenen Reisewagen und die gesattelten Reit- und Packpferde abmarschbereit. Diesmal ging es nicht auf einen Kriegszug. Deshalb war die Zahl der begleitenden Krieger verhältnismäßig gering. Die königliche Leibgarde musste natürlich vollzählig sein. Aber ansonsten sollte Heinrichs Gefolge hauptsächlich aus Reichsfürsten und hohen kirchlichen Würdenträgern bestehen, die sich im Laufe des Marsches zum Rhein dem immer länger werdenden Zuge anschlossen. Das Ganze war zeitlich genau geplant. Wieder einmal waren schon seit Monaten viele Königsboten unterwegs gewesen. Die eingeladenen Herren rechneten es sich als Ehre an, bei dem bevorstehenden Staatsakt dabei sein zu dürfen. Heinrich wollte mit einem großen, prächtigen, beeindruckenden Gefolge in Bonna ankommen. Und er wusste, dass Karl es genauso machen würde.

Die diesmal friedliche Reise ging wieder über Sudburg, Goselager und Langelsheim nach Gandersheim, wo die Königin mit den beiden Mädchen und dem kleinen Heinrich zurückblieb. Der König legte jedoch Wert darauf, dass seine beiden älteren Söhne ihn begleiteten. Über *Nova Corbeia* an der Weser zog die Kolonne dann nach Paderborn, wo der dortige Bischof Hunward sich dem Zug anschloss. Danach zog man zunächst am Lippefluss entlang und wandte sich später nach Südwesten, um Essen zu erreichen. Unterwegs stießen noch weitere Bischöfe zu der Reisegesellschaft, unter anderen Dodo von Osnabrück und Nithard von Münster mit ihrem Gefolge. Bald führte der Weg am Rhein entlang über Kaiserswerth nach Colonia. Von dort war es nur noch eine Tagesreise bis Bonna. Dort ließ der König für sein inzwischen stattlich angewachsenes Gefolge, zu dem außer den geistlichen Würdenträgern auch elf Grafen gehörten, ein großes Lager aufschlagen.

An dem schon vorher geplanten Lagerplatz wurde König Heinrich bereits erwartet von den Bischöfen Nothing von Konstanz und Richowo von Worms sowie dem Erzbischof Heriger von Mainz.

Man schrieb den vierten Tag des Monats September. Der verabredete Zeitplan war eingehalten worden. Volkmar konnte beobachten, dass jenseits des Flusses ebenfalls ein sehr großes Lager entstand. Offenbar war auch König Karl rechtzeitig eingetroffen. Es wurde erzählt, dass die beiden Könige sich an einem neutralen Ort treffen wollten. Es wurde auch schnell ersichtlich, welcher Ort das sein würde: Genau in der Mitte des Stromes, der hier die Grenze zwischen den beiden Herrschaftsgebieten bildete, war nämlich ein großes Schiff verankert, das wohl hundert Personen Platz bot. Es war festlich geschmückt und bot mit seinen bunten Sonnensegeln und Regenplanen ein hübsches Bild. An beiden Ufern lag jeweils eine kleine Flotte von Ruderbooten bereit, um den Personenverkehr zwischen Land und Schiff zu besorgen. Einen besseren Verhandlungsort hätte Karl nicht aussuchen können, denn Flüsse galten stets als neutrales Gebiet.

Zum vereinbarten Zeitpunkt, nämlich drei Tage nach ihrer Ankunft, wurde es zwischen dem Schiff und den beiden Rheinufern lebendig. Die Boote brachten im Pendelverkehr die große Zahl der hohen Herren zu dem Verhandlungsschiff hinüber. Das jeweilige Gefolge hatte an Land zu bleiben. Es sollte nicht wieder zu gefährlichen Handgreiflichkeiten kommen wie im Vorjahr! König Heinrich nahm aber seine beiden Söhne und vier Leibwächter mit, darunter auch Bruno und Volkmar. Schließlich befand man sich mit König Karl noch im Kriegszustand; und so sollten die Förmlichkeiten dieser Tatsache angemessen sein. Dass es zu feindlichen Tätlichkeiten kam, war jedoch nicht zu befürchten. Man nannte Karl zwar den Einfältigen, aber diese Bezeichnung war sozusagen ein Ehrentitel, denn damit war nur gemeint, dass er ein geradliniger Mensch war, von dem man kein doppeltes Spiel zu gewärtigen hatte. Irgendeine Heimtücke brauchte niemand von diesem westfränkischen König zu befürchten.

Volkmar klopfte vor Aufregung das Herz bis zum Halse, als sein Boot an dem großen Flussschiff anlegte und die westfränkischen Schiffsleute Strickleitern herunterließen. Zuerst stiegen zwei von Heinrichs Leibgardisten an Bord, die dann dem König halfen, die hell gescheuerten Planken zu besteigen. Es folgten die beiden Königssöhne, dann Bruno und Volkmar. Der ebenfalls von einer kleinen Leibwache umgebene König Karl befand sich bereits an Bord. Als Heinrich das Schiff betrat, schmetterte ihm zu Ehren ein helles Fanfarensignal. Man konnte mit Genugtuung feststellen, dass Karl sich streng an die Form hielt, die unter herrschenden Häuptern üblich war. Das äußerte sich auch bei der persönlichen Begrüßung mit formeller Umarmung und Kuss, sowie in der Überreichung von Geschenken. Daran hatte auch Heinrich gedacht, wie Volkmar verwundert feststellte. Es bestand doch noch kein Friede zwischen den beiden Ländern, sondern nur ein Waffenstillstand, der in wenigen Tagen ablaufen würde! Jedenfalls waren das alles Zeichen einer großen Friedensbereitschaft auf beiden Seiten!

In der Mitte des Decks war unter einem bunt gewebten, mit Troddeln benähten Sonnensegel ein großer Tisch und zwei prächtige, mit Schnitzereien versehene Thronsessel aufgestellt. Die beiden Könige nahmen einander gegenüber würdevoll Platz, und die jeweiligen Leibwächter sowie die geistlichen Herren der beiderseitigen Kanzleien bauten sich hinter ihnen auf. Nach und nach kletterten die übrigen hohen Herren beider Seiten an Bord, die einander respektvoll, jedoch zurückhaltend begrüßten, um sich dann hinter ihrem jeweiligen König zu versammeln.

Ein Ausrufer verkündete den Beginn der Verhandlungen. Augenblicklich verstummten die Gespräche, und es wurde still auf dem Schiff. Alle lauschten gespannt auf die Stimmen der beiden Herrscher. Nach einleitenden Höflichkeitsfloskeln kam man bald zur Sache. Es gab kein langes Feilschen. Es kam so, wie innerhalb von Heinrichs Leibwache schon gemunkelt worden war: Es kam dem Sachsen darauf an, nach diesem Treffen einen zufriedenen Westfranken zurückzulassen, der nicht auf den Gedanken kommen würde, ihm in den Rücken zu fallen, wenn es gegen die Ungarn ging. Und so wurde König Karl Herr über das gesamte Lothringen einschließlich der wichtigen Bistümer Colonia und Trier, deren Erzbischöfe sich ebenfalls an Bord befanden. Hermann von Colonia stellte, um die Heiligkeit der Abmachungen zu betonen, ein kostbares, goldenes Reliquiengefäß auf den Tisch. Volkmar konnte mithören, wie der Westfranke seinem Schreiber den Wortlaut des Friedensvertrages diktierte, langsam Wort für Wort, damit alles sorgfältig und sauber mit haltbarer Schwarzdorntinte auf das auf dem Tisch befestigte, geglättete Pergament gemalt werden konnte:

„Ich, KARL, durch Gottes Gnade König der Westfranken, werde in Zukunft diesem meinem Freund, dem östlichen König Heinrich, ein Freund sein, so wie es ein Freund von Rechts wegen dem Freunde sein muss, nach meinem Wissen und Vermögen, jedoch unter der Bedingung, dass auch er mir denselben Eid schwört und das Versprochene hält. So wahr mir Gott helfe und diese heiligen Reliquien."

Einer von Karls Mönchen übersetzte den Text während des Diktats in die für solche wichtigen Anlässe übliche lateinische Sprache und schrieb ihn entsprechend nieder. Die Überschrift lautete: *„Unanimitatis pactum ac societatis amicitia"*, wie ein geistlicher Herr aus Heinrichs Kanzlei es von der Kopfseite der Urkunde aus mühsam entzifferte und halblaut vorlas. Als Volkmar ihn fragte, was das bedeute, übersetzte er es ihm sinngemäß: „Vertrag der Einmütigkeit und der gemeinsamen Freundschaft."

König Heinrich schwor daraufhin denselben Eid, und die Großen im Gefolge der beiden Könige beschworen ebenfalls das geschlossene Bündnis. Damit war der Vertrag in Kraft, was der Ausrufer nach einem Fanfarensignal lauthals verkündete. Sofort brach großer Jubel aus, und die Männer beider Parteien umarmten einander. Karl, der die äußeren Voraussetzungen für das Zweikönigstreffen geschaffen hatte, lud die ganze Gesellschaft an Deck des Schiffes zu einem kleinen Gelage ein. Flink wie die Wiesel holten die Schiffsleute eine große Anzahl von Klapptischen und –stühlen aus dem Laderaum und stellten sie, da das Wetter günstig war, über das ganze Deck verteilt auf. Fässer mit Met, Bier und Wein wurden heraufgebracht und das Bündnis mit einem feierlichen Umtrunk gewürdigt.

Beide Seiten waren mit dem Ergebnis der Verhandlungen zufrieden, wenn auch aus verschiedenen Gründen. Als gegen Abend die Feierlichkeiten abgebrochen wurden und die hohen Herren an ihre jeweiligen Ufer zurückgebracht wurden, befand sich in König Heinrichs Boot außer seinen Söhnen und Leibwächtern auch der Erzbischof Heriger von Mainz. Volkmar konnte mithören, wie er zu Heinrich sagte: „Der Vertrag ist für dich ein voller Erfolg, mein König. Von nun an kann niemand mehr bezweifeln, dass Karl dich vor aller Welt als gleichberechtigten Herrscher anerkannt hat. Und er wird es in Zukunft nicht mehr wagen, Anspruch auf Teile deines Ostfränkischen Reiches zu erheben, wie es in der Vergangenheit geschehen ist, weil er sich etwas auf seine Abstammung von Karl dem Großen einbildete." Heinrich nickte versonnen und schmunzelte. Man konnte vermuten, dass das eben unterzeichnete Abkommen mit Westfranken für ihn noch nicht der Weisheit letzter Schluss war und die strittigen Herrschaftsansprüche auf Lothringen vielleicht bewusst nicht in aller Tiefe behandelt worden waren.

Käste

Inzwischen war der Sommer einem farbensprühenden Herbst gewichen. Heinrich war mit seinem engeren Gefolge nach Sachsen zurückgezogen. Auch in diesem Jahr wollte er nicht auf eine größere Jagd verzichten, da Verfolgen und Erlegen des Wildes die kriegerischen Tugenden stärkte, und solche Unternehmungen bestens geeignet waren, den Zusammenhalt der sächsischen Adelsschicht zu festigen. Der König wählte die Männer, die er zu einer Jagdveranstaltung einlud, sorgfältig unter seinen Gefolgsleuten aus. Es sollte möglichst jeder aus der Führungsriege der Sachsen und Thüringer mindestens einmal in den Genuss einer solchen ehrenvollen Einladung kommen. Für Heinrich war das jedes Mal eine gute Gelegenheit, die Stärken und Schwächen seiner Grafen und Militärbefehlshaber aus eigener Anschauung kennen zu lernen. Auch mancher kirchliche Würdenträger war nicht abgeneigt, sich an einem Jagdausflug zu beteiligen und konnte auch mit einer solchen Einladung rechnen.

Überhaupt hatte der König begonnen, sich der Kirche wieder anzunähern. Sie bedeutete nun einmal die wichtigste einigende Kraft für das gesamte Reich. Und dass Einigkeit stark macht, war eine alte Weisheit. Stärke brauchte das Ostfränkische Reich bei seinen immer wieder aufflammenden Kämpfen gegen äußere Feinde an allen Grenzen, vor allem gegen den Erzfeind im Südosten. Allzu oft erscholl der flehende Ruf von den Kanzeln der Klöster und Kirchen: „*De sagittis Ungarorum libera nos, Domine!*" (Befreie uns von den Pfeilen der Ungarn, o Herr!).

Heinrich hatte diesmal wieder die Harzberge für die Jagd ausgesucht. Die Einladungen dazu waren den auserwählten Herren auf dem Rückmarsch von Bonna zugestellt worden. Absagen gab es höchst selten. Dafür waren die Gelegenheiten, sich beim König ins rechte Licht zu setzen, zu begehrt! Natürlich brauchten die Eingeladenen ausreichend Zeit für ihre Vorbereitungen zum Jagdzug und für ihre Anreise. Am Tage nach Neumond im Oktober sollte sich die Gesellschaft im Goselager zusammenfinden.

Und so geschah es. Der König benutzte den Aufenthalt im Goselager zur Überprüfung der Befestigungsarbeiten. Sibert, der Graf des Densigaues, war ebenfalls eingetroffen, weil er an der Jagd teilnehmen sollte. Heinrich erinnerte ihn noch einmal eindringlich daran, im kommenden Jahr das Bandenunwesen im Oberharz zu bekämpfen.

Am festgesetzten Tage war es dann so weit. Fast alle Eingeladenen waren zur Stelle. Der Graf des Ambergaues hatte sich entschuldigen lassen, weil er sich beim Sturz seines Pferdes ein Bein gebrochen hatte.

An einem schönen, klaren Herbstmorgen, noch vor Sonnenaufgang, trabte der stattliche Reiterzug der adligen Jäger und Jagdgehilfen aus dem Burgtor in südöstlicher Richtung nach Sudburg, um von dort in das Okertal einzudringen. Munterer Hörnerklang und das unternehmungslustige Gebell der Meute von starken Jagdhunden begleiteten den Auszug der Gesellschaft aus dem Goselager.

Volkmar hatte, da er diesmal zu den Jägern gehören durfte, sein gestepptes Wams und das Kettenhemd gegen einen einfachen, ledernen Jagdrock vertauscht und trug außer einer Jagdlanze nur sein Messer, dessen Lederscheide praktisch zu seinem Gürtel gehörte. Den in ein Leinenfutteral verpackten Bogen hatte er sich auf den Rücken gehängt, und der gefüllte Pfeilköcher mit Regenschutz baumelte am Sattel. Seine Stute hatte er in dem großen Pferdestall des Goselagers zurückgelassen, ebenso seinen treuen Hasso, dem er eingeschärft hatte, bei Hasel zu bleiben, bis er zurückkäme. Der kluge Hund begriff das, wenn es ihm auch offensichtlich nicht gefiel. Sein Herr hatte das an der geduckten Haltung und den angelegten Ohren seines vierbeinigen Freundes gesehen. Hasso hatte sich dann aber gehorsam neben der Futterkrippe der Stute hingesetzt, wo ihn Hasel – wie es schien – mitfühlend beschnupperte. Volkmar war sicher, ihn nach Beendigung des Jagdausfluges wieder vorzufinden, denn Pferd und Hund hatten feste Freundschaft geschlossen. Die Stallknechte würden beide gut versorgen. Außerdem hatte sich Prinz Thankmar, der für die Zeit des Jagdausflugs mit Stiefmutter und Halbgeschwistern im Goselager bleiben musste, mit dem schwarzen Hund angefreundet und brachte ihm ab und zu Leckerbissen in den Stall. Für Hasso wäre die Jagd auch zu gefährlich gewesen, da er sich mit Wildschweinen nicht auskannte. Außerdem war als sicher anzunehmen, dass es mit der ruppigen Meute der Sauhunde zu einer blutigen Beißerei gekommen wäre.

Der junge Jäger durfte mit Brunos Genehmigung vorweggaloppieren und Onkel und Tante kurz begrüßen. Er fand beide gesund und munter vor. Die Überraschung gelang. Aber für ein längeres Gespräch war leider keine Zeit, weil der Gardist den Anschluss an den Jagdzug nicht verpassen durfte. Immerhin teilte er seinen Verwandten voller Stolz mit, dass der König ihm erlaubt hatte, diesmal an der Jagd teilnehmen. Es sollte hauptsächlich den Schwarzkitteln, den berühmten, kräftigen Wildschweinen des Kästegebietes, an die Schwarte gehen!

Die Wildschweinjagd war eine ganz besondere. Die Bassen, ausgewachsene, starke Eber, konnten den Jägern, und vor allem den Hunden, sehr gefährlich werden. Es war meist nicht möglich, sie vom Pferd aus zu erlegen, da sie sich bei Gefahr gern in Sumpf und Gestrüpp zurückzogen. Man musste sie zu Fuß angehen, um sie mit der Saufeder, einer starken Lanze mit scharf geschliffener, eine breite Klinge bildender Spitze, zu erstechen. Dabei galt es, sich vor dem wuchtigen Gewaff, den seitlich aus der Schnauze ragenden Hauern, in Acht zu nehmen.

Die Jagdgesellschaft ritt bei schönem, sonnigem Herbstwetter am Okerfluss entlang in das Tal hinein und nahm nach einiger Zeit einen nicht zu steilen, für die Pferde gangbaren Weg, der nach links in die Klippen des Kästegebiets hinaufführte. Bald befand man sich hoch über dem tief eingeschnittenen Okertal. Manchmal erschien zwischen aufragenden Granitfelsen die gegenüberliegende Flanke des Tales im Schmuck des gelben und rotbraunen Herbstlaubes. Tief unten glitzerte das silberne Band des Flusses. Der Aufstieg hatte die Pferde in Schweiß gebracht. Als die Gesellschaft eine ziemlich ebene Bergwiese erreichte, gönnte man den Tieren eine Verschnaufpause, die sie gleich zum Fressen benutzten. Auch Wasser für Mensch und Tier war vorhanden, denn zwischen Felsbrocken hindurch schlängelte sich ein kristallklares Bächlein auf das Tal zu, um sich nach einiger Zeit über eine Steinkante in die Tiefe zu stürzen. Das Rauschen des Wasserfalles war bis zu dem Lagerplatz der Jäger zu hören.

Der König ließ die Pause nicht zu lang werden, denn man hatte ja noch mehr vor an diesem Tage! Vor ihnen lag eine Hochebene, die von einem urwüchsigen Mischwald von Laubbäumen, hauptsächlich Eichen und Buchen, bedeckt war. Die Eicheln und Bucheckern, die reichlich den moosigen Waldboden bedeckten, waren ein ideales

Kraftfutter für die Borstentiere. Es war also kein Wunder, dass das Schwarzwild hier besonders groß und stark werden konnte. Es konnte sich hier auch in Ruhe vermehren, denn die Harzberge waren so gut wie unbewohnt. Die Schweine hatten sich nur vor Bär, Wolf und Luchs in Acht zu nehmen und, wenn Frischlinge geboren waren, wohl auch vor Adler und Uhu. Aber wenn das Laub der Bäume sich bunt färbte, dann tauchten manchmal auch Menschen auf, die große, bissige Hunde mitbrachten. Dann galt es, sich in sicheres Gelände zurückzuziehen, denn diese lärmende Gesellschaft war noch gefährlicher als Bär und Wolf!

Nun übernahmen die Fährtensucher die Führung. Sie begutachteten die verschiedenen Tierspuren, die auf dem Waldboden zwischen den Steinen zu finden waren. Dass es hier Wildschweine gab, konnte man leicht an den aufgewühlten Stellen sehen, die sich dunkel von der rotbraunen Laubdecke abhoben. Bald war die Fährte einer Rotte von Schwarzwild ausgemacht, zu der erkennbar auch mehrere Hauptschweine gehörten. Die Spuren führten aber weiter in den Wald hinein, wo ein Windbruch mehrere Bäume durcheinander geworfen hatte. Das Dickicht konnte jedoch umritten werden. Auf der anderen Seite stellte man fest, dass das Wild weitergezogen war. Das Gelände senkte sich zu einem Talgrund, und der vorher felsige Boden begann feucht und weich zu werden. Statt der majestätischen Eichen und Buchen wuchsen hier vermehrt Birken und Erlen. Eine Familie von Auerhühnern wurde von den Hunden aufgescheucht und rannte flatternd in ein schützendes Gebüsch, wurde jedoch von den Jägern nicht weiter beachtet.

Die struppigen Jagdhunde waren noch angeleint. Die Lederriemen liefen zu einem geflochtenen Strang zusammen, dessen Ende der Meutemeister an seinem Sattelhorn befestigt hatte. Heinrich entschied, der Fährte zu Pferde zu folgen, solange es möglich war, und dann die Pferde unter der Aufsicht einiger Knechte zurückzulassen, um die Jagd zu Fuß fortzusetzen.

Gerade als diese Entscheidung getroffen wurde, bemerkte Volkmar, dass eine seiner Satteltaschen fehlte. Vor kurzer Zeit war sie noch da gewesen. Sie musste sich verhakt und losgerissen haben, als der Reiter sein Pferd durch ein Gebüsch lenkte, wobei er stark nach vorn geneigt sein Gesicht an den Pferdehals schmiegte. Volkmar trieb seinen Schimmelhengst an Bruno heran und berichtete diesem von seinem Missgeschick. Der Gardepräfekt erlaubte ihm, das kurze Wegstück zurückzureiten und die Tasche zu suchen. Bei den deutlichen Spuren, die die Reiter hinterließen, werde es nicht schwierig sein, wieder zur Jagdgesellschaft aufzuschließen.

Volkmar wendete den Hengst und trabte, so schnell das Gelände es zuließ, auf den Hufspuren der vielen Pferde zurück, wobei er aufmerksam zwischen Blaubeersträuchern, Brombeerranken und rosafarbenen Feldern von Weidenröschen den Boden absuchte. Bald meinte er, die Stelle wiedergefunden zu haben, wo die Tasche vielleicht verloren gegangen war. Wieder ritt er vorsichtig durch das ausgedehnte Gestrüpp von Hasel- und Wachholderbüschen, konnte die Tasche jedoch nirgends entdecken. War es doch nicht hier gewesen? Der junge Gardist zögerte. Allzu lange durfte er sich nicht mit der Suche aufhalten, wenn er nicht den Anschluss an die Jagd verpassen wollte. Er wollte die Saufeder, die er in der Faust hielt, doch nicht umsonst mitgenommen haben!

Volkmar lenkte seinen Hengst zwischen den ziemlich dicht stehenden Baumriesen langsam im Kreis herum. Dabei rutschte ihm versehentlich der linke Fuß aus dem Steigbügel, und der Bügelriemen verdrehte sich. Verärgert bückte er sich hinunter, um den Bügel wieder in die richtige Lage zu bringen. In diesem Augenblick vernahm er ein klatschendes Geräusch in unmittelbarer Nähe. Als er sich überrascht aufrichtete und um sich blickte, entdeckte er einen langen Pfeil, der neben ihm im Stamm der Buche steckte, und zwar genau in der Höhe, in der eben noch sein Oberkörper gewesen war. Geistesgegenwärtig sprang er ab und ging hinter seinem Pferd in Deckung. Im selben Augenblick klatschte es erneut, und ein weiterer Pfeil steckte im Leder des Sattelzeugs. Zum Glück war er durch das Untergestell aus Lindenholz gebremst worden, so dass der treue Blitz unverletzt geblieben war. Der Angegriffene blickte gehetzt um sich. Hinter dem schützenden Pferd sah er nur Baumstämme, buntes Laub, rotleuchtende Vogelbeeren und einen Haufen abenteuerlich übereinander gestapelter, grauer Felsblöcke mit abgerundeten Kanten. Saß dort sein Gegner?

Es war Volkmar nicht möglich, sich zu verteidigen, denn er konnte den Schützen nirgends entdecken. Sein eigener Bogen war noch eingepackt, und der prall gefüllte Pfeilköcher hing nutzlos an der anderen Seite des Sattels. Auf jeden Fall musste er so schnell wie möglich aus diesem unübersichtlichen Wald heraus, wenn er nicht weiter nur eine wehrlose Zielscheibe sein wollte! Der Hengst, der die Gefahr ebenfalls spürte, tänzelte und schnaubte. Im

Dämmerlicht des Waldes lärmte nicht weit von ihm ein Eichelhäher. Hinter einem Baum glaubte Volkmar eine Bewegung zu erkennen. Aber es war nur ein Eichhörnchen, das neugierig hinter dem Stamm hervorlugte. – Der junge Reiter überlegte nicht lange. Mit geübtem Schwung warf er sich blitzartig in den Sattel, wobei der darin steckende Pfeil abbrach, duckte sich tief über den Pferdehals und trieb seinen Schimmel zum Galopp in die Richtung, aus der er gekommen war.

Sehr bald sah Volkmar sich gezwungen, sein Pferd zu zügeln, wenn er in dem steinigen, unebenen Gelände nicht einen gefährlichen Sturz riskieren wollte. Er folgte der gut sichtbaren Spur der Jagdgruppe, die bereits einige Speerwurfweiten weitergezogen war, und erreichte die Gesellschaft gerade in dem Augenblick, in dem man sich entschlossen hatte, die Pferde zurückzulassen. Volkmar trabte sofort zu Bruno, der wie die anderen abgesessen war und ihm abwartend entgegenblickte. Er sprang ebenfalls aus dem Sattel auf den nassen, schmatzenden Boden und berichtete atemlos, was ihm zugestoßen war.

Der Gardepräfekt wandte sich sofort um und eilte zum König, der hundert Schritte weiter auf dem Stamm einer gestürzten Eberesche saß und sich mit den Fährtensuchern besprach. Volkmar beobachtete, wie Bruno kurz Bericht erstattete, indem er in die Richtung zeigte, wo sein Untergebener stand und mit einem Arm den Kopf des prustenden Hengstes umschloss, während er mit der Hand beruhigend über dessen samtweiche Nüstern strich.

Heinrich sprang auf und kam mit großen Schritten heran. Seine hellen Augen blitzten. „Wer hat es gewagt, meinen Leibwächter anzugreifen?", rief er.

Bruno zog vorsichtig das abgebrochene, vordere Ende des Pfeiles aus dem Pferdesattel und begutachtete die geschmiedete Eisenspitze. „Ein Ungarnpfeil ist es jedenfalls nicht", meinte er.

„Keineswegs", erwiderte der König. „Was sollten die Magyaren auch hier im Gebirge, wo es nichts zu rauben gibt?" Er betrachtete eingehend die Spitze und den verbliebenen Teil des hölzernen Schaftes. „Das ist eine einheimische Machart", stellte er fest. „Ich frage mich nur, warum du beschossen worden bist. Offenbar trachtete man dir nach dem Leben. ….. Aber warum?"

„Ich vermute, man wollte seinen prächtigen Hengst erbeuten", mischte sich Bruno ein.

„Ha!", rief Volkmar. „Daran hätten sie wenig Freude gehabt. Der duldet keinen Fremden auf seinem Rücken! Wer ihn zwingen will, den greift er gnadenlos an."

Heinrich warf einen anerkennenden Blick auf das Pferd. „Echt sächsische Zucht", meinte er und lachte: „Wer uns Sachsen zwingen will, hat es früher oder später zu bereuen, was?" Doch dann wurde er wieder ernst. „Du hast Glück gehabt", sagte er nachdenklich. „Dein Jagdrock hätte dem Beschuss nicht standhalten können."

Inzwischen hatte sich die gesamte Jagdgesellschaft um Volkmar, Bruno und den König versammelt. Heinrich straffte sich und blickte kurz in die Runde. Sein blondes Haar, das unter der ledernen Jagdkappe hervorquoll, glänzte hell in der Sonne. „Bevor wir die Jagd fortsetzen", rief er, „werden wir diesen Fall genauer untersuchen! Bruno wird mit der Hälfte seiner Wachmannschaft zurückreiten, den vollständigen, im Baum steckenden

Pfeil als Beweisstück sichern und versuchen, die Quelle des heimtückischen Angriffs festzustellen!" Und zu seinem Gardepräfekten gewandt: „Komm aber auf jeden Fall zurück, wenn die Sonne eine Handlänge am Himmel weitergewandert ist! Du kannst dich an der Kuppe des Brockens orientieren. Wir werden so lange hier rasten, bis du uns Bericht erstattest."

Bruno, Volkmar und fünf weitere Leibgardisten bestiegen daraufhin ihre Pferde und trabten den Weg zurück. Bald übernahm Volkmar die Führung. Ohne Mühe fand er das Gebüsch wieder, in dessen Nähe er nach der Tasche gesucht hatte. Anhand der Hufspuren seines Hengstes fand er auch die Buche, in die das Geschoß eingeschlagen war. – Aber der Pfeil war verwunden! Es war nur noch die Stelle zu erkennen, an der jemand die Spitze aus der Rinde herausgeschnitten hatte.

„Man hat den Pfeil geborgen", stellte Bruno fest. „Anscheinend ist der Vorrat des Schützen nicht sehr groß. Aber wer ist es gewesen? ….. Und war er allein?" Bruno ordnete an, dass seine Männer absaßen und zu Fuß in konzentrischen Kreisen das Gelände absuchten. Er selbst blieb mit Volkmar, der ohne Kettenhemd verwundbarer war als seine Kameraden, als Wache bei den Pferden.

Alle hatten jetzt ihre gespannten Eibenbögen in den Händen und ihre Pfeilköcher am Gürtel nach vorne gerückt. Die beiden Pferdewächter beobachteten aufmerksam lauschend ihre Umgebung. Auf einmal hörten sie einen lauten Ruf. Kurz darauf kam ein Kamerad angelaufen, der einen großen, ziemlich schweren Gegenstand in der rechten Hand trug. „Hier ist deine Satteltasche!", rief er

Volkmar zu. „Sie war von Farnkraut halb verdeckt. Es scheint nichts zu fehlen!"

Tatsächlich war der Inhalt der Tasche vollständig. Offenbar war sie von dem unbekannten Angreifer nicht entdeckt worden. Volkmar überlegte: >War er nur deshalb überfallen worden, weil man sein Pferd haben wollte? Oder sollte er ausgeschaltet werden, weil man fürchtete, er könnte ein Geheimnis entdecken?< Er wurde in seiner Grübelei unterbrochen, als bald darauf ein weiterer Kamerad über Farnkräuter und Baumwurzeln herangesprungen kam und Bruno meldete, er habe mehrere Fußspuren entdeckt, die tiefer in den Wald hinein führten.

Der Präfekt stieß einen kurzen Pfiff aus, der seine Leute bei den Pferden zusammenrief. Einer brachte eine bronzene Mantelspange mit, die er in der Nähe der fremden Spuren gefunden hatte. Bruno ordnete an, dass vier Männer seines Erkundungstrupps bei den Pferden blieben und ließ sich die von seinem Krieger entdeckte Fährte zeigen. Volkmar nahm er auf dessen Wunsch mit. Der Entdecker der Spur führte seinen Vorgesetzten und seinen Kameraden an eine Stelle, wo die dichte Krone einer mächtigen Buche wenig Unterholz aufkommen ließ. Es war deutlich zu erkennen, dass hier vor kurzem mehrere Menschen gegangen waren. Auf einer kleinen Fläche unter der ausladenden Baumkrone hatten offenbar Rehe oder Hirsche auf der Suche nach Nahrung das braune Fallaub weggekratzt, so dass der lehmige Waldboden bloß lag. Und in diesem Lehm war deutlich der Abdruck eines großen Männerstiefels zu erkennen.

Volkmar beugte sich interessiert vor und betrachtete die Trittspur aufmerksam. Irgendetwas daran kam ihm bekannt vor. Plötzlich fiel es ihm ein: Es war der Abdruck eines Flickens, der schräg unter die Ferse des linken Stiefels genäht war. Dieses Bild war ihm damals aufgefallen, als er zusammen mit dem Aufgebot des Goselagers die Kupferdiebe im Okertal verfolgt hatte. Allerdings war das auf der anderen Seite des Tales gewesen.

Volkmar teilte Bruno seine Beobachtung mit, und beide kamen zu dem Schluss, dass sie es hier mit einer gefährlichen Räuberbande zu tun hatten. Der Präfekt lobte Volkmars gute Erinnerung und beschloss, die Spur mit mehreren Kriegern noch eine kurze Strecke zu verfolgen, um vielleicht noch weitere Erkenntnisse zu gewinnen. Danach wollte er mit seinen Männern zur Jagdgesellschaft zurückkehren und seinem König Bericht erstatten.

Bruno bestimmte zwei seiner Männer als Wache bei den Pferden und wandte sich wieder dem Wald zu. Er ließ Volkmar und drei weitere Gardisten neben ihm selbst als Kette mit gegenseitigem Sichtkontakt beiderseits der Spur in den Wald vorrücken. Jeder hatte einen Pfeil auf die Sehne seines Langbogens gesetzt und ging gebückt und mit großer Aufmerksamkeit. Schon nach kurzer Zeit gelangten sie an den Rand einer Senke, an deren Grund sich ein kleiner Wassertümpel gebildet hatte. In der Nähe des Wassers lag der halb zerteilte Körper eines anscheinend erst vor wenigen Stunden erlegten, kapitalen Rothirsches. Außerdem waren die Spuren eines hastig verlassenen Lagers und eine mit Erde bedeckte Feuerstelle zu erkennen.

Während seine Leute ringsum sicherten, kratzte Bruno mit seinem Stiefel die Erddecke etwas beiseite und legt eine flache Hand auf die darunter sichtbar werdende Asche. „Noch warm", sagte er halblaut. „Die Burschen haben es wohl mit der Angst bekommen. Nicht einmal das wertvolle Fleisch haben sie mitgenommen. ….. Weit können sie noch nicht sein. Aber wir wissen nicht, wie stark die Bande ist. Außerdem ist es im Moment nicht unsere Aufgabe, die Räuber zu fangen, sondern lediglich zu erkunden. ….. Aber das Wildbret sollen sie nicht behalten! Das wird uns heute Abend schmecken."

Der Präfekt zog seinen scharfen Sax und schnitt große Fleischstücke aus dem Körper des Tieres heraus, gerade so viel wie er bergen konnte, ohne eine Axt oder ein Beil benutzen zu müssen. Während er schweigend an dem Hirsch arbeitete, machte ihn einer seiner Männer durch ein warnendes Zischen und Handzeichen auf eine Bewegung in einem nicht weit entfernten Gebüsch aufmerksam. Sofort legte Bruno leise seine Waffe zu Boden, und alle ließen sich auf ein Knie nieder, die schussbereiten Bögen in den Händen. Es stellte sich aber schnell heraus, dass es sich nur um einen Bären handelte, den der Fleischgeruch angelockt hatte. Er stand mit hoch erhobener Nase witternd zwischen den Bäumen, traute sich aber nicht näher heran.

Bruno blickte zum Himmel und versuchte, durch das Blätterdach den Sonnenstand zu ermitteln. Er kam zu keinem klaren Ergebnis; und das Brockenmassiv konnte er aus dem Walde heraus auch nicht sehen. Nach seinem Gefühl musste es an der Zeit sein, zur Jagdgesellschaft zurückzukehren. Er hatte auch genug gesehen, um sich ein Bild von der Lage machen zu können. Deshalb gab er jetzt durch Zeichen den Befehl zum Rückzug. Vorsichtig um sich blickend, Bogen und Pfeile in den Händen, zog sich die Kriegerkette schweigend aus dem unheimlichen Urwald zurück. Zwei hatten ihre Schusswaffen einem Kameraden übergeben, weil sie große Stücke des zerteilten Hirsches auf ihren Schultern schleppen mussten. Die Gardisten banden ihre Beute hinter den Sätteln auf die Pferde, stiegen auf und beeilten sich, ihrem König und Herrn Bericht zu erstatten.

Heinrich hörte sich schweigend an, was der Führer seiner Leibwache ihm in knappen Worten schilderte. Ein anerkennender Blick galt dem jungen Volkmar, als er erfuhr, dass dieser den Stiefelabdruck wiedererkannt hatte. Des Königs Gesicht verfinsterte sich, als von dem erlegten Hirsch erzählt wurde. „Wilddiebe!", stieß er hervor. „Nicht nur Räuber, sondern auch Leute, die das königliche Jagdrecht missachten! Du siehst, Sibert", sagte er, zu dem Densi-Gaugrafen gewandt, „wie dringlich es ist, hier im Gebirge für Ordnung zu sorgen!"

„Ich habe bereits mit den Vorbereitungen begonnen", erwiderte der Graf. „Im kommenden Jahr werde ich persönlich ein großes Aufgebot in die Berge führen. Dann werden wir die Bande in die Zange nehmen."

Der König nickte zufrieden. „Ich weiß, dass ich mich auf dich verlassen kann", sagte er und legte Sibert seine rechte Hand auf den Oberarm. „Nun aber wollen wir uns weiter um das kümmern, weswegen wir eigentlich hier sind", schloss er mit erhobener Stimme. Ringsum erschollen laute Rufe der Zustimmung.

Der Keiler

Die adligen Jäger ließen ihre bewaffneten Knechte als Wächter bei den Reit- und Packpferden zurück und drangen in langer Reihe hinter den Fährtensuchern und dem Meutemeister in den Sumpfwald vor. Die struppigen Hunde zerrten bereits ungeduldig japsend an ihren Leinen. Bald waren die frischen Spuren einer Rotte Schwarzwild ausgemacht, und die Jagd konnte beginnen. Der Hundeführer rief seine Tiere zu sich heran, um die Leinen von ihren Halsriemen lösen zu können. Das dauerte eine Weile, da die Tiere immer wieder voller Jagdeifer nach vorne strebten und die Lederbänder straff zogen. Endlich war es soweit! Ihr Herr wies mit ausgestrecktem Arm auf die Fährte und dann voraus und rief „Vorwärts!" Die Meute ließ sich das nicht zweimal sagen. Hinter ihrem Leithund stob sie eifrig schnuppernd in den Bruchwald hinein.

Jetzt kam es für die Jagdgenossen darauf an, Schnelligkeit und Ausdauer zu beweisen. Es galt, den Anschluss an die Meute nicht zu verlieren! Die Spuren waren aber gut zu erkennen. Schon nach kurzer Zeit hörte man voraus das typische Gebell, welches dem erfahrenen Jäger anzeigte, dass die Hunde das Wild vor Augen hatten. Das Hetzgebell verwandelte sich schnell in den Lärm eines wilden Kampfes. Quieken, Grunzen, Knurren und Jaulen klangen durcheinander. Als die Jäger, über hohe Sumpfgrasbüschel springend und durch Brennnesselfelder eine matschige Senke durchquerend, den Schauplatz erreichten, sahen sie, dass die Hunde die Wildschweinrotte zersprengt und sich auf eine große Bache gestürzt hatten, die sie festzuhalten versuchten. Die Sau wehrte sich aus Leibeskräften, wurde jedoch durch die starken Hunde, die sich an ihren Beinen festgebissen hatten, am Laufen gehindert. Einer der Hunde stand blutend und zitternd abseits, weil das Schwein es fertig gebracht hatte, ihn ins Ohr zu beißen. Es war Graf Sibert, der den Kampfplatz als Erster erreichte, und dem es gelang, der Sau seine Lanze treffsicher hinter dem Schulterblatt durch die borstige Schwarte zu stoßen.

Schnell hatte sich die Jagdgesellschaft um das erlegte Tier, den glücklichen Jäger und die stolz hechelnden Hunde versammelt. Der Bache wurde die Schlagader geöffnet, um sie ausbluten zu lassen. Der Hornist blies das Signal „Sau tot!" Ein Eichenzweig wurde in das Blut des Wildes getaucht und dem Grafen an die Jagdkappe gebunden. Das Hornsignal hatte einige Helfer herbeigerufen, die dem Schwein jeweils die Vorder- und Hinterbeine zusammenbanden und einen starken Haselstamm zurechtmachten, um das Wild daran zu hängen. Zwei Männer luden sich den Stamm mit der daran hängenden Sau auf die Schultern, und die ganze Gesellschaft machte sich auf den Weg zurück zum Lagerplatz.

Der verletzte Hund lief in der Meute mit. Sein zerbissenes Ohr sollte bei den Pferden behandelt werden. Der Meutemeister hatte Heilsalbe und Verbandszeug in seinem Gepäck. Bei der nächsten Jagd würde das verwundete Tier pausieren müssen.

Volkmar war während der Jagd nicht nah genug an das Schwein herangekommen. Er war etwa in der Mitte des Verfolgertrupps gelaufen. Trotzdem war es für ihn ein aufregendes Erlebnis. Während des ruhigen Rückmarsches zum Lagerplatz genoss er den farbenprächtigen

Anblick des sonnenbeschienenen Herbstwaldes, in dessen Lichtungen die roten Beeren der Ebereschen und Weißdornbüsche um die Wette leuchteten und dem glänzenden Schwarz saftiger Brombeeren die Schau stahlen. Der herbe Geruch zertretener Kräuter mischte sich mit dem Duft der vielen Pilze, mit deren roten und gelbbraunen Kappen sich das sattgrüne Moos geschmückt hatte.

Am Abend durfte er mit den Herren am hell lodernden Lagerfeuer sitzen, während die Kameraden der Leibgarde ringsum Wache halten mussten. Der Himmel blieb wolkenlos. Je dunkler es wurde, umso mehr bedeckte er sich mit funkelnden Sternen. Aus dem Walde klangen manchmal die Rufe der Nachtvögel. Von jenseits des Okertales drang Wolfsgeheul herüber, das von der Meute der Jagdhunde begeistert beantwortet wurde.

Über dem Feuer brutzelten an Eisenspießen große Stücke von Wildschwein- und Hirschfleisch, und bei den Männern machten Jagd- und Kriegsgeschichten die Runde. Am nächsten Morgen sollte die Jagd fortgesetzt werden. Deshalb begab man sich bald zur Ruhe. Volkmar wickelte sich in der Nähe seines angepflockten Hengstes in seine Decke. Er freute sich darauf, ungestört schlafen zu können, ohne zur Wache geweckt zu werden.

Am folgenden Morgen erscholl bei Sonnenaufgang der Ruf der diensthabenden Wache, die den Auftrag hatte, die Jagdgesellschaft zu wecken. Es gab kein langes Gähnen und Recken: Am Bach wurden kurz Gesicht und Arme mit eiskaltem Wasser erfrischt. Die Knechte tränkten die Pferde und hängten ihnen Hafersäcke vor die Mäuler. Während die Tiere mit ihren Zähnen hörbar das

Getreide zermahlten, wurden sie gestriegelt und gebürstet, was sie sich gerne gefallen ließen.

Volkmar versorgte seinen Schimmelhengst selbst. Mensch und Tier waren gut ausgeruht. Der junge Gardist war gespannt darauf, welche Abenteuer und neue Erfahrungen dieser Tag ihm bringen würde. Da er im Umgang mit der Saufeder wenig geübt war, beschloss er, diesmal außer dem Jagdmesser nur Bogen und Pfeile mitzunehmen.

Das kurze Frühstück bestand aus mitgebrachtem Fladenbrot und kaltem, vom gestrigen Abend übrig gebliebenem Bratfleisch. Graf Sibert, der glückliche Jäger des Vortages, spendete ein Fässchen Met, das am Sattel seines Packpferdes hing. Die Schlafdecken wurden zusammengerollt hinter die Sättel gebunden; und als die Morgensonne ihre Strahlen durch das Geäst der Bäume sandte und unzählige Tautropfen auf Blättern und Grashalmen in bunten Farben funkeln ließ, war die ganze Jagdgruppe wieder zu Pferde unterwegs zum Bruchwald.

Die Fährtensucher hatten nicht weit vom gestrigen Jagdgebiet eine weitere, starke Rotte von Wildschweinen festgestellt, bei denen eine besonders ausgeprägte Fährte vermuten ließ, dass ein starker Basse dabei war.

Die Gesellschaft ritt wie am Vortage so nah wie möglich an das Feuchtgebiet heran und ließ dann die Pferde unter Aufsicht der königlichen Leibwache zurück. Der Meutemeister wurde mit seinen Hunden an die entdeckte Fährte geführt und die hechelnden Vierbeiner auf die Spur gesetzt. Der Meister hielt sie zunächst noch zurück. Er wollte sie erst dann los machen, wenn man in die Nähe der Schwarzkittel gelangt war. Das Gelände war hier nämlich sehr sumpfig, und die Jäger waren nicht in der Lage, schnell zu laufen. Die Rotte schien die Gefahr zu spüren und sich immer tiefer in das nasse Dickicht zurückzuziehen. Doch ihre Spuren konnte sie nicht verwischen. Die Verfolger waren dem Wild offenbar dicht auf den Fersen, denn die Jagdhunde waren kaum noch zu halten. Als sich endlich voraus die Büsche bewegten und platschende Geräusche an die Ohren der Jäger drangen, wurde die Meute losgelassen.

Die starken, bellenden Jagdgehilfen stürzten nach vorn und hatten nach kurzer Zeit einen einjährigen Eber beim Wickel, den sie mit Leichtigkeit festhielten, bis er vom Grafen des Liesgaues erlegt wurde. Wieder ertönte das Signal, das die Helfer zur Stelle rief. Es musste mehrmals geblasen werden, bis Helfer und Jäger zueinander fanden.

Aber man hatte es besonders auf das Hauptschwein abgesehen, das die Jäger noch nicht zu Gesicht bekommen hatten. Es hatte nur seine unverwechselbare Fährte hinterlassen.

Wieder wurden die Hunde auf die Spur der Rotte gesetzt und vorausgeschickt. Die Jäger kämpften sich durch den Morast hinterher. Volkmar befand sich zufällig in der Nähe des Königs, als vorne ein wilder Tumult losbrach. Beim Näherkommen war zu erkennen, dass der Basse sich den Hunden gestellt hatte, wohl um seine Großfamilie zu schützen. Es war ein prächtiger, alter Keiler, der da mit den Hunden kämpfte. Zwei von den Angreifern lagen bereits tot im Gebüsch. Einem davon hatte der erfahrene Eber mit seinen Hauern den Bauch aufgerissen. Andere

Hunde hatten ihn jedoch an Schwanz und Hinterbeinen gepackt und hielten eisern fest.

Unter den Jägern herrschte stilles Übereinkommen, dass dieser Prachtkeiler dem König gehören müsste. Heinrich war auch schon heran, befand sich seitlich von dem Schwein und hob die Saufeder zum tödlichen Stoß. Da erblickte ihn der Keiler, der bisher nur mit den Hunden beschäftigt gewesen war. Er warf seinen massigen Körper herum, schüttelte die Hunde ab und ging zornig grunzend auf den König los. Heinrich sprang zurück und stolperte dabei über eine Baumwurzel. Ehe er sich's versah, saß er im Morast und sah den Eber auf sich zukommen. Er hielt die Lanze vor sich hin, um das wütende Tier abzuwehren.

Volkmar erkannte, dass der König in höchster Gefahr schwebte. Er hatte bereits einen seiner Jagdpfeile auf die Sehne seines langen Eibenbogens gesetzt. Blitzschnell zog er jetzt das gefiederte Ende an sein Gesicht, zielte auf den Kopf des Keilers und ließ das Geschoß loszischen. Der Pfeil traf das Tier ins Auge. Der Eber schrie und verharrte mitten in der Bewegung, was den Hunden wieder Gelegenheit zum Zupacken verschaffte. Auch Heinrich sprang auf die Füße, ging den immer noch mit den Hunden kämpfenden Keiler seitlich an und tötete ihn mit einem gekonnten Stoß seiner Saufeder.

Zum zweiten Mal an diesem Tage erschallte das Sau-Tot-Signal. Die Jagdgenossen beglückwünschten ihren König zu seinem Erfolg. Heinrich nahm die Lobsprüche dankbar an, ging dann jedoch auf seinen jungen Gardisten zu und fasste ihn an beiden Oberarmen. „Volkmar", rief er, „es war sicher keine schlechte Idee von mir, dich zu meinem Leibwächter zu machen! Du könntest auch ein guter Jäger werden. Mir scheint, du hast mich heute vor großem Schaden bewahrt. Ich danke dir!"

Die Jäger, die nah genug gewesen waren, um die gefährlichen Augenblicke beobachten zu können, erzählten es den anderen, und Volkmar war wieder einmal der Held des Tages.

Im Laufe dieses langen Jagdtages wurden noch mehrere Wildschweine erlegt. Abends war am Lagerplatz eine ansehnliche Strecke von neun Tieren aufgereiht. Nachdem der Jagderfolg mit einem kräftigen Trunk Met begossen worden war, wurde noch einmal in den Bergen übernachtet. Am nächsten Vormittag zog die Truppe mit dem erbeuteten Wild zurück zum Goselager, wo König Heinrich von seiner Gemahlin und den Kindern freudig begrüßt wurde. Selbst der kleine Heinrich krähte bei der Empfangsszene fröhlich mit.

Das Wiedersehen des jungen Gardisten mit Hasso und Hasel fiel nicht so aufwendig, aber deshalb nicht weniger herzlich aus. Der schwarze Hund sprang winselnd um Volkmar herum, und die braune Stute stieß ein helles Wiehern aus, nicht wissend, wem sie mehr Aufmerksamkeit schenken sollte: ihrem Herrn oder dem weißen Hengst.

Volkmar reihte sich wieder in den Dienstplan der Leibwache ein und vertauschte Jagdrock und -kappe gegen Wams, Kettenhemd und Helm.

Der Bote aus Bayern

Der Herbstwind wehte die letzten bunten Blätter von den Bäumen, und kalte Nächte kündigten den Winter an. König Heinrich beschloss, die ungemütliche Jahreszeit in der Pfalz Werla zu verbringen. Frau und Kinder blieben diesmal natürlich bei ihm. Heinrichs Plan war für Volkmar eine große Freude, konnte er doch nach den langen Monaten der Trennung endlich seine Familie wiedersehen! Er freute sich auch darauf, wieder für längere Zeit den Prinzen Otto in seiner Nähe zu haben, mit dem ihn seit dem Erlebnis bei der gefährlichen Wisentjagd eine Freundschaft verband, die über seine Beschützeraufgaben hinausging.

Sobald die Amtsgeschäfte im Goselager erledigt waren, zog der gesamte königliche Tross auf den schon wohlbekannten Wegen über Sudburg und Skladheim nach der zur Pfalz erweiterten Burg an der Oker. Der Weg durch die Flussaue war nicht benutzbar. Da es im Harzgebiet stark geregnet hatte, war das Gewässer über die Ufer getreten und hatte die gesamte Senke überschwemmt. So mussten die Pferde die Planwagen mit dem Gepäck auf den Höhenweg des Schieferberges hinaufziehen, hatten es dafür aber auf dem leicht abschüssigen Fahrweg zur Pfalz umso leichter. Bald klapperten die Hufe und ratterten die Räder auf dem mit Feldsteinen befestigten Zufahrtsweg zum Westtor der Festung.

Die Ankunft und die Pläne des Königs waren natürlich dem Grafen Thankmar rechtzeitig mitgeteilt worden, so dass er genug Zeit gehabt hatte, die nötigen Vorkehrungen zu treffen. Die Futter- und Lebensmittelvorräte waren entsprechend ergänzt worden. Die Bediensteten hatten den Palas von oben bis unten geputzt und die Warmluftheizung in Gang gebracht. Die Wagen wurden auf dem freien Platz am Eselsstieg abgestellt und die Zug- und Reittiere in den geräumigen Pferdestall gebracht, wo sie von den Knechten versorgt wurden. Inzwischen war das Tageslicht der Dunkelheit gewichen, die durch tiefhängende Wolken noch verstärkt wurde. Für König und Gefolge war in der Versammlungshalle ein abendliches Willkommensmahl aufgetragen, das von allen freudig begrüßt wurde.

Volkmar jedoch drängte es, seine Familie aufzusuchen, die er unter den vielen Menschen nirgends entdecken konnte. Er war etwas beunruhigt, weil er gehofft hatte, Gertrude würde ihn mit dem kleinen Albrecht am Tor erwarten. Endlich entdeckte er seinen Vater, der von Bruno in Anspruch genommen war, welcher irgendetwas mit ihm besprechen wollte, vermutlich die Abstimmung der Dienstpläne zwischen Pfalz- und Leibwache. Volkmar drängte sich zu ihm durch, begrüßte ihn kurz, um das Gespräch nicht zu lange zu stören, und fragte nach seiner Familie. Gerold antwortete, seine Schwiegertochter sei in der Webhütte zu finden, und machte dabei ein merkwürdiges Gesicht.

Volkmar verständigte sich mit seinem Vorgesetzten, der das kurze Gespräch mit angehört hatte, und eilte mit langen Schritten zum nördlichen Tor, hinter dem die Vorburg lag. Der Standort der Webhütte war ihm noch in bester Erinnerung. Warum war Gertrude nicht beim Empfang dabei gewesen? Mit gemischten Gefühlen ging Volkmar die paar Stufen hinunter und klopfte an die Tür der Hütte. Eine weibliche Stimme antwortete, die er als diejenige seiner Schwiegermutter erkannte. Als der Wachsoldat vorsichtig die Tür öffnete, sah er Astrid im Schein einiger Wachskerzen hinter dem Webstuhl auf einem Hocker sitzen und gespannt zur Tür blicken. „Volkmar, mein Sohn!", rief sie, als sie ihn erkannte. „Wir haben dich schon erwartet!" Da erkannte er, dass seine Schwiegermutter an der Seite einer Lagerstatt saß, auf der Gertrude sich jetzt halb aufrichtete und ihm zulächelte. Ihre Augen strahlten, aber ihr Gesicht war blass.

Mit drei Schritten war Volkmar bei ihr und nahm ihr Gesicht in beide Hände. „Bist du krank?", fragte er besorgt.

„Das nicht", antwortete sie, „mir ist nur ein wenig übel." Dabei machte sie das gleiche eigenartige Gesicht wie sein Vater.

Volkmar konnte sich zunächst keinen Reim darauf machen. Dann aber zog Gertrude ihn zu sich herunter und flüsterte: „Wir werden zu viert sein."

Da erst ging dem jungen Vater ein Licht auf. Er bekam einen roten Kopf vor Aufregung. „Das … wann?", stotterte er.

„Das hat noch etliche Wochen Zeit", antwortete Astrid an Gertrudes Stelle. „Deine Frau ist nur ab und zu ein wenig unpässlich. Das hat aber nichts zu sagen. Es ist völlig normal. Verlass dich darauf", fügte sie hinzu, als Volkmar ein ängstliches Gesicht machte, „Wir Frauen können das beurteilen."

„Wo ist Albrecht?" fragte der junge Gardist und sah sich suchend in der Hütte um.

„Hier neben mir", entgegnete Gertrude lachend. „Er hat den ganzen Tag draußen mit den Hunden und Pferden herumgetobt und schläft schon sanft und selig." Dabei schlug sie ihre Wolldecke zur Seite, und das rosige Gesicht des Jungen kam zum Vorschein.

„Ist mit dir auch wirklich alles in Ordnung?", fragte Volkmar.

„Natürlich", antwortete seine Frau. „Und ich freue mich, dass du endlich wieder einmal für längere Zeit zu Hause bist. Unser Albrecht weiß schon gar nicht mehr, wie du aussiehst. ….. Wie geht es dir? Was hast du alles erlebt? Wie war es am Rhein?"

Volkmar kniete nieder und schloss seine junge Frau in die Arme. „Das sind zu viele Fragen auf einmal." Er musste erstmal die Neuigkeit verdauen, dass seine kleine Familie sich vergrößern werde. „Natürlich habe ich viel zu erzählen. Aber dafür können wir uns Zeit lassen. Der König will erst im neuen Jahr wieder weiter ziehen."

In diesem Augenblick polterten Stiefel draußen die Stufen hinunter, und nach kurzem Klopfen betraten zwei Männer die Hütte und schlossen die Tür hinter sich, um den aufgekommenen Wind auszusperren. Es waren Gerold und Harald. „Na, wie geht es dem werdenden Vater?", rief Harald gut gelaunt.

Volkmar hatte inzwischen sein inneres Gleichgewicht wiedergefunden und antwortete scherzhaft: „Den Umständen entsprechend gut."

Alle lachten. Dann aber mussten Gerold und Volkmar sich verabschieden und zur Kernburg zurückkehren, wo sie an diesem Abend noch gebraucht wurden. Die Schwiegereltern des jungen Vaters blieben bei ihrer Tochter, der es nun schon besser ging, seit sie ihren Mann in der Nähe wusste.

Eine Woche vor dem Weihnachtsfest, das der König in seiner Pfalz Werla zu feiern gedachte, wurde ein Bote gemeldet, der zu Pferde den langen und beschwerlichen Weg von Bayern bis ins Sachsenland hinter sich gebracht hatte und eine versiegelte Schriftrolle mit sich führte, die er König Heinrich persönlich abzugeben hatte. Volkmar, der gerade zum Tordienst eingeteilt war, führte den Mann zum Palas. Heinrich ließ den Mann zu sich bringen und betrachtete das Siegel. „Herzog Arnulf!", rief er. „Endlich!" Er schien auf ein bestimmtes Dokument gewartet zu haben.

Volkmar, der die Szene beobachtete, war gespannt darauf, welche Neuigkeiten die bayrische Schriftkapsel enthalten würde. Heinrich zerbrach das Siegel, öffnete die Rolle und rief Pater Wilbert herbei, der sich gerade in der Nähe befand. „Was teilt Herzog Arnulf mir mit?", fragte er kurz und bündig.

Wilbert überflog das Schreiben, an dem zwei weitere, auf Pergamentstücken aufgebrachte Lacksiegel baumelten. „Du kannst zufrieden sein, mein König", antwortete er mit Genugtuung in der Stimme. „Herzog *Wenzel* von Böhmen versichert dich seiner Freundschaft. Er wird vertreten durch seine Mutter, die Regentin *Drahomira*. Arnulf von Bayern beglaubigt dies."

„Sehr gut!", rief Heinrich. „Da hat Arnulf ganze Arbeit geleistet und seine außenpolitische Treue, die er mir geschworen hat, unter Beweis gestellt. – Der junge Böhme hat wohl auch keine andere Wahl gehabt."

„Wahrscheinlich hat er die Urkunde selbst geschrieben", meinte Wilbert. „Es heißt ja, er könne lesen und schreiben wie ein gelehrter Mönch. Und dabei ist er doch noch so jung wie dein ältester Sohn, mein König."

Heinrich zog eine verächtliche Miene. „Wenn er ein Krieger wäre wie mein Sohn, dann hätte er vielleicht nicht klein beigegeben. ….. Aber es ist gut so. Er sah wohl keinen anderen Ausweg, nachdem sein bisheriger Busenfreund Arnulf, bei dem er sich Schutz vor mir erhoffte, sich von ihm abgewandt und sich mit mir geeinigt hat. ….. Ich hoffe, die Böhmen werden jetzt nicht mehr ungarische Reiterhorden ungehindert durch ihr Land ziehen lassen, um unser Reich anzugreifen! So haben wir vielleicht etwas mehr Sicherheit im Südosten."

„Dein Wort in Gottes Ohr!", seufzte der Mönch nachdenklich und bekreuzigte sich. „Du weißt ja: *Drahomira* ist eine Hevellerin, und mit dem gottlosen Volk im Havelgebiet jenseits der Elbe und seinen Nachbarn in Frieden zu leben, ist kaum möglich."

„Wir werden auch dort reinen Tisch machen müssen", antwortete Heinrich, „bevor wir es uns leisten können, mit voller Kraft den Ungarn entgegenzutreten."

Heriger

Das Weihnachtsfest sollte ein besonderes Ereignis werden. Pater Wilbert wusste zu berichten, dass der König den Erzbischof Heriger von Mainz, der schon in Bonna bei den Verhandlungen mit Karl dabei gewesen war, eingeladen hatte, auf Werla die Christmesse zu feiern. Heriger hatte zugesagt. Er sollte bis zum Frühjahr auf der Pfalz bleiben.

Dem guten Pater Wilbert war die Aufregung schon lange Zeit vor dem großen christlichen Fest anzumerken. Zwar waren seit dem Eintreffen des Königs auch weitere geistliche Brüder, die zu Heinrichs Kanzlei gehörten, auf der Pfalz anwesend, aber in der Kirche war Wilbert immer der Chef gewesen, der den Ablauf der Gottesdienste bestimmte. Und er hatte eifersüchtig darüber gewacht, dass sich von den Neuen keiner in seine Geschäfte einmische. Sie bildeten allenfalls den Chor, der die Worte der von ihm gesprochenen lateinischen Liturgie wiederholte. Nun aber sollte ein wahrhafter Kirchenfürst hier erscheinen, mit dem es Wilbert an Bildung bei weitem nicht aufnehmen konnte. Außerdem würde Heriger, der auf der Stufenleiter der Kirchenhierarchie weit über ihm stand, hier sofort die geistlichen Zügel in die Hand nehmen! Hoffentlich blieb er nicht allzu lange!

Wilberts Miene wurde immer bekümmerter, je näher das Fest rückte. Schon mehrmals hatte er sein Gotteshaus von Knechten der Pfalz gründlich putzen lassen und seine beim Altar verwahrten Messgeräte persönlich auf Hochglanz gebracht. Er hatte auch Angst davor, sich mit seinem mittelmäßigen Latein zu blamieren, falls er von dem Bischof als Messdiener herangezogen wurde.

Dann kam der unvermeidliche große Tag, an dem der Erzbischof mit seinem Gefolge eintraf. Der Ausguck vom Westtor meldete, dass mehrere, mit dem christlichen Kreuz gekennzeichnete Planwagen und eine stattliche Anzahl bewaffneter Reiter vom Höhenweg des Schieferberges auf die Straße zur Pfalz einbogen. Es war ein frostiger, aber sonniger Wintertag. Bisher war nur wenig Schnee gefallen. Bald war der quietschende, ratternde und trappelnde Lärm der auf dem gefrorenen Boden und gepflasterten Anfahrtsweg herannahenden Reisegesellschaft zu hören.

Heriger hatte die lange Reise in den Norden zu dieser ungünstigen Jahreszeit sicher nicht ganz uneigennützig unternommen; sonst hätte er seinen geistlichen Stammbezirk im Südwesten, den ihm der Heilige Vater zugeteilt hatte, wohl nicht verlassen. Sicher hatte er einen zuverlässigen Vertreter in Mainz zurückgelassen. Und er versprach sich wohl mehr von seinem Besuch in Sachsen als die Ehre, das Weihnachtsfest des Königs auszurichten. – Und er sollte Recht behalten! Aber das wusste an diesem Tage noch niemand außer dem König selbst.

Die königliche Familie, die Geistlichen seiner Kanzlei, die gesamte Leibwache und der Pfalzgraf mit seiner Gemahlin hatten sich zur Begrüßung des hohen Gastes auf dem Weg vor dem Westtor aufgestellt. Volkmar war gespannt darauf, zu sehen, wie die Begegnung zwischen König und Kirchenfürst verlaufen würde. Diesmal war Heriger ja nicht einer von vielen, wie bei der Fahrt nach Bonna, sondern Ehrengast auf einer königlichen Pfalz!

Die Wagen hielten, von dem vorderen Fahrzeug wurde eine Holztreppe heruntergeklappt, und der wohlbeleibte

Erzbischof stieg, ohne die angebotene, helfende Hand des Führers seiner kleinen Schutztruppe in Anspruch zu nehmen, würdevoll auf das harte Pflaster des Weges hinunter. Er schritt auf den König zu, der ihm einige Schritte entgegen kam. Volkmar beobachtete die Szene interessiert. Und tatsächlich: der Bischof verbeugte sich als Erster! Dann jedoch hielt er Heinrich seine Hand mit dem prächtigen Ring entgegen. Und der König revanchierte sich für die symbolträchtige Verbeugung, indem er kurz seine Lippen auf das materielle Zeichen der bischöflichen Würde drückte. So hatte jeder dem Ansehen des anderen Genüge getan.

Danach wurde die Reisegesellschaft des Erzbischofs in den Burghof geleitet, die Tiere zu den vorbereiteten Stellplätzen geführt und den Gästen die Quartiere gezeigt, in denen sie nun für einige Zeit wohnen sollten. Heinrich stellte dem hohen Gast seine Familie und das Grafenehepaar vor und geleitete ihn zu einem so gemütlich wie möglich eingerichteten Raum im Obergeschoß des heizbaren Palas.

Die von Heriger zelebrierte Weihnachtsmesse war ein großes Erlebnis. Die Pfalzkirche war bis auf den letzten Platz besetzt. Viele Menschen harrten sogar in der Kälte vor der geöffneten Flügeltür des Gotteshauses aus, um die heiligen Handlungen zu verfolgen.

Pater Wilbert hatte sich umsonst gesorgt. Er durfte beim Gottesdienst assistieren, und alles ging gut. Der Erzbischof bedachte ihn mit einem gnädigen Lächeln. Das Zusammenleben mit den hessischen Gästen spielte sich ein. Das Neujahrsfest ging vorüber. Alle hatten einander ein frohes neues Jahr gewünscht. Für Heriger brachte das

Jahr 922 aber eine besonders frohe Botschaft, auf die er wohl insgeheim schon gehofft hatte: In der persönlichen Umgebung des Königs wurde schnell bekannt, dass Heinrich den Bischof zu seinem Erzkaplan ernannt hatte.

Volkmar verstand nicht, was das bedeutete, und fragte Bruno danach, von dem er schon so viel Wissenswertes erfahren hatte. Aber der Präfekt zuckte diesmal nur die Achseln.

„Das kann ich euch erklären", mischte sich Pater Wilbert ein, der nach der gütigen Behandlung seitens des Bischofs sichtlich aufgeblüht war. „Der Wortteil >erz< stammt von dem griechischen Wort >*archi*<", sagte er im stolzen Bewusstsein seiner Gelehrtheit. „Das bedeutet: Ich bin der Erste. Der Erzkaplan ist der Leiter der Hofkapelle und damit auch der königlichen Kanzlei. Der ehrwürdige Bischof Heriger wird uns also noch länger Gesellschaft leisten. – Es ist gut, dass Heinrich und die Kirche sozusagen Frieden miteinander geschlossen haben", fügte er nachdenklich hinzu, „nachdem sein Vorgänger Hatto dem Herrn Heinrich doch damals nach dessen erster Eheschließung mit der Hatheburg solche Schwierigkeiten gemacht hat, dass der König bei seiner Krönung sogar die kirchliche Salbung ablehnte. – Offenbar hat er jetzt endlich in den Schoß der heiligen Mutter Kirche zurückgefunden", endete er zufrieden und machte ein Kreuzeszeichen.

Volkmar hatte interessiert zugehört. Die letzten Bemerkungen Wilberts über Hatheburg waren ihm nicht neu. Er hatte schon erzählen hören, dass der damalige Herzog Heinrich die Tochter des Hasse-Gaugrafen Erwin aus dem Kloster geholt und dann verlassen hatte, um sich

Mathilde zuzuwenden. Dass der Kirche das nicht gleichgültig gewesen war, konnte er sich denken. – Ob Hatheburg wohl wieder ins Kloster zurückgekehrt war? Na ja, was ging ihn das an? Die Königin Mathilde war jedenfalls nach seinem Geschmack, und auch die ältesten Königssöhne, egal, ob nun Hatheburg oder Mathilde die Mutter war! Beide versprachen tüchtige Kriegsleute zu werden. Besonders gefiel ihm Otto in seiner klugen, unaufdringlichen Art. Manchmal konnte man vergessen, dass er erst zehn Jahre alt war. Der fünf Jahre ältere Thankmar war handfester, dafür aber geistig nicht so beweglich wie sein jüngerer Bruder.

Neuer Abschied

Volkmar hatte es genossen, mehr als zwei volle Monde in der Heimat bei seiner Familie leben zu können. Sein Dienst wurde schnell zur Routine; er bestand hauptsächlich aus regelmäßigen Waffenübungen unter der Aufsicht des Gardepräfekten. Der Wachdienst der Pfalz wurde unter Gerolds Leitung von der ständigen Pfalzwache versehen, zu der auch Gerhard immer noch gehörte. Mit ihm traf Volkmar sich manchmal zu einem abendlichen Umtrunk im Kreise ihrer gemeinsamen Kameraden. Ihren früheren Streit erwähnten sie nicht mehr. Ab und zu verabredeten die beiden sich außerhalb der offiziellen Übungszeiten zu einem besonderen Training im Schwertfechten. Von dem älteren und erfahreneren Gerhard konnte Volkmar noch manchen Trick lernen, der ihm im Kampf vielleicht einmal zugutekommen würde. Das galt vor allem für Einzelkämpfe Mann gegen Mann. Der Kampf in einer Schlachtreihe war allerdings etwas ganz anderes. Aber für einen Leibwächter kam das wohl kaum in Frage.

In seiner dienstfreien Zeit ritt Volkmar meistens zum Burgdorf hinüber, um sich im heimeligen Dunst nach Rind, Pferd und Rauch an der Feuerstelle aufzuwärmen. Mit Frau und Söhnchen hielt er sich abwechselnd auf dem Hof seines Vaters und dem seiner Schwiegereltern auf. Er konnte auch manchmal hier und da mithelfen, Zäune zu flicken und einige Dinge instand zu setzen, die im Frühjahr gebraucht wurden.

Der Frühling kündigte sich an durch Sturm und Tauwetter. Das Überschwemmungsgebiet der Oker füllte sich wieder. Der Wind klatschte blinkende Wellen in das wogende Schilf. Die gellenden Reiserufe der Wildgänse kündigten an, dass die wärmere Jahreszeit nicht mehr weit entfernt war.

Als das Frühjahrs-Hochwasser zurückging, die braunschlammige Flussaue sich mit Kräutern und Blüten schmückte, und an den Zweigen von Birke, Erle und Haselbusch des Großen Bruches jenseits der Oker das erste, schüchterne Grün sichtbar wurde, war es dann wieder so weit, dass König Heinrich zum Aufbruch rüstete, um seine während der Winterruhe entwickelten Pläne in die Tat umzusetzen.

Gertrude konnte ihre Tränen kaum unterdrücken, während sie am Tage vor dem Abmarsch mit ihrem Mann in der schon etwas wärmenden Nachmittagssonne auf der roh gezimmerten Eichenbank vor seinem Vaterhause saß, während Albrecht mit dem schwarzen Hasso spielte, der den kleinen Quälgeist großmütig gewähren ließ. Nur wenn der ihn zu heftig an den Ohren zog, entzog der Hund ihm seinen Kopf und wehrte ihn mit der Pfote ab. Das gesunde, kräftige Kind machte beiden Eltern viel Freude.

Gertrude wandte ihren Blick von dem Jungen ab und blickte nachdenklich auf ihren gewölbten Leib hinab. „Kannst du nicht noch so lange hier bleiben, bis unser zweites Kind zur Welt kommt?", fragte sie.

„Es geht nicht!", antwortete Volkmar gequält. „Ich bekomme keinen Urlaub. Morgen früh geht es in Richtung Südost. Der König hat uns mitgeteilt, dass er nach der Quitlingaburg will. Über die weiteren Reisepläne bin ich nicht unterrichtet."

Sogar der große Hund schien die gedrückte Abschiedsstimmung zu spüren. Er ließ die Ohren hängen und blickte manchmal wie nachdenklich zum Gesicht seines Herrn auf.

Am Abend saßen noch einmal alle zusammen an der großen Tafel in Gerolds Hause: Harald und Astrid, Volkmar und Gertrude mit Abrecht, Walburga mit Ute und der Hausherr selbst. Ein Fässchen Bier sorgte für einen zünftigen Abschiedstrunk. Dann sattelte Volkmar seinen Blitz, um zur Pfalz zurückzureiten. Der Hund brauchte nicht gerufen zu werden. Der hatte schon gemerkt, dass es wieder losging. Gerold begleitete seinen Sohn, um sich beim Grafen Thankmar zurückzumelden. Gertrude und Walburga standen in der Toreinfahrt und winkten hinter den beiden Männern her, bis diese hinter hohem Gebüsch nicht mehr zu sehen waren.

In dem geräumigen Pferdestall auf der Pfalz begrüßten Blitz und Hasel einander mit hellem Wiehern. Auch Hasso freute sich anscheinend, dass er seine großen Freunde wieder beisammen hatte, und blieb – wie immer – für die Nacht bei den Pferden.

Die Nacht war nicht allzu lang; dafür sorgte ein Hornbläser bereits kurz vor Sonnenaufgang. Bald herrschte auf dem Burghof und in der Vorburg ein emsiges Leben und Treiben. Die zahlreichen Gäste nahmen das kräftige Frühstück ein, das von den Bediensteten des Pfalzgrafen, die noch erheblich früher hatten aufstehen müssen, auf langen Tafeln im Versammlungshaus serviert wurde. Dann formierte sich der lange Wagenzug des königlichen und bischöflichen Gefolges. Nach einem formellen Abschied vom Grafenehepaar und der unter Gerolds Kommando angetretenen Pfalzwache setzte sich der Zug nach einem Hornsignal mit dem Begleitschutz der bewaffneten Reiterkrieger der Leibwachen des Königs und des Erzbischofs in Bewegung und ratterte und klapperte zum Westtor hinaus.

Es wurde jetzt offensichtlich, wie stark der Tross des Königs durch die Vergrößerung seiner Kanzlei angewachsen war. Das stellte natürlich an die Pfalzen, die eine solche Truppe für längere Zeit beherbergen mussten, erhöhte Anforderungen. So war auch Graf Thankmar froh, endlich wieder zur Tagesordnung übergehen zu können. Allerdings wusste er jetzt, mit welchen zusätzlichen Belastungen er zu rechnen hatte, wenn der König sich wieder einmal anmeldete. Da dessen Reiseplan jedoch von den politischen Ereignissen bestimmt wurde, konnte man nie vor Überraschungen sicher sein. Der

Pfalzgraf musste also Übernachtungsplätze sowie Nahrungs- und Futtervorräte stets in ausreichender Menge zur Verfügung halten. Diesmal war es durch die Ankunft des Erzbischofs und seines Gefolges schon eng geworden, und die Vorräte hatten gerade ausgereicht. So konnte Thankmar nach dem Abmarsch seiner Gäste aufatmen. Sogleich aber formten sich in seinem Kopf die Planungen für die Zukunft. Ohne zu zögern, bat er Pater Wilbert zu sich ins Haus, um mit ihm gemeinsam die künftig erforderlichen Vorratsmengen zu berechnen.

Die königliche Marschkolonne nahm zunächst wieder den Weg nach Süden bis nach Sudburg, um dann in Richtung Sonnenaufgang den Heerweg nach Halberstadt einzuschlagen. Dort wurde übernachtet. Am folgenden Tage kam um die Zeit des höchsten Sonnenstandes der beeindruckende Felsen in Sicht, auf den die Quitlingaburg gebaut war. Dort war alles auf den Empfang der umfangreichen Kolonne eingerichtet. Der Burgherr war einen halben Monat vorher davon in Kenntnis gesetzt worden, dass der König mit großem Gefolge bei ihm einkehren werde. Er war auch über die Zahl seiner Gäste im Bilde. In aller Eile war es ihm gelungen, die Versorgung der vielen Menschen und Tiere für eine Woche sicherzustellen.

König Heinrich war mit den Vorbereitungen des Burgherrn zufrieden. Außerdem gefiel ihm die sichere Lage der Burg auf dem Felsenberge. Bei dem großen Gelage, das am Abend nach seiner Ankunft stattfand, erteilte er dem adligen Herrn den Auftrag, den Platz zu einer weiteren Pfalz auszubauen, und ernannte ihn zum Pfalzgrafen.

Dem frischgebackenen Pfalzgrafen fiel es nicht ein, den Auftrag zum Ausbau auf die leichte Schulter zu nehmen. Er kannte Heinrich zur Genüge noch aus dessen Zeit als Herzog von Sachsen und wusste, dass er einmal gefasste Pläne mit Energie verfolgte und getroffene Anordnungen auch überwachte.

Auf diese Weise überzog Heinrich sein Reich mit einem Netz von Stützpunkten, in denen er jeweils für eine gewisse Zeit mit großem Gefolge Unterkunft und Verpflegung fand und wichtige Amtsgeschäfte erledigen konnte, die über die Befugnisse der Pfalz- und Gaugrafen hinausgingen. Außerdem war es wichtig, dem Volk immer wieder vor Augen zu führen, dass es ihn gab, und dass er sich um die Belange des Volkes und Reiches kümmerte.

Nachdem die Geschäfte in der Quitlingaburg erledigt waren, umrundete Heinrich mit seinem Tross den Ostharz und reiste zu seiner Wallburg auf dem Rotenberg bei Pöhlde am Südrand des Gebirges.

Feinde in West und Ost

So verging das Jahr mit Reisen von einer Pfalz zur anderen. Schließlich brach nach einem verhältnismäßig milden Winter ein neuer Frühling an, und die Geistlichkeit schrieb das Jahr 923 nach der Geburt des Herrn. Die Regierungsgeschäfte führten den König weit nach Thüringen, Franken und Schwaben hinein. Aber die Landschaft um den Harz lag ihm besonders am Herzen. Im sechsten Mond des Jahres stattete er der Pfalz Wallhausen in der Goldenen Aue südlich des Harzgebirges einen Besuch ab.

Dort hatte er vierzehn Jahre zuvor seine Hochzeit mit Mathilde gefeiert.

Die Krieger der Leibwache hatten nur dann Gelegenheit, ihre Familien zu besuchen, wenn die Reiseroute zufällig ihre engere Heimat berührte. Für Volkmar trat dieser Glücksfall leider nicht ein. Er war inzwischen achtzehn Jahre alt und schon ein Jahr lang nicht mehr zu Hause gewesen. Voller Ungeduld wartete er darauf, dass der König wieder einmal nach Norden zöge, und er seine Familie wiedersehen könnte. Sein zweites Kind musste jetzt schon fast ein Jahr alt sein. War die Geburt gut verlaufen? Hatte er noch einen Sohn oder eine Tochter? Weder von Königsboten noch von Händlern war etwas zu erfahren. Zu weit war er von seiner Heimat entfernt!

Aber das Schicksal wollte es leider, dass die nächste große Fahrt nicht in den Norden, sondern nach Westen ging. Ein Bote brachte die Nachricht, dass im Westfränkischen Reich ein Bürgerkrieg ausgebrochen war. Karl der Einfältige, mit dem Heinrich einen Freundschaftsvertrag geschlossen hatte, war durch Robert von Franzien, den der Adel als Gegenkönig aufgestellt hatte, herausgefordert worden. Es kam zum Kampf zwischen den beiden Heeren, wobei der Herausforderer sein Leben ließ. Nun nahm aber Roberts Schwiegersohn, Herzog Rudolf von Burgund, dessen Stelle ein und erlaubte sich bei den Kämpfen gegen Karl einen Übergriff auf ostfränkisches Gebiet: Er eroberte die Festung Zabern nordwestlich von Straßburg im Elsass. Zabern aber gehörte zum Herzogtum Schwaben!

Nun konnte Heinrich nicht mehr tatenlos zusehen. Die Mönche seiner Kanzlei bekamen Schreibarbeit, und ein

Schwarm von Königsboten sattelte die Rennpferde. Der König sandte Einsatzbefehle an die Grafen der westfälischen Gaue, setzte sich an die Spitze eines sächsischen Heerbanns und eroberte Zabern zurück. In Verfolgung der westfränkischen Truppen eroberte er außerdem Metz an der Mosel, den ursprünglichen Stammsitz der Karolinger, nachdem ihm gemeldet worden war, dass König Karl durch Verrat gefangen genommen worden war. Heinrich zog sich jedoch wieder zurück, als Rudolf mit einem starken Heer nach Lothringen vorrückte. Der König schloss mit Rudolf einen einjährigen Waffenstillstand.

Noch etwas anderes bewegte König Heinrich zum Rückzug aus westfränkischen Gebiet: Melder brachten eine neue Hiobsbotschaft, diesmal aus dem Osten. Slawische Verbündete der Ungarn hatten die Elbe überschritten und die Siedlung Magathaburg niedergebrannt. Sie hatten wohl gemeint, die Zeit sei günstig, da der König im Westen beschäftigt war.

Volkmar konnte mithören, wie Heinrich sich mit seinen Truppenführern besprach. „Es wird Zeit, dass wir an der Elbe für Ordnung sorgen!", donnerte er. „Dem König Karl können wir jetzt ohnehin nicht mehr helfen, da er die Unterstützung seines Adels verloren hat."

Also marschierte die Armee zurück nach Sachsen, und in Volkmar keimte die Hoffnung, dass sich auf dem Weg zur Elbe die Gelegenheit ergeben werde, seine Familie zu besuchen.

Das sächsische Heer zog zunächst nach Norden, um sich dann auf dem Königsweg nach Osten zu wenden. Es überschritt bei Hameln die Weser, erreichte hinter Hildesheim die fruchtbare Tiefebene und zog unweit des Jagdhofes Dinklar weiter in Richtung auf Brunesxwiek, wo wieder einmal ein Nachtlager aufgeschlagen wurde. Hier erhielt Volkmar die Erlaubnis, nach Süden zur Pfalz Werla zu reiten. Dabei übernahm er gleichzeitig die Rolle eines Königsboten, denn Heinrich vertraute ihm eine Schriftkapsel an, die Anweisungen für den Grafen Thankmar enthielt. In vier Tagen sollte er bei der Magathaburg wieder zur Truppe stoßen.

Volkmar ritt bald wieder auf den bekannten Wegen, die er in umgekehrter Richtung benutzt hatte, als er von der Werla nach Dinklar gezogen war. Nur prangte diesmal der königliche Adler auf seiner Brust, der ihm besonderen rechtlichen Schutz verlieh. Der Hengst, der immer noch gut in Form war, griff munter aus, und die mit kriegsmäßigem Gepäck beladene Stute folgte geduldig. Der schwarze Hund, durch das viele Laufen ebenfalls stark und ausdauernd geblieben, schien die Landschaft wiederzuerkennen. Er lief oft voraus und sah sich ungeduldig nach seinem Herrn um, der meist im Schritt oder im leichten Trab ritt, um die schwer bepackte Hasel zu schonen.

Als sie sich dem Warnetal näherten, konnte Volkmar seine eigene Ungeduld nicht mehr zügeln. Er trieb die Pferde zu einem scharfen Trab an. Sein Pflichtgefühl verbot ihm, direkt zum Hof seines Vaters zu reiten. Zuerst musste er die schriftliche Botschaft auf der Pfalz abliefern! Er hoffte jedoch, seinen Vater und Gertrude dort vorzufinden. Vielleicht hatte sie sogar die beiden Kinder bei sich?

Auf der Pfalz begab er sich sofort zum Hause des Grafen und lief dort seinem Vater in die Arme, der gerade aus der Tür kam. Die Überraschung war riesengroß! Gerold umarmte seinen Sohn, hielt ihn dann mit beiden Armen von sich und rief: „Bist du noch größer geworden? Und kräftige Schultern hast du bekommen! Und was sehe ich? Den Adler der Königsboten? Bist du nicht mehr bei der Leibwache?"

Volkmar klärte ihn kurz über die Zusammenhänge auf und stellte dann die bange Frage nach seiner Familie. Gerold lachte und schlug dem Sohn seine Pranke auf die Schulter: „Du hast dafür gesorgt, dass ich noch einen Enkelsohn bekommen habe! Gertrude hat ihn Sigifred genannt, weil du den Namen oft erwähnt hast, wenn du von Sudburg erzähltest."

„Wo ist sie?", fragte Volkmar, glücklich über diese freudige Nachricht. „Und wo sind meine Kinder?"

„Du kannst sie gleich sehen", erwiderte Gerold. „Sie ist in der Weberei und hat die beiden Jungen bei sich. Erledige du nur eben deinen Auftrag! Ich gehe jetzt schnell zu meiner Schwiegertochter und erzähle, dass du hier bist."

Volkmar ließ sich beim Pfalzgrafen anmelden und händigte diesem die Botschaft aus. Thankmar rief sofort nach Pater Wilbert, der ihm das lateinische Schreiben übersetzen und vorlesen sollte.

Graf Thankmar hatte Verständnis dafür, dass das ehemalige Mitglied seiner Burgwache sofort zu Frau und Kindern eilen wollte. Und so überquerte Volkmar mit langen Schritten den Burghof, schritt durch das Tor zur Vorburg und strebte auf die Webhütten zu, bei deren Einrichtung er damals noch geholfen hatte. Dort kamen ihm schon vier Menschen entgegen, zwei große und zwei kleine. Der Heimkehrer schloss freudestrahlend seine Frau in die Arme und beugte sich dann zu seinen Söhnen hinunter, die sich ängstlich hinter ihrer Mutter versteckten und sich an ihren langen, faltigen Rock klammerten. Es gab ihm einen Stich ins Herz. Ihm wurde plötzlich klar, dass er für seine eigenen Kinder ein Fremder war! Sogar der fast zweijährige Albrecht erkannte ihn nicht wieder! Gertrude nahm den kleinen Sigifred auf den Arm und redete ihm gut zu. Sein Vater strich ihm vorsichtig mit seiner harten Hand über das dunkelblonde Haar und versuchte, das Vertrauen seines Jüngsten zu gewinnen. Aber von einem Augenblick auf den anderen war das nicht möglich.

Der etwas ältere Albrecht dagegen betrachtet ihn neugierig. Allmählich kam ihm wohl die Erinnerung an seinen Vater zurück. Der schwarze Hasso, der die beiden Pferde verlassen und seinen Herrn begleiten durfte, hatte mit der Erinnerung weniger Probleme. Die Gerüche von Personen, die er einmal kennengelernt hatte, waren wohl in seiner feinen Hundenase gespeichert. Er zögert nicht, an Gertrude freudig bellend hochzuspringen und dem kleinen Albrecht zur Begrüßung über das Gesicht zu lecken.

„Das ist euer Vater", erklärte Gertrude den Kindern. „Und das ist Hasso. Er gehört auch zu unserer Familie", ergänzte sie lachend.

Gertrude war inzwischen zur Leiterin der aus mehreren Einheiten bestehenden Weberei aufgestiegen, wie sie stolz berichtete. Volkmar freute sich über ihren Erfolg. Nach der ersten Begrüßung half sie ihrem Mann, das

Adlerzeichen von seiner Kleidung zu trennen, das ihm nun nicht mehr zustand, da er keine offizielle Botschaft mehr zu überbringen hatte.

Leider konnte Volkmar nur zwei Tage bei Frau und Kindern, Vater, Walburga, der kleinen Uta und seinen Schwiegereltern verbringen. Dann musste er wieder die Pferde satteln und sich auf den Weg zur Magathaburg machen. Dort traf er auf das sächsische Feldlager. Von dem Ort Magathaburg waren fast nur noch schwarz verbrannte Trümmer übrig geblieben. Da der Siedlungsplatz aber für König Heinrich strategisch wichtig erschien, befahl er den Wiederaufbau und die Anlage einer stärkeren Befestigung.

Auf einen sofortigen Vergeltungsfeldzug verzichtete der König. Er wusste, dass das die Ungarn auf den Plan rufen würde, die mit den Slawen gemeinsame Sache machten und auf solch eine Gelegenheit warteten, um wieder ins Sachsenland einzufallen. Heinrich beschloss, im kommenden Jahr zu einem großen Schlag gegen die slawischen Stämme diesseits und jenseits der Elbe auszuholen.

In der letzten Zeit hatten sich die Steppenreiter auf das südliche und westliche Europa konzentriert und sogar in Westfranken reiche Beute gemacht. Es war Heinrich bekannt, dass in Süditalien zur Zeit eine gewaltige, ungarische Reiterarmee unter dem Großfürsten *Tarhos*, einem Sohn König *Árpáds*, versammelt war, und ein Bündnisvertrag mit dem römischen Kaiser *Berengar* bestand. Aber Italien war zum Glück weit entfernt; und hier im Norden brauchte man sich noch keine Sorgen zu machen. Niemand kannte jedoch die weiteren Pläne der ungarischen Heerführer. Und man hatte in der Vergangenheit leider oft erfahren müssen, wie schnell der gefährliche Erzfeind in der Lage war, große Entfernungen zu überwinden.

Die dritte Begegnung

Das Jahr 924 war gekommen, ein Jahr, das eine entscheidende Wende im Schicksal des Sachsenvolkes und des gesamten Ostfränkischen Reiches bringen sollte. Aber noch ahnte niemand etwas davon. Es war Frühsommer. Das Schmelzwasser in der Okerniederung war bereits auf dem Rückzuge. Die Wiesen und Bachränder prangten im Schmuck bunter Blumen, und im Flachwasser stelzten Graureiher, schwarz-weiße Störche und Kraniche zwischen rudernden Enten und Wildgänsen und fischten nach Krebsen und Lurchen. Die zahllosen Wasser- und Grasfrösche erfreuten sich ihres oft kurzen Lebens und quakten um die Wette. Am Flussufer wogten die frischen Schilfhalme, und die Erlen hatten sich mit hellem Grün geschmückt. Den Wachen, die hinter den Zinnen der Werla-Burgmauer ihre gewohnte Runde gingen, bot sich ein Bild des Friedens. Doch sie gaben sich einer Täuschung hin! ---

König Heinrich hielt sich wieder einmal mit seiner Familie und dem gesamten, umfangreichen Hofgefolge in seiner Lieblingspfalz Werla auf. Sein junger Leibwächter Volkmar genoss das leider so seltene Beisammensein mit seinen Angehörigen und ritt in seiner dienstfreien Zeit auch manchmal zum Burgdorf hinunter. Er besuchte alte Bekannte und natürlich auch die Höfe von Vater und Schwiegereltern. Der schwarze Hasso war stets in seiner Nähe. Als sie sich aber Haralds Hof näherten, interessierte er sich stark für eine kräftige Hündin, die offenbar in Paarungsstimmung war. Volkmar ließ ihn gewähren. Ja, er empfand sogar Sympathie für solche Regungen.

Trotz des herrlichen Frühsommerwetters fiel ein Schatten auf diesen Werla-Aufenthalt. Heinrich erkrankte schwer. Sein fränkischer Leibarzt, zwei Feldschere und einige erfahrene, sächsische Kräuterfrauen kümmerten sich um ihn. Aber niemand konnte mit Gewissheit sagen, was ihm fehlte. Der sonst immer vor Gesundheit und Tatkraft strotzende König fühlte sich schlapp und elend, und das Fieber, das ihn besonders in der Nacht heimsuchte, wollte und wollte nicht weichen. Wenn es besonders schlimm war, wachte die Königin an seinem Krankenlager.

In diese unheilvolle Lage platzte auch noch eine Schreckensnachricht hinein: Boten aus Thüringen erreichten auf schweißnassen Pferden die Pfalz und meldeten, starke ungarische Reiterabteilungen seien im Anmarsch und plünderten und brandschatzten bereits Dörfer am Rande des Ostharzes.

Heinrich wusste, dass er diesmal nicht an der Spitze seiner Truppen dem Feind entgegenziehen konnte. Zum einen verbot es ihm seine Erkrankung, zum anderen war ihm auch klar, dass seine Krieger es mit diesem Gegner auf freiem Felde nicht aufnehmen konnten. Dazu bedurfte es einer besonderen Ausbildung, die ihm zwar schon vorschwebte, zu der aber noch keine Gelegenheit gewesen war. Dazu wäre eine längere Friedenszeit nötig gewesen, die man dazu hätte nutzen können, größere militärische Einheiten zu besonderen Übungen zusammenzuziehen.

Der König ließ seine Kanzlei sofort schriftliche Befehle an alle ostfälischen und thüringischen Gaue aufsetzen. Das gesamte Gebiet war in Alarmbereitschaft zu setzen, und die Heeresaufgebote hatten sich in den Burgen der Gaugrafen bereitzuhalten. Die Bevölkerung – soweit nicht im Kriegseinsatz – sollte sich in Sicherheit bringen. Es ging nur darum, sich – so gut es ging – einzuigeln und zu verteidigen.

Auf der Pfalz hielt sich gerade ein daleminzischer Händler vom Westufer der Elbe auf. Im Allgemeinen waren Händler – ganz gleich welcher Herkunft – immer gern gesehen. Da aber bekannt war, dass die Daleminzier Freunde der Ungarn waren, wurde dem Mann verboten, die Pfalz zu verlassen, damit er nicht in Versuchung geriet, sich als Spion zu betätigen.

Nach einigen Tagen des Wartens brachte ein Reiter die Meldung, ein starkes Heer sei zwischen Harz und Huy hindurchgezogen und nähere sich der Hornburg, die aber zur Verteidigung bereit sei. Die feindliche Armee habe sich vor dem Kleinen Fallstein geteilt. Einige Einheiten seien nördlich, die anderen südlich des Höhenzuges vorgedrungen, um so die Burg in die Zange zu nehmen.

Der König saß warm eingepackt im Empfangsraum des Palas und ließ sich die Meldung vortragen. Graf Thankmar, der Gardepräfekt und die beiden siebzehn- und zwölfjährigen Prinzen Thankmar und Otto waren bei ihm. Heinrich besprach mit dem Pfalzgrafen die Lage. Seine Stimme war belegt, und er musste oft husten. „Was schlägst du vor?", fragte er seinen Gefolgsmann.

„Ich vermute", antwortete der Gefragte, „dass die Ungarn über Isingerode und das Steinfeld auf die Pfalz vorfühlen werden. Der Hof Skladheim wird in Gefahr geraten. Um Gegenmaßnahmen ergreifen zu können, müssten wir über ihre Truppenbewegungen genauer im Bilde sein. Ich schlage vor, einen Spähtrupp zum Steinfeld zu schicken."

Der König war einverstanden. Nach kurzem Überlegen wies er Bruno an, Volkmar Geroldsohn herbeizuholen. Er setzte in den inzwischen Neunzehnjährigen großes Vertrauen und schätzte besonders seine Umsicht und seine gute Beobachtungsgabe.

Nach wenigen Minuten kam Bruno zurück, und hinter ihm betrat Volkmar den Raum. Beide blieben abwartend einige Schritte vor dem König stehen.

„Volkmar," sprach Heinrich ihn an, „du bist hier aufgewachsen und kennst diese Landschaft gut. Du wirst ein Spähtrupp-Unternehmen anführen. Such dir unter den Kriegern der Pfalzwache sechs Männer deines Vertrauens aus! Versucht herauszubekommen, was die Ungarn, die zurzeit bei der Hornburg sein sollen, weiter vorhaben! Es ist jetzt früher Nachmittag. Seid bei Dunkelwerden zurück!"

Volkmar wusste nicht, was er sagen sollte. Er war stolz auf den ehrenvollen Auftrag. Ohne ein Wort verbeugte er sich knapp vor seinem König, wandte sich um und verließ gemeinsam mit Bruno den Raum. Draußen blieb der Gardepräfekt stehen und legte seinem Untergebenen die Hand auf die Schulter. „Das ist keine leichte Aufgabe", sagte er ernst. „Die Magyaren sind schnell! Wie wirst du es machen?"

„Es wird nur über das Bruch gehen. Da gehen die Pferde nicht weit hinein", antwortete Volkmar.

Bruno nickte. „Ein guter Gedanke. Du kennst die Gegend; die Feinde kennen sie nicht. – Ich gehe jetzt deinen Vater holen. Er soll seine Wache zusammenrufen."

Gerold machte zuerst ein bestürztes Gesicht, als er von dem gefährlichen Auftrag hörte, den sein Sohn bekommen hatte. Doch dann überwog der Stolz darauf, dass der König ein solches Vertrauen in Volkmar setzte. Es dauerte nicht lange, bis die Pfalzwache auf dem Burghof versammelt war. Volkmar wählte sechs Männer aus, die er noch von früher kannte, als fähig und verlässlich einschätzte, und von denen er in Erinnerung hatte, dass sie treffsichere Bogenschützen waren. Seine erste Wahl fiel aber auf Gerhard. Er nahm ihn kurz beiseite und sprach leise auf ihn ein: „Der König hat mich mit der Leitung des Unternehmens betraut. Ich kann das nicht ändern. Du bist älter und erfahrener als ich. Deshalb lege ich großen Wert auf deine Hilfe. Ich denke, wir werden die Sache gemeinsam deichseln!"

Gerhards Augen blitzten unternehmungslustig. Er nickte nur stumm, wie das seine Art war. Die anderen fünf Ausgewählten waren junge, drahtige Burschen, die nicht so aussahen, als wenn sie Angst vor der Sache hätten. Volkmar ging mit seinem Spähtrupp in das Wachhaus neben dem Westtor und weihte sie in seinen Plan ein: „Wir werden unseren Auftrag zu Fuß erledigen. Die Pferde können wir dabei nicht gebrauchen. Trotzdem müssen wir beweglich sein. Legt deshalb eure Helme und Kettenhemden ab, und lasst eure Schilde hier! Sie würden euch nur behindern. Lasst nur den Sax am Gürtel! Nehmt aber einen starken Bogen und einen gefüllten Pfeilköcher mit! Vielleicht werden wir uns verteidigen müssen. Sorgt aber dafür, dass die Pfeile im Köcher nicht klappern! – Und steckt einen Lederriemen ein, den ihr um euren Kopf binden könnt!"

Volkmar nahm sich nicht die Zeit, sich von seiner Familie zu verabschieden. Er fürchtete auch, Gertrude in Angst zu versetzen. So überließ er es seinem Vater, die Angehörigen über das gewagte Unternehmen zu unterrichten.

Der Erkundungstrupp erhielt von einem Fischer einen größeren Kahn mit flachem Boden. Damit setzten die Späher über die Oker und versteckten das Fahrzeug im Gebüsch. Volkmar führte seine Gruppe auf einen schmalen Trampelpfad, den er schon in seiner Kindheit benutzt hatte. Der Weg schlängelte sich etwa in südlicher Richtung auf Isingerode zu und war auf beiden Seiten von dichten Büschen, Erlengruppen und Schilffeldern begrenzt, zwischen denen immer wieder Wasserlachen in der Nachmittagssonne blinkten. Nach kurzer Zeit ließ Volkmar seine Leute anhalten, sich die Lederriemen um die Stirn binden und Schilfhalme dahinter stecken, so dass sie aussahen wie gekrönte Moorkönige. „Steckt euch auch lange Schilfstängel in den Gürtel! Das ist in diesem Gelände die beste Tarnung." Von Gerhard erntete er dafür ein anerkennendes Nicken.

Je weiter sie nach Süden vordrangen, umso vorsichtiger wurden sie. In einer Reihe schlichen sie gebückt und schweigend wie wandelnde Schilfbündel dahin. Jeder hatte seinen gespannten Eibenbogen in der einen Hand und hielt mit der anderen den am Gürtel pendelnden Köcher fest. Sie bewegten sich gerade auf eine Stelle zu, wo der Pfad eine fast rechtwinkelige Kurve machte, als Gerhard, der hinter Volkmar ging, diesem stumm auf den Rücken tippte. Er zeigte mit ausgestrecktem Arm auf eine Stelle, die links hinter der Biegung lag. Dort war eine Bewegung zu erkennen. Außerdem flogen dort einige Enten mit Gequarre auf. Sofort wies Volkmar seine Gruppe durch Handzeichen an, nach links in das sumpfige Gelände auszuweichen und sich hinzukauern. Nach wenigen Augenblicken sahen sie in der Wegbiegung einen Reiter auf einem mittelgroßen, struppigen Pferd auftauchen und hinter ihm nacheinander noch vier weitere. Danach kam nichts mehr.

Volkmar wurde klar, dass er es hier mit einem Spähtrupp des Feindes zu tun hatte, der nur deshalb zuerst entdeckt worden war, weil die ungarischen Reiter sich ungern von ihren Pferden trennten. Auch die Magyaren hielten ihre gefährlichen, geschwungenen Hornbögen schussbereit quer vor sich über dem Sattel und ließen ihre Kriegsponys langsam im Schritt gehen. Nichts deutete darauf hin, dass sie ihre lauernden Gegner entdeckt hätten. Ihre Aufmerksamkeit konzentrierte sich hauptsächlich nach links in Richtung auf den Okerfluss, hinter dem sie die sächsische Burg wussten. Noch waren sie zwei Speerwurfweiten entfernt. Volkmar erinnerte sich schlagartig wieder an sein Erlebnis damals in Sudburg. --- Aber diesmal war er besser vorbereitet als damals!!

Die Sachsen wagten kaum zu atmen. Das sumpfige Wasser lief ihnen in die Stiefel. Volkmar und Gerhard hatten sich hingekniet. Ihre ledernen Beinkleider waren sofort durchnässt. Aber sie bewegten sich nicht. Um sie herum mischten sich die Gerüche von faulenden Pflanzenresten und duftender Wasserminze. Das dunkle Wasser gluckste, und das hohe, schützende Schilf rauschte leise im leichten Abendwind. Nicht weit von ihnen platschte ein Frosch ins Wasser, und eine Bisamratte, von den Menschen aufgeschreckt, zwängte sich eilig durch die Pflanzenstängel. Weit hinter den getarnten, kauernden Kriegern ertönte irgendwo der dumpfe Balzruf einer Rohrdommel.

Der vordere Reiter schien etwas Besonderes zu sein. Er war kostbarer gekleidet als die anderen und trug einen Lederpanzer, der mit Metallplatten verstärkt war. Am Zaumzeug seines Pferdes baumelten Amulette, die aus Edelmetall zu sein schienen. Auch das Pferd selbst war anscheinend von edler Rasse. Es war an Brust und Flanken durch Lederplatten geschützt. Der Mann war von mittlerem Alter. Volkmar fasste einen kühnen Plan. Er wies seine Gruppe flüsternd an, einen Pfeil auf die Sehne zu setzen.

Der feindliche Trupp kam langsam näher. Volkmar winkte seine Mitstreiter eng zusammen und machte sie flüsternd mit seinem Vorhaben bekannt. Es ging darum, die Feinde möglichst mit dem ersten Schuss aus dem Sattel zu holen. Er wies vieren seiner Männer je ein Ziel in der Kette der Gegner zu. „Verteilt euch etwas, um euch nicht gegenseitig zu behindern, und wartet auf mein Kommando!", wisperte er. „Den Anführer übernehmen Gerhard, Adalbert und ich. Wir wollen ihn lebend haben."

Die sächsischen Langbogenschützen schlichen tief gebückt auseinander.

Endlich war die Kette der ungarischen Kundschafter in Höhe der wartenden Sachsen angelangt. „Fertig!", flüsterte Volkmar. Vier Kameraden erhoben sich ganz langsam, um nicht durch eine zu schnelle Bewegung die Aufmerksamkeit eines Feindes auf sich zu lenken, streckten den Bogenarm und zogen das gefiederte Pfeilende zurück. „Jetzt!", rief ihr Anführer halblaut. Im nächsten Augenblick zischten vier Pfeile auf ihre Ziele zu. Volkmar hatte seine Leute gut ausgesucht. Zwei ungarische Krieger stürzten durch den Hals getroffen vom Pferd. Ein dritter war in die Flanke getroffen worden und hob nun seinerseits den Bogen. Ein weiterer sächsischer Pfeil traf ihn jedoch in die Brust und ließ ihn ebenfalls vom Pferd fallen. Dem vierten Reiter am Ende der Reihe jedoch hatte der Pfeil nur die Fellkappe vom Kopf gerissen. Er überblickte blitzschnell die Lage, wendete sein Ross, beugte sich tief über den Pferdehals und trieb das Tier mit einem lauten Schrei auf dem Weg zurück. Der Schrei war vielleicht auch auf die Wirkung eines zweiten Pfeiles zurückzuführen, der ihn in das Gesäß traf. Jedenfalls aber gelang ihm die Flucht.

Währenddessen sprangen Volkmar, Gerhard und Adalbert platschend durch das Schilf auf den Anführer zu, der sein Pferd gewendet hatte und entsetzt seine sterbenden Genossen am Wege liegen sah. Ehe er an eine Verteidigung denken konnte, blickte er auf drei lebende Schilfbündel und drohend auf ihn gerichtete Pfeilspitzen. Sofort war dem erfahrenen Krieger klar, dass sein Leben an einem seidenen Faden hing. Sein braunes Gesicht mit dem schwarzen, hängenden Schnurrbart wurde aschfahl. Da er aber erkannte, dass man ihn nicht töten wollte, ließ er seinen eigenen Bogen fallen und hob langsam die

Hände. Volkmar wies ihn durch Handzeichen an, abzusteigen, was er auch bereitwillig tat. Dabei wurde er von den drei Sachsen scharf beobachtet. Volkmar bat Gerhard, den Ungarn zu entwaffnen. Dabei sicherten er und Adalbert mit straff gespannten Bögen.

Zur selben Zeit hatten die vier Kameraden mit den von den Pferden gestürzten Feinden kurzen Prozess gemacht. Die sächsische Gruppe sammelte sich um den Gefangenen. Hinter ihnen blieben drei Leichen zurück. Volkmar gab Anweisung, die ledernen Kopfbänder zu lösen und dem Anführer der Ungarn damit die Hände auf dem Rücken zu fesseln. Der feindliche Spähtruppführer ertrug sein Schicksal mit erstaunlicher Fassung. „Wir müssen zusehen, dass wir über die Oker kommen, bevor der Entflohene Verstärkung heranholt", sagte Volkmar.

Sie nahmen den Gefangenen in die Mitte und trieben ihn zur Eile an. Der Ungar wagte keinen Fluchtversuch, da er gerade gesehen hatte, wie sicher die sächsischen Pfeile ihre Ziele gefunden hatten. Gemeinsam lief die nun aus acht Personen bestehende Gruppe auf dem Pfad zurück in Richtung Werla. Das Pferd des gefangenen Ungarn folgte seinem Herrn aus Gewohnheit und Anhänglichkeit, und die übrigen Pferde schlossen sich an. Volkmar ließ die Tiere gewähren. Er konnte jetzt nicht um sie kümmern. Über den Fluss würde er sie wohl nicht mitnehmen können.

Sie erreichten den versteckten Kahn, schoben ihn ins Wasser und stiegen ein. Der Gefangene bewahrte zu ihrem Erstaunen eine stolze, selbstbewusste Haltung. Als sie zum anderen Ufer ruderten, hatten sie noch über etwas anderes zu staunen. Sie mussten nämlich mit ansehen, wie das Pferd des Ungarn ins Wasser sprang, seinem Herrn schwimmend folgte und damit die anderen Pferde hinter sich her zog. Volkmar konnte das nur recht sein. So konnte er außer seinem Gefangenen auch noch vier von den zähen ungarischen Kriegspferden einbringen.

Volkmar ließ das Boot unterhalb des Eselsstieges ins Gebüsch ziehen und wies die Wache, die die Rückkehr der Gruppe bereits gemeldet hatte, an, das an der Flussseite gelegene Tor zur Vorburg zu öffnen. Der Spähtrupp zog mit seinem Gefangenen in die Burg, und die erbeuteten Pferde wurden ebenfalls mit hineingetrieben.

Die Nachricht von der Rückkehr der Gruppe hatte auf dem jetzt dicht bevölkerten Pfalzgelände blitzschnell die Runde gemacht. Der Trupp mit dem gefesselten Gefangenen war schnell von einer dichten Menschentraube umringt, die den Magyaren mit finsteren Blicken bedachte. Volkmar ließ sich sofort beim König melden. Dieser war bereits informiert worden und empfing die Zurückgekehrten in der Halle des Palas auf dem Stuhl sitzend. Mit fiebrigen Augen blickte er den Gefangenen an. „Wer bist du?", fragte er.

Die Antwort des Ungarn war unverständlich. Heinrich ließ den slawischen Händler rufen. „Du hast doch schon öfter mit den Ungarn Handel getrieben, *Vaclav*", sagte er zu dem Daleminzier. „Kannst du mir übersetzen, was dieser Mann hier sagt?"

Der Gefangene begriff, dass der Händler dolmetschen sollte, und wiederholte, was er vorhin gesagt hatte. Der Slawe wandte sich zu Heinrich und sagte: „Er sagt, Name ist *Zoltán* und ist jüngster Sohn von König *Árpád*. Und seine Leute ihn freikaufen."

Heinrich fragte den Ungarn über den Dolmetscher, wer die Truppen befehligte, die hier in sein Land eingefallen seien. „Ich", war die kurze und stolze Antwort.

Der König war so verblüfft und gleichzeitig erfreut über diesen erstaunlichen, unerwartet kostbaren Fang, den seine Krieger gemacht hatten, dass er einen Augenblick brauchte, um einen Entschluss zu fassen. Er blickte den jungen Volkmar an, der die kurze Vernehmung mit angehört hatte und über das Ergebnis sprachlos war. Heinrich erhob sich. Seine Augen blitzten. „Sperrt ihn ein und bewacht ihn gut!", befahl mit lauter Stimme. „Aber keine Misshandlungen! Gebt ihm zu essen und zu trinken! – Dieser Gefangene ist für uns mehr wert als Gold und Silber", murmelte er mehr zu sich selbst.

Als der ungarische Heerführer hinausgeführt war, knickten dem kranken König die Knie ein, und er musste sich an der Stuhllehne festhalten. Zwei Leibwächter sprangen hinzu und stützten ihn, bis der Schwächeanfall vorüber war.

Das Schicksalsjahr

Die nächsten Tage vergingen in gespannter Ruhe. Die Krieger des so erfolgreichen Spähtrupps wurden vom König reich belohnt. Volkmar erhielt darüber hinaus eine Woche Sonderurlaub, den er mit seiner Familie verbrachte. Wo er sich auch sehen ließ, überall begegnete man ihm mit Achtung und Bewunderung. Manchmal konnte er es selbst kaum glauben, dass das alles Wirklichkeit gewesen war. Zu einer normalen Erkundung war er aufgebrochen und hatte dann den ungarischen Heerführer gefangen genommen! Den Namen des Prinzen *Zoltán* hatte er zwar irgendwann einmal gehört. Aber er konnte sich nicht mehr daran erinnern, wann und wo das gewesen war. Und nun saß dieser Mann im Kerker der Pfalz Werla!

Das ungarische Heer schien wie gelähmt stillzuhalten. Sächsische Kundschafter meldeten, es habe sich in der Nähe der Hornburg versammelt. Die Burg hatte offenbar standgehalten oder war nicht angegriffen worden. Vier Tage nach der Gefangennahme *Zoltáns* erschien eine kleine Gruppe ungarischer Reiter auf dem Schieferberg und näherte sich langsam, weiße Tücher schwenkend, dem Westtor. Graf Thankmar ließ sofort den König in Kenntnis setzen und den Dolmetscher *Vaclav* holen. Von der Mauerzinne herab sprach er mit den Parlamentären. Der Anführer der Gruppe, der in selbstbewusster Haltung auf einem edlen, starken Pferd saß, deutete auf sich und rief hinauf: „*Máté*!" Den Rest seiner Rede musste *Vaclav* übersetzen. „*Máté* Unterführer von *Zoltán* und jetzt Vertreter", dolmetschte er. „Er wollen sehen *Zoltán*." *Vaclav* teilte dem Ungarn auf Anweisung Thankmars mit, er möge warten. Über seinen Wunsch müsse der König entscheiden.

Es war klar, dass *Máté* persönlich feststellen wollte, ob sein Heerführer lebte, um dann in Verhandlungen über dessen Freilassung einzutreten. Der König war einverstanden. Er gab Anweisung, den ungarischen Unterhändler allein unter scharfer Bewachung in den Burghof zu lassen. Seine Begleiter hatten vor dem Tor zu warten. Der Gefangene wurde aus seinem Verlies geholt. Er trug schwere Ketten an den Beinen, sah aber gesund aus. Es wurde ihm erlaubt, ein kurzes Gespräch mit seinem Untergebenen zu führen. Der slawische Händler von der Elbe hatte daneben zu stehen und mitzuhören. Ihm war eine Belohnung für den Fall versprochen worden, dass man mit seinen Dolmetscherdiensten zufrieden war.

Das Gespräch dauerte nur wenige Minuten, dann wurde es auf Befehl des Königs abgebrochen. Prinz *Zoltán* wurde wieder in sein Gefängnis zurückgebracht, und sein Unterführer hatte die Pfalz sofort zu verlassen. Er schloss sich seiner wartenden Gruppe wieder an und trabte mit ihnen auf dem langen Weg zum Schieferberg zurück.

Heinrich war über die Vorgänge genauestens unterrichtet, hielt es aber nicht für angebracht, sich persönlich sehen zu lassen. *Vaclav* musste über den Inhalt des Gesprächs Bericht erstatten. „*Zoltán* befehlen, alles geraubte und verteilte Gold und Silber einsammeln und bereithalten. Auch Gefangene gut behandeln. Truppe bei Hornburg warten", erzählte er.

Bald darauf wurde der Händler wieder zum König befohlen. *Zoltán* hatte um ein Gespräch mit dem König gebeten. Heinrich schien schon darauf gewartet zu haben. Der Ungar wurde unter scharfer Bewachung in den Palas geführt. „Was hast du mir mitzuteilen?", fragte der König über den Dolmetscher, der dann die ungarische Antwort übersetzte.

„*Zoltán* anbieten für Freilassung Rückgabe erbeuteter Schätze und Entlassung von Gefangenen aus Lager bei Hornburg", berichtete Vaclav.

Heinrich ließ dem Ungarn mitteilen, er werde ihn nur dann freilassen, wenn er mit einem Waffenstillstand für mehrere Jahre einverstanden sei. Darauf wollte sich der Sohn *Árpáds* aber nicht einlassen. Er hoffte wohl, in nächster Zeit noch weitere lohnende Raubzüge gegen ostfränkische Adelshöfe und Klöster unternehmen zu können. Auch machte er geltend, dass über diese wichtige Frage sein älterer Bruder, der Großfürst *Tarhos*, entscheiden müsse. Nach dem ergebnislosen Gespräch ließ der König seinen fürstlichen Gefangenen wieder einkerkern.

In den nächsten Wochen folgten noch weitere Gespräche zwischen Heinrich und *Zoltán*. Zwischendurch erschien erneut eine von *Máté* geführte Abordnung des ungarischen Heeres. Der Unterführer erhielt wieder die Genehmigung zu einem Gespräch mit seinem Vorgesetzten, der ihn anwies, mit der gesamten Truppe in die Heimat zurückzukehren, seinen Bruder zu informieren und durch Boten regelmäßig mit der ostfränkischen Pfalz Werla Verbindung zu halten. König Heinrich ließ dem *Máté* einen Geleitbrief ausstellen, den die ungarischen Boten vorweisen mussten, um ungehindert – natürlich unter militärischer Bewachung – in den sächsischen Norden des Reiches reiten zu können.

König Heinrich kam langsam wieder zu Kräften. Das Fieber schwand. Seine starke Natur hatte die Krankheit überwunden. Welches Leiden ihn aber befallen hatte, vermochte niemand zu sagen. Jedenfalls waren alle erleichtert über seine Genesung.

Die Verhandlungen mit dem Gefangenen zogen sich über Monate hin. Hin und wieder erschienen ungarische Boten, um sich nach dem Stand der Dinge zu erkundigen. Endlich war *Zoltán* bereit, ein Sonderabkommen nur mit dem Herzogtum Sachsen zu treffen. Das wiederum genügte aber dem König nicht. Über dem langwierigen Feilschen verging das Jahr. Heinrich hatte Zeit, solange das unschätzbare Faustpfand in seinem Besitz war. Der Ungar wurde jedoch langsam unruhig. Er wurde zwar gut behandelt, blieb jedoch in Einzelhaft und unter scharfer Bewachung. An eine Flucht aus der starken Festung Werla war überhaupt nicht zu denken.

Es wurde Winter und wieder Frühling. Endlich entschloss sich König Heinrich zu einem problematischen Angebot, das ihm endlich die dringend nötige, lange Ruhezeit bescheren und gleichzeitig dem Ungarn die Möglichkeit bieten sollte, sein Gesicht zu wahren. Innerhalb seines Reiches hatte er sich inzwischen abgesichert, indem er das Einverständnis seiner Herzöge eingeholt hatte.

Eines Tages ließ Heinrich seinen Gefangenen vorführen und teilte ihm mit, wenn er einen Vertrag über einen neunjährigen Waffenstillstand mit dem gesamten Ostfränkischen Reich abschließe, sei der König bereit, ihn freizulassen und sich sogar zusätzlich zu regelmäßigen jährlichen Tributzahlungen zu verpflichten, über deren Höhe man sich noch einigen müsse. *Zoltán* schien von diesem großzügigen Angebot überrumpelt zu sein und bat misstrauisch um einige Tage Bedenkzeit. Doch dann willigte er ein, und über eine realistische Menge der Tributleistungen wurde man sich auch einig. Der Waffenstillstand sollte zu Beginn des nächsten Jahres in Kraft treten. Bis dahin konnten alle Reichsfürsten und auch die verteilten ungarischen Streitkräfte über die Abmachungen in Kenntnis gesetzt werden.

Endlich Ruhe auch im Westen

Das Jahr 925 bot König Heinrich die Möglichkeit, auch die Verhältnisse im Südwesten des Reiches in seinem Sinne zu regeln. Er griff in den Bürgerkrieg um den Besitz Lothringens ein und eroberte die Festung Zülpich südwestlich von Colonia. Herzog Giselbert von Lothringen unterwarf sich ihm bedingungslos. Um ihn für sich zu gewinnen, veranlasste Heinrich die Verlobung seiner knapp zwölfjährigen Tochter Gerberga mit Giselbert.

In Heinrichs Abwesenheit gebar Mathilde in Gandersheim Heinrichs vierten Sohn, der nach Absprache mit dem Vater Brun genannte wurde. Die Nachricht erreichte den König auf dem Rückmarsch von Lothringen.

Der König zog rastlos von Pfalz zu Pfalz, und mit ihm zog seine Leibwache. Harte Kampfeinsätze hatte sie noch nicht zu bestehen gehabt, aber sie musste ständig körperlich in Höchstform bleiben. Deshalb ließ Bruno keine Müdigkeit aufkommen. Immer wieder überprüfte er die Ausrüstung seiner kleinen Truppe, organisierte und überwachte die täglichen Waffenübungen.

Der Präfekt hatte Volkmar nach dessen grandiosem Erfolg bei Werla als Gruppenführer innerhalb der etwa zwanzigköpfigen Garde eingesetzt. Der Krieger aus Burgdorf an der Warne war inzwischen zwanzig Jahre alt und kämpferisch mit allen Wassern gewaschen. Seine beiden Pferde waren zwar nicht mehr die jüngsten, aber noch rüstig und kriegstauglich. Nur der treue Hasso wurde langsam müde. Wo er früher hinübergesprungen war, da lief er jetzt drum herum. Aber Volkmar mochte sich nicht von ihm trennen. Mochte der schwarze Hund, so lange er noch konnte, auf den Reisen des Königs mitlaufen! Manchmal durfte er auf einem der rumpelnden Planwagen des Trosses mitfahren, was er sichtlich genoss. Aber er ließ es sich nicht nehmen, des Nachts, wie seit Jahren gewohnt, im Stall oder Feldlager bei Blitz und Hasel zu schlafen.

Aber auch sein Herr trennte sich – genau wie seine Gardekameraden – nur ungern von seinen Tieren. Man musste immer bereit sein, schnell nach den Waffen zu greifen und auf dem gesattelten oder – wenn es sehr eilig war – auch ungesattelten Pferd zu sitzen.

So ging wieder ein Jahr vorüber. Nur ein einziges Mal konnte Volkmar für eine Woche seine Familie wiedersehen, als der König seiner Pfalz Werla einen Besuch abstattete. Wieder brauchten die beiden Söhne einige Tage, um sich an ihn zu gewöhnen. Und dann musste er auch schon wieder weg! – Aber er hatte auch die heimatlichen Höfe im Burgdorf besucht und festgestellt, dass Haralds Hündin inzwischen fünf Welpen zur Welt gebracht hatte. Man konnte auch erkennen, wer der Vater der jetzt schon einjährigen Tiere war. Bei einem besonders kräftigen und frechen Rüden hatte sich auch Hassos schwarze Farbe durchgesetzt. Vielleicht konnte der Kleine einmal der Nachfolger seines Vaters werden. Bei den üblichen Balgereien mit seinen Geschwistern war schon zu erkennen, dass er gut zupacken konnte. Volkmar schlug seinem Schwiegervater vor, den kleinen Frechdachs Greif zu nennen.

Im Jahr 926 erhielt der König die Nachricht, dass Herzog Burchard von Schwaben bei einem Kriegszug in Italien den Tod gefunden hatte. Nun traf Heinrich eine wichtige und für die Zukunft wirksame Entscheidung: Er übertrug das Herzogtum Schwaben dem Grafen Hermann von Franken, ohne auf eventuelle Ansprüche des schwäbischen Adels Rücksicht zu nehmen. Damit machte er zum ersten Mal das Königsrecht geltend, Herzöge einzusetzen. Sein Ansehen im Reich war inzwischen so groß geworden, dass seine Entscheidung auf keinen Widerspruch stieß.

Vor den Ungarn hatte der König erst einmal Ruhe, denn sie hielten sich – zumindest im Norden des Reiches – an die Abmachung. Das bedeutete aber nicht, dass sie völlig auf Raubzüge verzichteten. Sie konzentrierten sich jetzt auf Süd- und Westeuropa. Man konnte erfahren, dass sie sogar im Herzogtum Schwaben das Kloster St. Gallen und Konstanz am Bodensee heimsuchten und sogar wieder tiefer nach Westfranken bis an die Mündung des Loire-Flusses vorstießen. Nichts und niemand schien die gut organisierten Reiterheere aufhalten zu können, auch nicht, wenn sie mit geraubten Schätzen und versklavten Kindern und Jugendlichen wieder in ihre Heimat zurückzogen.

Die Plünderungen in Schwaben waren wohl darauf zurückzuführen, dass die betreffenden ungarischen Heerführer noch nicht über das Inkrafttreten des Waffenstillstands unterrichtet waren.

König Heinrich wusste, dass die relative Ruhe vor den Reiternomaden einmal ein Ende haben würde, spätestens nach Ablauf des Waffenstillstands-Abkommens.

Die Heilige Lanze

Es kam für den König darauf an, die Zeit bis zum Ablauf der teuer erkauften neunjährigen Frist zu nutzen und die Pläne, die ihm schon lange im Kopf herumgingen, in die Tat umzusetzen. Dazu brauchte er die Unterstützung aller Herzogtümer und auch der Kirche. Deshalb berief er noch im Frühjahr 926 einen Reichstag ein, der in Worms am Rhein stattfinden sollte.

So gab es also auch für Volkmar ein Wiedersehen mit der alten Stadt Worms, deren Befestigungen zum Teil noch aus der Römerzeit stammten. Innerhalb der Mauern herrschte ein großes Gedränge. Alle eingeladenen Fürsten waren mit ihrem Gefolge zu diesem wichtigen Treffen gekommen. Es fehlte nicht ein einziger, denn alle wussten, dass die Zukunft des Reiches vom Erfolg dieser Tagung abhing.

Die Leibwache des Königs war in einer besonderen, speziell für sie gebauten, hölzernen Halle in der Nähe des Domes untergebracht. Nahe dabei befand sich die Unterkunft des Königs in einem Anbau der ehrwürdigen, steinernen Versammlungshalle. Eine Gruppe von Gardisten hielt abwechselnd davor Wache. Bruno und ein weiterer, hünenhafter Gardist hatten die Ehre, sich während der Besprechungstage hinter dem thronartigen Sitz des Königs aufzuhalten, der die Versammlung leitete.

Am Nachmittag des ersten Tages hatte Volkmars Gruppe Freizeit. Der junge Gardist aus dem Burgdorf bei Werla kümmerte sich um seine Pferde, als Bruno und sein Untergebener aus der Versammlungshalle zurückkamen. „Wie war es?", fragte Volkmar gespannt, während die übrigen Kameraden neugierig näher kamen.

„Der König hat einen großen Erfolg errungen!", rief der Präfekt und machte eine Pause, um die Spannung zu erhöhen.

„Erzähl schon!", drängte Volkmar. „Worum ging es?"

„Heinrich hatte auch den König von Hochburgund zum Reichstag eingeladen, obwohl dessen Land nicht zum Reich gehört. Ihr wisst wohl noch, dass Burchard von Schwaben seinerzeit gegen ihn Krieg geführt hat."

„Ja, und?", fragte Volkmar ungeduldig.

„Der König hat von ihm eine wertvolle Reliquie erworben", erklärte Bruno.

„Ach, noch eine Reliquie", meinte sein Untergebener gelangweilt.

„Hört zu!", rief Bruno mit feierlicher Stimme. „Rudolph hat ihm die Heilige Lanze übergeben!"

Einen Augenblick herrschte Stille. Die Gardisten blickten ihren Präfekten verständnislos an. „Was ist das für eine Lanze?", erkundigte sich Volkmar schließlich.

„Ich war genauso unwissend wie ihr", erwiderte Bruno, „und habe mich deshalb bei einem Schreiber des Erzkaplans erkundigt. Es ist die Lanze, mit der ein römischer

Soldat dem Herrn Jesus am Kreuz in die Seite gestochen hat, um festzustellen, ob er tot ist."

„Diese Lanze gibt es noch?", rief einer der Gardisten erstaunt.

„Ja, es ist erstaunlich", sagte sein Vorgesetzter. „Und wie ich erfahren konnte, sind in den hölzernen Schaft der Lanze Stücke von Nägeln in Kreuzesform übereinander eingeschlagen. Und diese Nägel hatten damals die Hände oder Füße unseres Heilands durchbohrt. – Die Lanze soll magische Kräfte haben und demjenigen, der sie besitzt, den Sieg verleihen."

Eine Weile herrschte ehrfürchtiges Schweigen. Dann fuhr Bruno mit bewegter Stimme fort: „Und in das Stichblatt ist in Längsrichtung eine Rille geschlagen, und darin ist einer dieser Nägel in vollständiger Länge eingelassen und mit Kupferdrähten festgebunden."

„Hast du das selbst gesehen?", fragte ein Wachsoldat aufgeregt.

„Nur von weitem", sagte Bruno, „als Rudolph dem König das kostbare Stück unter dem Psalmengesang der anwesenden geistlichen Herren persönlich aushändigte."

„Von solch einer wertvollen Reliquie hat der Burgunder sich freiwillig getrennt?", fragte Volkmar ungläubig.

„Mehr oder weniger freiwillig", berichtete Bruno. „Der König hatte dem Rudolph natürlich einen hohen Kaufpreis angeboten, ihm aber gleichzeitig mit Krieg gedroht, wenn der Burgunder nicht bereit sei, die Heilige Lanze herauszugeben. Schließlich hat Rudolph nachgegeben. Zwei Gründe haben ihn wohl dazu bewogen: einmal die

Schlagkraft der ostfränkischen Heere ….. Er war ja schon einmal von Burchards Truppen besiegt worden ….. und der Kaufpreis in Gold und Silber und ….."

„Solch ein wertvolles Stück hätte ich auch für Gold und Silber nicht hergegeben", warf Volkmar ein.

„Lass mich nur ausreden!", fuhr der Präfekt fort. „Der Handel hat dem Burgunder aber zusätzlich erheblichen Machtzuwachs gebracht, denn Heinrich hat ihm außerdem einen ansehnlichen Teil des Herzogtums Schwaben vermacht ….. wie ich hörte, ein Gebiet um die Stadt Bern herum."

„Und das hat der neue Herzog Hermann sich gefallen lassen?", rief einer der Anwesenden erstaunt.

„Musste er wohl", meinte Bruno, „wenn doch alle anwesenden Reichsfürsten begeistert einverstanden waren! ….. Dem Rudolph wird es wohl eine Genugtuung gewesen sein, nun doch noch einen Teil Schwabens zu bekommen."

„Da sind ja tolle Neuigkeiten", meinte Volkmar nach einer Pause. „Aber wer mag dieser römische Soldat gewesen sein, der die Lanze damals in seinen Händen gehalten hat?"

„Erzkaplan Heriger hat verkündet, der Name des Legionärs sei *Longinus* gewesen; und dessen Namenstag im Kirchenkalender sei der fünfzehnte Tag des dritten Monats", antwortete der Präfekt.

Vorbereitungen zum großen Schlag

„Was wurde sonst noch verhandelt?", fragte Volkmar weiter.

„Es ging heute gleich um eine weitere, sehr wichtige Sache", erzählte Bruno. „Der König hat den Fürsten eine harte Nuss zu knacken gegeben. Es geht um die Verteidigung der Burgen, Klöster und Siedlungen."

„Das haben wir uns schon gedacht", warfen einige Zuhörer ein. „Aber was hat er genau vor?"

„Ihr wisst ja", erklärte Bruno, „dass unsere gefährlichsten Feinde die unberechenbaren Ungarn sind. Im Felde sind sie so gut wie unbesiegbar. ….. Aber darum soll es morgen gehen. ….. Wir wissen, dass sie nicht darin geübt sind, gut gesicherte Burgen zu erobern. Deshalb sollen alle größeren Siedlungen mit festen Mauern umgeben werden. Die Stadt Worms hier ist ein gutes Beispiel dafür. Unser König will das gesamte Reich mit einem Netz von festen Stützpunkten überziehen. Die bestehenden Pfalzen allein genügen ihm nicht. Da kommt auf die Herzöge und Gaugrafen eine unheimliche Menge Arbeit zu! ….. Aber es ist erstaunlich, dass sämtliche Fürsten diesem ehrgeizigen Plan zugestimmt haben. Sie wissen wohl aber auch, dass sie keine andere Wahl haben, wenn sie nicht nach Ablauf des Waffenstillstands alle Jahre wieder in schöner Regelmäßigkeit ausgeplündert werden wollen."

Es entstand eine nachdenkliche Stille. Dann sagte Volkmar: „Schön und gut, feste Mauern. Aber wer soll sie verteidigen, wenn die Bauern alle auf den Feldern arbeiten müssen? Etwa der Burgherr mit seinen paar Knechten?"

„Auch daran hat unser König gedacht", erwiderte Bruno. „Passt auf ….. jetzt kommt das Tollste! Die Burgen und anderen festen Plätze sollen eine ständige Besatzung bekommen ….."

„Wo soll die denn herkommen?", warf einer der Zuhörer ein.

„Lass mich ausreden!", antworte der Präfekt mit wissendem Lächeln. „König Heinrich hat sich ein geniales System ausgedacht. Jeder neunte Gefolgsmann des betreffenden Grafen, Burgherrn oder Abtes hat ständig auf dem ummauerten Platz zu wohnen; und acht andere haben ihn zu versorgen und seine Felder mit zu bestellen. Dafür baut der Burgmann ihnen Häuser und Scheunen in der Festung. Und ein Drittel aller Ernten soll für Notzeiten in der Burg eingelagert werden. Was sagt ihr nun?"

„Und damit waren die Herren alle einverstanden?", fragte Volkmar ungläubig. „Das wird nicht einfach sein! Wer soll denn die Männer bestimmen, die ihr Land nicht mehr selbst bewirtschaften dürfen?"

„Weiß ich auch nicht", meinte Bruno. „Wenn sich nicht genügend Freiwillige finden, wird man sie bestimmen müssen. ….. Jedenfalls ist es beschlossene Sache, so viel steht fest!"

„Da bin ich aber gespannt, wie das klappen soll", meinte einer. Und nach einer Pause: „Nun gut, die ummauerten Plätze werden verteidigt. Und was geschieht mit den

Dörfern und Einzelhöfen? Die werden ausgeplündert und niedergebrannt, wie?"

„Wart's nur ab!", sagte Bruno. „auch in dieser Hinsicht scheint Heinrich seine Pläne zu haben. Das Thema steht für morgen auf der Tagesordnung. Auf jeden Fall aber sollen die festen Plätze gleichzeitig Fluchtburgen für die ringsum wohnende Bevölkerung sein. Das heißt: Die Mauerringe müssen großzügig genug geplant werden."

Am folgenden Abend kam der Gardepräfekt freudestrahlend aus dem Versammlungssaal zurück. „Es wird Arbeit für uns geben!", rief er.

„Wie, sollen wir schon mit dem Mauern beginnen?", fragte Volkmar ironisch.

„Unsinn!", gab Bruno zurück. „Es geht um etwas ganz anderes! Der König will ein Reiterheer aufstellen, das …"

„Reiter haben wir doch schon zur Genüge, besonders wir Sachsen", unterbrach Guntram ihn.

„Es geht nicht um die Zahl, sondern um eine besondere Kampftaktik", belehrte ihn sein Vorgesetzter.

„Verstehen wir etwa nicht zu kämpfen?", beharrte der andere.

„Doch, doch, natürlich", beruhigte ihn Bruno, „und die anderen Stämme genauso. Wir sind alle gute Einzelkämpfer. Aber gegen die Steppenkrieger hat das bisher wenig geholfen. Wir sollen üben, eng nebeneinander wie eine Mauer gegen die Feinde vorzugehen und Bewegungen in geschlossener Formation durchzuführen, so wie die Ungarn das auch machen."

„Und uns von denen aus weiter Entfernung abschießen lassen?", fragte Liutger ungläubig.

„Das ist es ja gerade!", entgegnete der Präfekt. „Wir müssen lernen, den ersten Pfeilhagel auszuhalten, bevor wir selbst zum Angriff übergehen. Und bevor die zweite Salve kommt, müssen die Kerle unsere Lanzen zu spüren kriegen. Natürlich ….." – Er wischte einen Einwand, den Volkmar machen wollte, mit einer Handbewegung beiseite – „müssen unsere Reiter entsprechend gepanzert sein ….. und die Vorderseiten der Pferde ebenfalls. Außerdem müssen unsere Krieger ihre Köpfe mit den Schilden schützen. ….. Aber das würden sie ja sowieso tun. ….. Kurz und gut: der König hat angeordnet, dass diese Kampfweise ab sofort im gesamten Reich geübt wird. Auch die Pferde müssen daran gewöhnt werden."

„So werden Fußkämpfer künftig überflüssig?", fragte Volkmar.

„Das wohl nicht", meinte Bruno. „Aber gegen ungarische Reiter sind sie nutzlos." Er legte Volkmar eine Hand auf die Schulter und sagte lachend: „Durch deinen großartigen Erfolg bei Werla haben wir nun einige Jahre Zeit, unsere neue Taktik einzuüben. ….. Und nicht nur die Maurer, sondern auch die Eisenschmelzer und Schmiede werden im gesamten Reich Tag und Nacht zu arbeiten haben."

„Meinst du, dass den Ungarn all diese Neuerungen verborgen bleiben werden?", fragte Volkmar nachdenklich.

„Sicherlich nicht", antwortete sein Vorgesetzter. „Aber sie werden nichts daran ändern können. ….. Wir wollen nur hoffen, dass sie sich an ihren Vertrag halten. ….. Aber das werden sie wohl. Billiger können sie ja nicht an Reichtümer herankommen, als jährlich einen Tribut zu erhalten, ohne sich dafür anstrengen zu müssen. Sie sollen ihn sich übrigens regelmäßig in der Pfalz Quitlingaburg abholen. ….. Aber das weißt du ja selbst. Du warst ja auf der Werla bei den Verhandlungen dabei."

„Aber was meintest du vorhin damit, als du sagtest, es werde Arbeit für uns geben?", erinnerte Volkmar seinen Vorgesetzten.

Bruno erklärte: „Die Leibwache soll die Kampftechnik in kleinem Maßstab ausprobieren und in den Herzogtümern vorführen, die der König besuchen wird. Die Sache muss bei uns also vorbildlich klappen!"

Schon bald nach Beendigung des Wormser Reichstages begann die königliche Garde mit ihren Übungen. Auf geeignetem Gelände formierte sie sich zu einer eng zusammengedrängten Schlachtreihe. Jeder deckte Kopf und Oberkörper mit dem runden, starken Holzschild. Einige hatten ihre Schilde auch mit Leder bespannt. Die Reiter rückten so dicht zusammen, dass die Schilde einander überlappten. Eine große Zahl von „Gegnern" schoss aus der Entfernung eine Salve auf sie ab. Es wurden Pfeile benutzt, die vorn statt einer Spitze einen Lehmklumpen trugen.

Sobald die Salve niedergegangen war, wurde sofort das Angriffssignal geblasen, die Truppe senkte die Lanzen und trieb ihre Tiere mit Kriegsgeschrei in einen rasenden

Galopp. Dabei kam es darauf an, die Phalanx eng zusammenzuhalten und die besonders schnellen Pferde daran zu hindern, vorzupreschen. Andererseits durfte auch niemand zurückbleiben. – Vor der Schar der „Feinde" wurden dann die Zügel angezogen und die Pferde zum Stehen gebracht.

In ähnlich enger Formation wurden nach entsprechenden Hornsignalen gemeinsame Schwenkungen nach rechts und links durchgeführt.

Die Übungen wurden so oft wiederholt, dass die klugen Tiere bald von selbst auf die verschiedenen Horntöne reagierten, ohne dass die Reiter mit Zügeln und Schenkeln entsprechende Hilfen geben mussten.

König Heinrich legte großen Wert darauf, dass das Herzogtum Sachsen bei den Neuerungen mit gutem Beispiel voranging. Er begann bei seiner engeren Heimat und ordnete eine Versammlung aller ostfälischen Gaugrafen in der Pfalz Werla an. Dabei gab er die Wormser Beschlüsse bekannt. Die Pläne stießen kaum auf Widerspruch. Es war allen klar, dass die Vergrößerung und Neuanlage von Burgen eine gewaltige Kraftanstrengung bedeutete. Aber man musste auch einsehen, dass es mit der ständigen Bedrohung durch die Ungarn so nicht weitergehen konnte.

Schwieriger war schon die ständige Besetzung der Burgen mit Wehrbauern. Aber der König verstand es, die Grafen davon zu überzeugen, dass es keine andere Möglichkeit gab, eine ständige Verteidigungsbereitschaft sicherzustellen. Die herkömmlichen Burgwachen mit ihrer geringen Mannschaftsstärke konnten dieser Aufgabe nicht gerecht werden.

Großes Interesse fand die Kampfweise der Reiterverbände in geschlossenen Formationen. Heinrich verpflichtete die Grafen dazu, ihre Truppen entsprechend auszubilden und legte einheitliche Hornsignale fest. Die königliche Kanzlei versorgte jeden mit schriftlichen Anweisungen, die von den Mönchen auf den Grafenburgen übersetzt werden konnten.

Der König war das ganze Jahr über und auch das folgende und den größten Teil des übernächsten Jahres rastlos im gesamten Reich unterwegs, um die Durchführung des Burgenerlasses und der Heeresreform persönlich zu überwachen. Seine Leibgarde war eine ausgezeichnete Vorführtruppe geworden.

Während dieser unruhigen Zeit geschah es während einer Reise zwischen zwei Pfalzen, dass Hasso vom Rad eines schweren Gepäckwagens überrollt wurde, dem er nicht schnell genug hatte ausweichen können. In jüngerem Alter wäre ihm das wohl nicht passiert. Das treue Tier, Reisebegleiter und Gefährte in vielen Jahren, starb innerhalb weniger Stunden an seinen Verletzungen. Sein Herr und Freund begrub ihn am Wegesrand und bedeckte das Grab mit Feldsteinen.

Volkmar, der zwei Jahre lang von seiner Familie getrennt gewesen war, kam erst im Herbst 928 wieder auf die Werla, als Heinrich sich vorgenommen hatte, seine gut gedrillten Reiterverbände bei einem Kriegszug zu erproben. Er hatte nämlich mit den Hevellern noch eine Rechnung offen. Sie waren für die Zerstörung der Siedlung Magathaburg mitverantwortlich gewesen.

Es war für Volkmar sehr ungewohnt, ohne seinen Hasso in der Heimat anzukommen. Er vermisste seinen schwarzen Freund sehr. Aber er erinnerte sich an Hassos Sohn Greif, der jetzt etwa vier Jahre alt war. Harald war sofort bereit, ihm den Hund mitzugeben, in dem Hasso sozusagen weiterlebte. Und so hatte Volkmar wieder einen schwarzen Reisegefährten. Die Pferde mussten sich allerdings erst an ihn gewöhnen. Es zog den jungen Greif aber auch nicht so stark zu den großen Tieren mit den gefährlichen Hufen hin. Im Gegensatz zu seinem Vater hielt er sich lieber bei Volkmar auf.

Bevor es zum Kriegszug gegen die Heveller ging, wurde in Gandersheim die Hochzeit der vierzehnjährigen Prinzessin Gerberga mit dem Herzog Giselbert von Lothringen gefeiert. Dieser war zwar mehr als doppelt so alt wie sie. Da aber diese Ehe für König Heinrich von großer politischer Bedeutung war, musste das Mädchen sich fügen.

Sicherung der Slawengrenze

Im Spätherbst des Jahres 928 ging König Heinrich von der Quitlingaburg aus mit einer starken Armee, deren Kern hauptsächlich aus dem ostfälischen Heerbann bestand, durch die Furt bei der Magathaburg über die Elbe. Den Fußtruppen waren große Reitereinheiten beigegeben. Es ging darum, die Heveller, die sich ständig Übergriffe auf ostfränkisches Gebiet leisteten, in ihre Schranken zu weisen. Wenn es ernst wurde, zogen sie sich gewöhnlich in ihre Burg Brennabor zurück, die inmitten von Sümpfen lag und praktisch uneinnehmbar war. Das feuchte Gebiet um die vielen Flussarme der Havel war ähnlich beschaffen wie das Große Bruch zwischen Werla und Hornburg. Dort konnten sich nur Einheimische bewegen. Fremde gerieten leicht in Sumpf und Morast.

Auch diesmal bewegte sich die Hauptmasse der hevellischen Krieger nach einigen schweren und verlustreichen Kämpfen gegen die Angreifer auf die rettende Burg zu, in der sie sich einigelte. König Heinrich konnte es sich bei der großen Zahl seiner Kämpfer leisten, um die Festung einen weiten Belagerungsring zu legen, der die Verteidiger von allen Verbindungen mit dem Umland abschnitt.

Die Belagerung wurde von den Hevellern zunächst nicht allzu ernst genommen. Sie fühlten sich inmitten ihrer Sümpfe und der mehrfachen, starken Umwallung sicher.

Heinrich war aber fest entschlossen, diesem slawischen Stamm jetzt ein für alle Mal zu beweisen, wer der Stärkere war. Deshalb hatte er entschieden, Brennabor im Winter anzugreifen, wenn die Sümpfe hart zugefroren waren. Dann würde das Gelände auch für seine Reiter kein Hindernis mehr sein. Als der Winter schließlich kam und Bodenfrost die Büsche und Sumpfwiesen mit Raureif versilberte, ließ Heinrich den Ring enger ziehen. Die Verteidiger wurden langsam unruhig, denn die wochenlange Belagerung ließ ihre Vorräte schrumpfen. Außerdem begannen sie zu ahnen, was der Sachse im Schilde führte: Heinrich wartete auf den Frost! Und dann würde es richtig gefährlich werden! Aber einen Ausbruch aus ihrer Festung hielten sie nach ihren Erfahrungen in den vergangenen Kämpfen nicht für ratsam.

Es wirft ein bezeichnendes Licht auf die gute Führung und Kampfmoral der Reichstruppen, dass sie das lange Ausharren in den feuchten, immer kälter werdenden Feldlagern rund um die Sumpfburg durchstanden. Aber die Zeit und das Wetter arbeiteten letztlich für die Belagerer. Im Januar 929 wurde es außergewöhnlich kalt, und die Sümpfe, Seen und Wasserläufe begannen sich mit Eis zu überziehen. Nun wurde es für die Verteidiger ernst, denn bald würde ihre Festung nicht mehr durch Wasser geschützt sein.

Die Belagerer prüften täglich die Eisdecke über fließendem Wasser, wo sie erfahrungsgemäß am langsamsten dicker wurde. Als es dann so weit war, dass es unter den Hufen eines mit schwerem Gepäck beladenen Pferdes nicht mehr knisterte, wurde kurzfristig der Angriffstermin festgelegt. Der Belagerungsring zog sich noch enger zusammen.

Pferde und Reiter wurden auf eine harte Probe gestellt. Der Atem der Männer gefror an ihren Bärten. Die Pferde schnaubten weiße Wolken. Volkmars Tiere mussten alle Kräfte zusammennehmen, um durchzuhalten. Auch sein neuer Hund Greif war dabei. Zusätzlich zum Frost setzte starker Schneefall ein. Die sächsischen Reiter mit ihren Packpferden kamen nur im Schritttempo vorwärts. Der arme Greif sprang mit riesigen Sätzen durch die kniehohe weiße Pracht, um nicht hinter den Pferden zurückzubleiben. Das zehrte stark an seinen Kräften. Aber zum Glück war der Schnee nicht überall so tief.

Dann wurde rundum zum Sturm geblasen. Die Heveller versuchten sich zu verteidigen, so gut es ging, aber die Angreifer waren unerbittlich. Die als uneinnehmbar geltende Ringburg Brennabor wurde von den abgesessenen Reitern in einem einzigen, gewaltigen Ansturm erobert. Volkmar konnte hautnah miterleben, wie sich der König – umgeben von seiner Leibgarde – inmitten seiner ostfälischen Krieger an dem schwungvollen Sturmangriff beteiligte und mit dem Schwert in der Faust den Zugang zu der Burg erzwang. Die Slawen mussten Frieden geloben und wurden tributpflichtig.

Der Erfolg gegen die Heveller genügte dem König noch nicht. Für das Jahr 929 hatte er sich vorgenommen, seine Truppen ausgiebig zu erproben und an der gesamten Slawenfront für Ruhe zu sorgen, um sich dann voll und ganz auf die Ungarn konzentrieren zu können.

Sein nächstes Ziel waren die sorbischen Daleminzier, deren Stammesgebiet an der Westseite der Elbe lag und sich etwa bis zur Mündung der Zschopau in die Freiberger Mulde erstreckte. Sie hatten ebenfalls an der Elbgrenze immer wieder für Unruhe gesorgt. Außerdem waren sie Verbündete der Ungarn. Heinrich eroberte mit seinen sächsischen Truppen die daleminzische Volksburg Gana an dem Flüsschen Jahna etwa in der Mitte zwischen der Elbe und dem genannten Zusammenfluss. Die Burg hielt etwa drei Wochen lang der sächsischen Belagerung stand, dann wurde sie erstürmt. Die sächsischen Krieger richteten unter den Verteidigern ein Blutbad an. Wer nicht getötet wurde, den führte sein Weg in die Sklaverei. Dieses Schicksal traf vor allem die Kinder. Heinrich war überhaupt wenig geneigt, gegenüber den heidnischen Slawen Gnade walten zu lassen. Um die Daleminzier und auch die in der westlichen Oberlausitz wohnenden Milzener künftig im Zaum zu halten, gründete er auf einem Felsen hoch über dem linken Elbufer den Militärstützpunkt Misnia und übertrug die Verantwortung dafür einem sächsischen Adligen.

Danach zog Heinrich weiter nach Osten und besetzte in der Oberlausitz den Hauptort Budusin, eine Felsenfestung, die auf einer Granitplatte über der Spree lag.

Im Frühling wandte er sich nach Süden, besiegte mit bayrischer Hilfe den böhmischen Herzog *Wenzel*, der sich in letzter Zeit nicht mehr an sein Treueversprechen gebunden gefühlt hatte, und eroberte Prag. *Wenzel* leistete König Heinrich den Vasalleneid und wurde dafür in seiner Herzogwürde bestätigt. Heinrich hoffte, durch die Bindung Böhmens an das Ostfränkische Reich den Magyaren die gewohnte Marschroute nach Norden verlässlich zu sperren.

Nach einem Umweg über die Oberpfalz, wo er Regierungsgeschäfte zu erledigen hatte, traf der König im Spätsommer wieder in der Quitlingaburg ein.

Die Abwesenheit des Königs benutzten die slawischen Redarier zu einem Aufstand gegen Sachsen. Sie gingen über die Elbe und eroberten die Burg Walsleben an der Uchte, wobei sie äußerst brutal gegen die Bewohner vorgingen. Darauf schlossen sich andere Stämme dem Aufstand an. Auf Befehl König Heinrichs zogen die Grafen Bernhard und Thiatmar in aller Eile ein sächsisch-thüringisches Heer zusammen und schlugen sofort zurück. Sie griffen zwischen den in die Elbe mündenden Flüssen Löcknitz und Elde die redarische Burg Lunkini an. Ein während der Belagerung heranziehendes, sehr starkes slawisches Entsatzheer brachte die Belagerer in große Bedrängnis, wurde aber von den gut geübten Panzerreitern mit Todesverachtung über die Flanken angegriffen und besiegt. Es entwickelte sich jedoch eine überaus blutige Schlacht, bei der die Sachsen und Thüringer gegen die zahlenmäßig weit überlegen Slawen ein Viertel ihres Heeres verloren. Die Burgbesatzung ergab sich, nachdem der Befreiungsversuch fehlgeschlagen war.

Das Jahr 929 brachte aber auch wichtige Ereignisse in der königlichen Familie. Heinrich legte im Beisein des Erzkaplans fest, dass sein zweitältester Sohn Otto einmal seine Nachfolge antreten sollte. Damit war Thankmar von der Thronfolge ausgeschlossen. Der König hatte wohl die besonderen Begabungen Ottos erkannt und danach seine Entscheidung getroffen.

Der vierjährige Prinz Brun wurde für die geistliche Laufbahn bestimmt, um das spätere Seelenheil der Familie sicherzustellen. Er wurde mit militärischer und geistlicher Begleitung in die Domschule nach Utrecht geschickt.

Dem siebzehnjährigen Otto war ein unehelicher Sohn geboren worden. Man nannte ihn Wilhelm. Es wurde nun Zeit, dass der zum Thronfolger bestimmte Prinz heiratete. König Heinrich erinnerte sich an die nie ganz abgerissenen Verbindungen mit den vor langer Zeit ausgewanderten Stammesbrüdern auf der britischen Insel und vermittelte die Hochzeit Ottos mit der etwa gleichaltrigen Edgith, der Tochter des Königs Edward von Wessex. Edgith und ihr Gefolge wurden fürstlich empfangen, und es wurde eine glanzvolle Hochzeit gefeiert. Sprachlich mussten die beiden Brautleute sich allerdings erst einmal aneinander gewöhnen, denn die gemeinsame Sprache des

Sachsenvolkes hatte sich in den 500 Jahren seit der Trennung stark auseinanderentwickelt.

Im folgenden Jahr brachte Edgith einen Sohn zur Welt, der im Gedenken an den Vorfahren des jungen Vaters auf den Namen Liudolf getauft wurde.

Die Ungarn holten regelmäßig in der Quitlingaburg den vereinbarten Tribut ab und ließen das Ostfränkische Reich in Ruhe. König Heinrich hatte jedoch einen bestimmten Plan, den er nur durchführen konnte, wenn an der Elbgrenze ein verlässlicher Friede eingekehrt war. Deshalb ging er im Jahre 932 noch einmal über den Fluss, um die aufsässigen Abodriten südlich der Mecklenburger Bucht militärisch in die Knie zu zwingen. Seinen kampferprobten Truppen hatte in der letzten Zeit niemand widerstehen können. Vor allem hatte sich erwiesen, dass die Reitermanöver auch im Ernstfall vorzüglich klappten.

Nun blieb nur noch die unsichere, sorbische Region in der Niederlausitz zwischen Elbe und Spreewald übrig. Heinrich ging wieder bei der Magathaburg über die Elbe und eroberte im Jahre 932 die nördlich von Misnia am rechten Elbufer gelegene Festung Liubusia.

Mit dieser Aktion setzte König Heinrich den Schlussstein in die Errichtung der Oberhoheit seines Reiches über die Grenzvölker im Osten. Um künftigen Aufständen möglichst vorzubeugen, betrieb Heinrich eine kluge Politik: Er beharrte zwar unnachgiebig auf den von ihm geforderten Tributleistungen, griff jedoch möglichst wenig in die inneren Verhältnisse der besiegten Völker ein. Alle blieben unter der Herrschaft ihrer eigenen Fürsten.

Nun rückte der Zeitpunkt heran, auf den der König jahrelang hingearbeitet hatte. Er fühlte sich jetzt stark genug, um den Waffenstillstand mit den Ungarn zu kündigen. Für Anfang Juni berief er nach Erfurt in Thüringen eine Reichsversammlung ein, um die Zustimmung aller Herzogtümer für seinen gewagten Plan zu bekommen. Es war eine Volks- und Heeresversammlung und gleichzeitig eine Kirchensynode. Der Zustrom zu diesem für die Zukunft des Reiches entscheidenden Treffen war gewaltig. Alle Herzöge und sämtliche Gaufürsten und Vertreter der freien Bauern folgten dem Aufruf. Auch fast alle Bischöfe erschienen an dem befestigten Platz an der Gera. Nur auf die bayrischen Kirchenvertreter wartete man vergeblich. Heinrichs Kriegspläne fanden eine überwältigende Zustimmung, die nach der Sitte der Vorfahren durch beifällige Rufe und Heben der rechten Hand zum Himmel deutlich gemacht wurde. Die anwesenden Bischöfe konnte der König damit überzeugen, dass bald keine Schätze mehr vorhanden waren, die man den Ungarn übergeben könnte; und man müsste jetzt auf das Eigentum der Kirche zurückgreifen. Mit diesem starken Argument brachte er die Geistlichkeit bedingungslos auf seine Seite.

Auf einer bald danach einberufenen Synode zu Dingolfing, das zwischen München und der Mündung der Isar in die Donau liegt, schloss sich der bayrische Klerus dem Beschluss an.

Heinrich konnte nun den Tag kaum noch erwarten, an dem die Gesandten der Magyaren wieder in der Quitlingaburg erscheinen würden, um den jährlichen Tribut in Empfang zu nehmen.

Die Herausforderung

Volkmar sah dem König an, dass er etwas Besonderes im Schilde führte. Er fragte Bruno danach, aber der zuckte nur die Achseln. Wie immer in den letzten Jahren zog der gesamte königliche Tross auch im Herbst 932 wieder zur Pfalz Quitlingaburg. Doch diesmal war dort kein Edelmetall zusammengetragen worden, um es an die Ungarn auszuliefern. Heinrich wartete ungeduldig auf das Eintreffen der magyarischen Gesandtschaft, die wie üblich erscheinen würde, um die Schätze zu übernehmen und unter dem Schutz einer starken ungarischen Reiterabteilung in die Heimat zu transportieren.

Endlich kam der lang erwartete Tag, an dem die Ankunft der Ungarn gemeldet wurde. Die Gesandtschaft wurde wie in den Jahren davor von dem Fürsten *Levente* geführt. Er wurde wie üblich mit wenigen Begleitern in die auf dem Felsen thronende Burg eingelassen, während seine Schutztruppe im tiefer gelegenen Teil der Pfalz warten musste. König Heinrich, die geistlichen Herren seiner Kanzlei sowie eine Reihe extra für diesen Tag eingeladener Herzöge, Grafen und Bischöfe erwarteten die Magyaren in der Versammlungshalle. Herzog Arnulf von Bayern hatte den ungarischen Überläufer mitgebracht, der – wenn es nötig werden sollte – dolmetschen konnte. Heinrich saß in der Mitte seiner Gefolgsleute auf einem thronartigen Sessel und blickte den Ankömmlingen entgegen. Bevor diese den Saal betraten, schickte der König einen Bediensteten mit einer leise geflüsterten Anweisung durch einen Seitenausgang hinaus.

Bruno und Volkmar standen voll bewaffnet zu beiden Seiten des Thronsessels. Sie wussten, dass König Heinrich den Waffenstillstand kündigen wollte und waren auf alles gefasst. Bruno hatte auch auf Befehl des Königs veranlasst, dass die gesamte Leibwache sich in der Nähe der Halle so bereithielt, dass sie von Besuchern nicht sofort gesehen wurde.

Fürst *Levente* betrat mit seinen Begleitern die Halle, blieb in einigem Abstand vor dem König respektvoll stehen und verbeugte sich. Im Saal herrschte Schweigen und eine knisternde Spannung, die auch von den Ungarn sofort bemerkt wurde. *Leventes* dunkle Augen huschten misstrauisch umher.

König Heinrich ergriff das Wort: „Da hast du also wieder einmal den langen Weg hinter dich gebracht, Fürst *Levente*", sagte er. „Hast du eine gute Reise gehabt?" *Attila* übersetzte.

Levente bedachte seinen abtrünnigen Stammesgenossen mit einem eisigen Blick, wandte sich dann dem König zu und antwortete über den Dolmetscher: "Ich danke für die Nachfrage! Der Rückweg mit den gefüllten Satteltaschen wird allerdings wie immer beschwerlicher sein."

„Da kann ich dich beruhigen", sagte der König leichthin. „Deine Taschen werden auf der Rückreise genauso leer sein wie auf dem Weg hierher."

Als *Levente* die Übersetzung gehört hatte, wich er erstaunt einen Schritt zurück. Seine Augen blitzten.

„Ich habe vernommen, dass Großfürst *Tarhos* im Sterben liegt", fuhr Heinrich ungerührt fort. „Wer wird jetzt der Herr über eure sieben Stämme?"

„*Zoltán*", war die kurze Antwort.

„Ah, das ist gut", meinte der König. „Mit dem bin ich ja schon seit längerer Zeit bekannt." Heinrich beugte sich vor. „Dann bestell deinem Großfürsten *Zoltán*, dass der König des Ostfränkischen Reiches ab sofort keinen Tribut mehr leisten wird! Unser Vertrag ist mit sofortiger Wirkung hinfällig." Er machte eine Kunstpause und fuhr dann in scheinbar freundlichem Ton fort: „Aber die Höflichkeit gebietet, dass ich dir ein Geschenk für ihn mitgebe." Er machte ein unauffälliges Zeichen in Richtung auf den Seiteneingang, wo ein Bediensteter in der offenen Tür stand.

Der Helfer verschwand und kam einen Augenblick später wieder herein, wobei er Etwas in der rechten Hand trug. Es handelte sich um einen toten, mittelgroßen, fetten Hund mit räudigem Fell, dem man Schwanz und Ohren abgeschnitten hatte. Der Bedienstete hatte den Kadaver an den Hinterbeinen gefasst und warf ihn ohne ein Wort dem Fürsten *Levente* vor die Füße.

„Hier ist euer Geschenk", sagte Heinrich mit unheimlicher Ruhe.

Die Spannung in diesem Augenblick war fast mit Händen zu greifen. Im Saal herrschte für einen kleinen Augenblick Totenstille. Alle hielten den Atem an. Die Gesichter der Ungarn wurden bleich. *Leventes* sehniger Körper krümmte sich zusammen wie unter einem Schlag. Die rechte Hand eines seiner Begleiter fuhr zum Gürtel, in dem eine Wurfkeule steckte. Bruno und Volkmar sprangen schützend vor ihren König. Ihre Schwerter flogen aus den Scheiden. - - - Der Ungar zog seine Hand zurück.

Man konnte hören, wie die im Saal anwesenden Herren wieder tief Luft holten. Auf vielen Gesichtern erschien ein höhnisches Grinsen.

Levente presste die Lippen zusammen, drehte sich mit einem Ruck um und strebte dem Ausgang zu. Seine Begleiter folgten ihm. Die Hundeleiche ließen sie liegen. Noch im Hinausgehen konnten sie hören, wie sich im Saal ein brüllendes Gelächter ausbreitete.

Ruhe vor dem Sturm

„Warum hat der König das getan?", fragte Volkmar atemlos seinen Präfekten, als sie sich wieder draußen bei den übrigen Kameraden der Leibgarde befanden.

„Das kann ich dir sagen", erwiderte Bruno. „Erinnerst du dich an den Führer der Burgwache in Regensburg? Er hat uns doch damals erklärt, welche merkwürdige Bedeutung ein Hund für die Magyaren hat, wenn sie Verträge schließen. Der Hund hat für die umherziehenden Vieh- und Pferdehirten eine mythische Bedeutung und genießt besondere Verehrung. ….. Unser König hat sich also zur größten Beleidigung entschlossen, die er den Magyaren zufügen konnte. Er will Krieg! Er will jetzt die Entscheidung mit den Ungarn, und zwar so schnell wie möglich. Die Zeit ist günstig. Heinrich sieht keinen Sinn darin, die beiden restlichen Jahre des Waffenstillstands noch abzuwarten. Seine Kavallerie ist in Höchstform. Die Schwerter und Lanzen seiner jetzt siegesgewohnten Truppen sollen keinen Rost ansetzen und Männer und Pferde nicht durch eine längere Friedenszeit verweichlichen. ….. Und du kannst dich darauf verlassen: Diese tödliche Beleidigung wird unser „Freund" *Zoltán* sich nicht gefallen lassen. Er wird kommen, und zwar mit aller Macht. ..... Und sein Ziel wird Sachsen sein! ..... Aber ein großer Kriegszug erfordert Vorbereitung. Er wird seine Streitkräfte sammeln müssen. Jetzt steht der Winter vor der Tür. ..... Im Frühjahr werden sie kommen, soviel ist gewiss! Aber diesmal sind wir darauf vorbereitet, sie gebührend zu empfangen! Oder siehst du das anders, Volkmar?" Bruno boxte seinen Gruppenführer scherzhaft vor die Brust.

Volkmar machte ein ernstes Gesicht. Es stieg eine Ahnung in ihm auf, welche Gefahren auf das Reich und auf ihn selbst zukommen würden, wenn es zum Entscheidungskampf gegen die Magyaren kam. Aber noch blieb wohl ein halbes Jahr Zeit! – Eine Gnadenfrist?

Im Hinblick auf die kommenden, schweren Zeiten schickte König Heinrich ein Drittel seiner Leibwache, die ausschließlich aus ostfälischen Kriegern bestand, für drei Wochen zur Erholung nach Hause. Auch Volkmar war dabei. Der Weg von der Quitlingaburg nach der Pfalz Werla war ihm bekannt. Er belud die geduldige Hasel mit seiner Ausrüstung, sattelte seinen weißen Blitz und führte die Pferde vorsichtig über die regennassen Steine des stark abschüssigen Zufahrtsweges von der inneren Pfalz zur Vorburg hinunter. Greif sprang vorweg, so als wüsste er, dass es nach langer Zeit wieder einmal heimwärts ging. Unten im ebenen Gelände angekommen, stieg Volkmar auf und trabte wohlgemut in Richtung Nordwesten davon. Er freute sich darauf, seine Familie und die Freunde in der Heimat wiederzusehen. Frau und Kinder hatte er schon wieder fast zwei Jahre lang nicht mehr zu Gesicht bekommen.

Als er endlich den Hof Skladheim hinter sich hatte und vom Schieferberg aus den langen Weg zur Pfalz hinunterritt, sah er gleich die Auswirkungen, die König Heinrichs Burgenordnung bereits auf die Werla gehabt hatte. Die Burg hatte durch das Neunersystem eine starke, ständige Besatzung bekommen. Für die vielen Bauernkrieger waren innerhalb der Pfalz nicht genug Unterkünfte vorhanden. Deshalb war auf der ebenen Fläche nördlich von Haupt- und Vorburg ein kleines Hüttendorf entstanden, das die zum Burgdienst verpflichteten Krieger bewohnten.

Innerhalb der Mauern war fast noch mehr Betrieb als während der Zeit des Erweiterungsbaus. Seinen Vater brauchte Volkmar nicht lange zu suchen. Auf Anweisung des Grafen Thankmar war er dabei, auf dem Innenhof mit mehreren Abteilungen von Kriegern Waffenübungen zu machen. Er hatte dafür ein Programm entwickelt, das sich jedes Jahr mit neuen Gruppen wiederholte. Thankmar sorgte streng dafür, dass sich in der Gefolgschaft Werla niemand vor der einjährigen Dienstpflicht drückte.

Gerold unterbrach die Übungen, um seinen Sohn zu begrüßen. „Volkmar!", rief er. „Schön, dass du wieder einmal hier sein kannst! Wie lange hast du Urlaub?"

„Beim nächsten Vollmond muss ich in Gandersheim sein", antwortete Volkmar. „Das ist genau in neunzehn Tagen."

Die verschwitzten Krieger schwangen ihre Rundschilde auf den Rücken und umringten Vater und Sohn neugierig.

Einige von ihnen kamen aus dem Burgdorf an der Warne und kannten Volkmar, der in ihrer Mitte aufgewachsen war. Inzwischen war er 27 Jahre alt und ein erfahrener, weit gereister Mann. Seit er vor acht Jahren den Ungarnfürsten gefangen genommen hatte, genoss er in der ganzen Gegend großes Ansehen. An langen Winterabenden erzählten die Eltern ihren Kindern davon. Und ein fahrender Sänger hatte sogar ein Heldenlied auf ihn gedichtet.

„Ist es wahr, was erzählt wird?", fragte Gerold. „Hat der König den Waffenstillstand mit den Ungarn gekündigt?"

„Ja", antwortete sein Sohn unkonzentriert, denn seine Augen suchten den Platz nach seiner Frau und den beiden Jungen ab. „Das war eine tolle Sache! Ich erzähle es dir nachher noch genau. Aber erst muss ich Gertrude sehen!"

„Ich verstehe", nickte Gerold. „Deine Frau und die beiden prächtigen Knaben sind bei den Webhütten."

Volkmar übergab seine beiden Pferde einem Burgmann, der sichtlich stolz darauf war, dass ihm die Tiere dieses berühmten Kriegers anvertraut wurden. Dann eilte der Urlauber mit seinem schwarzen Hund im Schlepptau zur Vorburg hinüber, wo sich die Hütten der Handwerker aneinander reihen.

Er fand die vertraute Webhütte Gertrudes, öffnete die Tür und blieb auf der obersten Stufe der kleinen, abwärts führenden Treppe des Grubenhauses stehen. Seine Augen mussten sich erst an das Halbdunkel des Innenraumes gewöhnen. In der Nähe des Eingangs stapelten sich grobe Leinen- und Wollstoffe. An der rechten Seitenwand standen hintereinander drei Webstühle. Die daran arbeitenden

Frauen hielten inne, blickten auf und musterten den hoch gewachsenen Mann, der dunkel in der hellen Türöffnung stand. Sein helles Haar quoll unter dem eisernen Spangenhelm hervor, ein blonder, gestutzter Bart umrahmte das kräftige Kinn. Unter dem weiten, geöffneten Umhang schimmerten ein Schwertknauf und das blankgeriebene Metall des Kettenhemdes. Zwischen die Unterschenkel des breitbeinig dastehenden Kriegers schob sich der schwarze Kopf eines großen Hundes. Der hereinwehende, kalte Luftzug trug einen Geruch nach gefettetem Leder und einer Mischung aus Männer- und Pferdeschweiß herbei.

Volkmar erkannte am hinteren Webstuhl seine Gertrude. Sie erhob sich von ihrem Schemel und starrte ihn ungläubig an. Dann erkannte sie ihn. „Volkmar!" Mit einem Freudenschrei flog sie ihm an den Hals.

„Ja, ich bin wieder einmal hier!", rief er lachend und drückte sie an seine metallbewehrte Brust. „Was machen unsere jungen Krieger?"

„Sie treiben sich draußen herum", japste seine Frau, die sich erst von dem freudigen Schrecken erholen musste.

„Komm, suchen wir sie!", forderte Volkmar sie auf und wandte sich um. Gertrude und Greif folgten ihm.

Sie fanden die beiden Knaben in der Nähe des Tores, wo sie mit einem jungen Hund herumtollten. Volkmar fühlte sich bei diesem Anblick stark an seine eigene Kindheit erinnert. Der zwölfjährige Albrecht bemerkte das herankommende Elternpaar zuerst. Er stand wie erstarrt. Seine Augen wurden groß. „Vater?", rief er zögernd.

Volkmar blieb, statt zu antworten, stehen und breitete die Arme aus. Da kam der Junge freudestrahlend angerannt, sprang an ihm hoch und hängte sich an seinen Hals. Auch der zehnjährige Sigifred kam hinterher gelaufen, klammerte sich an den dunklen Wollumhang und drückte sich an die muskulösen, bis zu den Knien lederumwickelten Beine seines Vaters. Volkmar setzte den an ihm hängenden Albrecht ab und legte seine beiden schwieligen Hände auf die Blondköpfe seiner Söhne. „Groß seid ihr geworden!", sagte er. Er freute sich über den guten Gesundheitszustand der Jungen, die trotz der Arbeit, die sie zeitweise schon leisten mussten, und trotz der Notzeiten, die sie in schlechten Erntejahren zu durchleiden hatten, einen kräftigen Eindruck machten.

Albrecht trat einen Schritt zurück und sah zu Volkmar auf. „Vater", rief er, „Alle reden von dir! Hast du wieder einen Ungarn gefangen?"

Volkmar schüttelte den Kopf. „Nein", sagte er, „aber vielleicht fangen wir bald wieder einen." Er sah Gertrude bedeutsam an. Seine Frau sah plötzlich bedrückt aus. >Sie hat die Neuigkeit also auch schon gehört<, dachte der Heimkehrer. „Es wird wieder Krieg geben", sagte er laut. „Ich weiß nicht, ob wir uns vorher noch einmal sehen können. ….. Der König sucht jetzt die Entscheidung mit den Magyaren".

„Dein Vater hat es mir erzählt", murmelte sie. „Es ist hier das Hauptgesprächsthema. Die Feldzüge über die Elbe waren schon schlimm genug. Aber diesmal macht es mir Angst. Es verursacht Alpträume". Ihr Gesicht wurde blass, und ihre Augen füllten sich mit Tränen.

„Lass uns zu Gerold gehen", lenkte Volkmar sie ab. Alle vier gingen sie hinüber zur Hauptburg, wo der Wachleiter gerade seine Übungsstunde in Schwert- und Schildkampf beendet hatte.

„Na", rief Gerold aufgeräumt, „bist du mit deinen beiden Bengeln zufrieden?" Dabei gab er dem Albrecht einen leichten Klaps auf den Hinterkopf. „Die machen hier mit ihren Freunden die ganze Burg unsicher. Dauernd versuchen sie, jemandem einen Streich zu spielen." Er zwinkerte seinem Sohn zu. „Und flink sind sie! Das werden einmal tüchtige Krieger." Doch bei diesen Worten wurde er ernst. „Was wird nun mit den Ungarn?", fragte er.

„Die werden wir mit Sicherheit bald am Hals haben", antwortete Volkmar und erzählte ausführlich, was er in der Quitlingaburg hautnah erlebt hatte.

Sein Vater wiegte bedenklich den Kopf. Schließlich sagte er: „Der König wird wissen, was er tut. ….. Und so wie bisher geht es ja wirklich nicht weiter. Nach Ablauf der Frist hätten wir doch wieder den Zustand der Ungewissheit und die ständige Bedrohung gehabt." Er straffte sich. „Nun soll also endlich reiner Tisch gemacht werden. Das ist gut so. Wir sind dabei!"

Volkmar erwiderte: „Die Vorbereitungen sind ja schon in vollem Gange. Die Essen der Schmiede rauchen, die Kürschner und Sattler haben alle Hände voll zu tun, und in Gertrudes Webhütte stapeln sich die festen Tuche. Ich habe unterwegs auch gesehen, dass Nahrungs- und Futtervorräte zur Pfalz geschafft werden." Er blickte um sich und wies auf die Mitte des Hofes, wo Sand und Kies auf

Karren geladen wurde, und Holzbalken gestapelt lagen. „Was sind das für Erdarbeiten da?", fragte seinen Vater.

„Graf Thankmar hat angeordnet, einen Brunnen zu bauen", antwortete Gerold. „Das wurde aber auch Zeit, denn das Wasserholen aus der Oker könnte bald zu gefährlich werden. Wir wollen hoffen, dass der Brunnen bis zum Frühjahr fertig wird, und der Winter die Arbeiten nicht zu stark verzögert!"

Sie benutzten einen Aufstieg zum Wehrgang, begrüßten oben kurz einen jungen Wachhabenden, der seinem Vorgesetzten und dessen Sohn, dem berühmten Leibwächter des Königs, ehrfürchtig Platz machte, und gingen langsam in südlicher Richtung auf den in der Nähe der Mauer stehenden Palas zu, wo ebenfalls Erde transportiert wurde, und Maurer in einer Grube eine Mörtelmischung zubereiteten. „Was geht dort vor?", fragte Volkmar weiter.

Gerold machte ein geheimnisvolles Gesicht. „Auf Wunsch des Königs wird ein unterirdischer Fluchtweg angelegt", sagte er leise. „Der Zugang befindet sich im Palas und wird für Uneingeweihte nicht sichtbar sein. Der Gang soll irgendwo da draußen münden." Er deutete auf die Gebüsche am Fuße des Abhangs unter der Burgmauer.

Volkmar schüttelte nachdenklich den Kopf. „So ein Gang lässt sich auch in umgekehrter Richtung benutzen", meinte er. Dann hätte man den Feind plötzlich im Hause. ….. Aber man kann natürlich unterwegs Fallen einbauen."

Nachdem Volkmar sich pflichtgemäß beim Pfalzgrafen gemeldet hatte, wanderte er abends zusammen mit seiner Familie und seinem Vater hinunter zum Burgdorf. Seinen

Hengst führte er am Zügel. Die mit der üblichen Ausrüstung bepackte Stute stapfte von selbst hinterher, begleitet von dem neuen Aufpasser Greif.

Als Volkmar in der späten Nacht endlich mit seiner Frau allein war, fragte er sie besorgt nach den Alpträumen, die sie erwähnt hatte.

„Sie wiederholen sich", flüsterte sie. „Ich sehe dich neben Pferd und Hund am Boden liegen, und überall ist Blut. ..... Es ist schrecklich!" Sie begann zu weinen. „Wenn ich aufwache, dauert es immer eine Weile, bis ich in die Wirklichkeit zurückfinde. ..... Pater Wilbert hat mir geraten, für dich zu beten, und eine Kerze für die Kirche zu spenden."

Volkmar zog sie an sich und strich ihr beruhigend über den Kopf. „Die Schicksalsfäden zu spinnen, ist nicht unsere Sache", murmelte er versonnen. „Wir haben unsere Aufgaben zu erfüllen; und meine ist es, den König zu schützen."

Der Kampf beginnt

Es war so, wie Bruno in der Quitlingaburg erklärt hatte. König Heinrich wollte auf Biegen und Brechen die Kraftprobe mit den Ungarn herbeiführen. Er hatte Anweisung an alle fünf Herzogtümer gegeben – auch an das neu hinzugekommene Lothringen –, ihre besten Truppenkontingente im Laufe des Winters in den Osten des Reiches zu verlegen. In den ostfälischen Gauen, wo Heinrich den Hauptstoß des Feindes erwartete, waren Unterkünfte und Verpflegung für mehrere Monate zur

Verfügung zu stellen. Diese Aufgabe stellte die betroffenen Grafschaften auf eine harte Probe. Aber es war allen klar, dass es für das Wohl des gesamten Reiches unerlässlich war. Es wurde deutlich, dass die fünf Stämme des ostfränkischen Reiches, die sich inzwischen gemeinsam als *Regnum Teutonicum* bezeichneten, eine Schicksalsgemeinschaft bildeten, und dass sie alle vor einer großen Aufgabe standen, die sie nur gemeinsam lösen konnten.

In Ostfalen, der engeren Heimat des Königs, wurde – wie überall im Reich – fieberhaft gerüstet, und die Bauernkrieger, die im Herbst ihre Ernte eingefahren hatten, waren fast nur noch mit Waffenübungen beschäftigt. Besonders die berittenen Verbände, denen in den bevorstehenden Kämpfen eine entscheidende Rolle zufallen sollte, wurden ständig in Bewegung gehalten. Die Pferde mussten leistungsfähig gehalten werden, aber ohne sie über Gebühr anzustrengen. Dasselbe galt für die Reiter.

König Heinrich hielt sich während der Wintermonate wieder eine Woche lang in seiner Pfalz Werla auf. Die dort versammelten ostfälischen Gaugrafen wurden auf den bevorstehenden Kampf eingeschworen. Der Wach- und Meldedienst, der an allen Reichsgrenzen organisiert worden war, wurde an den Ostgrenzen der Herzogtümer Franken und Sachsen besonders verstärkt. Heinrich ging davon aus, dass die Ungarn wieder bestrebt sein würden, den gewohnten Weg durch Böhmen und entlang der Elbe nach Norden zu nehmen. Dann würden sie südlich der Magathaburg sächsisches Gebiet erreichen. Es war aber auch möglich, dass sie sich schon vorher nach Westen wenden, den Saalefluss überschreiten und in das thüringische Franken einfallen würden. Heinrich hielt es aber für wahrscheinlicher, dass sich der Rachefeldzug der Ungarn auf das nördliche Harzvorland konzentrieren werde, wo ihnen in der Quitlingaburg die große Schmach angetan worden war. Deshalb zog Heinrich zwei Heeresgruppen, die hauptsächlich aus Sachsen und Thüringern bestanden, um die Pfalzen Quitlingaburg und Werla zusammen und ließ eine starke Armee von Franken, Bayern, Schwaben und Lothringern im westlichen Thüringen an der Werra in Bereitstellung gehen. Den Oberbefehl über diese gemischte Truppe übertrug er dem tüchtigen Herzog Hermann von Schwaben.

Wie von reisenden Händlern zu erfahren war, hatten die Magyaren schon im Spätherbst angefangen, für einen Großangriff zu rüsten. Für die Sachsen und Thüringer vergingen die Wintermonate in nervöser Wachsamkeit. Heinrichs Familie einschließlich der Schwiegertochter Edgith hielt sich in der Quitlingaburg auf. Nur der 25-jährige Thankmar war aus Trotz, weil sein jüngerer Halbbruder ihm bei der Erbfolge vorgezogen werden sollte, in Gandersheim geblieben.

Beim König machten sich die Folgen des rastlosen, wochenlangen Reisens bemerkbar. Immer wieder hatte er tagelang bei jedem Wetter im Sattel gesessen, um die Vorbereitungen auf die Auseinandersetzung mit dem Erzfeind im Südosten zu überwachen. Auch die harten Feldzüge gegen die Slawen hatten an den Kräften des 57-Jährigen gezehrt. So war es kein Wunder, dass sich die Krankheit, die ihn vor neun Jahren schon einmal heimgesucht hatte, wieder zu Wort meldete. Heinrich fühlte sich schwach, und sein Körper war schweißnass und heiß.

Ausgerechnet in diese Schwächeperiode platzte die langerwartete Meldung. Eine schnelle Botenstafette brachte die Mitteilung, dass ein gewaltiger Heerwurm ungarischer Reitertruppen sich den Durchgang durch Böhmen ertrotzt hatte und an der Elbe entlang nordwärts marschierte. Es schien also genauso zu kommen, wie der König es vorhergesehen hatte. Noch hatten die Feinde das Reichsgebiet nicht erreicht. Heinrich befahl, die Beobachtung konzentriert fortzusetzen, und ließ sämtliche Truppen nördlich und südlich des Harzes in Alarmbereitschaft versetzen. In allen östlichen Gauen Frankens und Sachsens wurde die Bevölkerung angewiesen, die alten und neuen Schutzburgen aufzusuchen. Für all diese ummauerten Plätze sollte nun die große Bewährungsprobe kommen.

Thüringische Kundschafter übermittelten die Nachricht, dass die Ungarn vergeblich versucht hatten, die Daleminzier auch diesmal wieder als Bundesgenossen zu gewinnen. Diese aber, denen inzwischen bewusst war, was sie im sächsischen Stammesgebiet erwarten würde, sagten sich von den Magyaren los. Sie ahmten sogar das Beispiel Heinrichs nach und warfen den ungarischen Unterhändlern einen toten Hund vor. Die Magyaren hielten sich aber nicht mit einer Bestrafung der Slawen auf. Sie hatten Wichtigeres vor!

Anfang März wurde es dann endgültig ernst. Die Stafettenreiter, die täglich mehrmals die Anhöhe zur Quitlingaburg hinaufgaloppierten, um dann in langsamerem Tempo das steile Endstück des Weges zum Tor der inneren Pfalz hinter sich zu bringen, brachten die Meldung, dass die ungarische Armee sich geteilt habe. Eine

Hälfte durchziehe südlich des Harzes mordend und brennend das thüringische Gebiet, während die andere dabei sei, die östlichen Gaue des nördlichen Sachsen zu verheeren.

Zwei Tage später gelang es sächsischen Vorposten, einen ungarischen Späher abzufangen. Der Mann wurde dabei verwundet. Die Krieger brachten den Magyaren gefesselt vor den König. Zum Glück verstand er etwas von der sächsischen Sprache. „Wie heißt du?", fragte Heinrich, der warm eingepackt in einem Lehnstuhl saß, mit belegter Stimme den Ungarn.

„Ich *Bence*", antwortete der junge Krieger, der einen blutigen Kopfverband trug und rechts und links von Bruno und Volkmar gestützt wurde.

„Wer sind eure Anführer?", setzte der König die Vernehmung fort.

„Fürst *Bulcsú* – auch *Lél* und *Súr*", sagte der Magyare, der sich kaum noch auf den Beinen halten konnte.

„Wo ist Großfürst *Zoltán*?", wollte Heinrich weiter wissen.

„Thüringen", erwiderte *Bence* mit brüchiger Stimme, schloss die Augen und ließ den Kopf hängen. Er schien mit seinem Leben abgeschlossen zu haben.

„Sperrt ihn ein!", befahl der König. „Vielleicht brauchen wir ihn noch."

Als der Gefangene verschwunden war, ließ Heinrich den Grafen Thiatmar zu sich kommen. „Gibt es neue Nachrichten?", fragte der König.

„Ja, einer meiner Kundschafter ist eben zurückgekommen und hat gemeldet, dass die Ungarn dabei sind, an den Hügeln des Elm ein riesiges Lager aufzuschlagen. ….. Sie scheinen es sich bei uns gemütlich machen zu wollen", war die Antwort.

„Die Suppe werden wir ihnen versalzen", krächzte der König mit heiserer Stimme. „Wir dürfen jetzt nicht mehr zögern! Bernhard und du werdet sie in die Zange nehmen. Ich bin sicher, ihr werdet uns keine Schande bereiten. ….. Um Thüringen muss sich erst einmal Hermann kümmern."

Bereits kurze Zeit später machten sich rund um die Quitlingaburg die Kampftruppen des Grafen Thiatmar marschbereit. Meldereiter auf schnellen Rennern waren unterwegs nach der Pfalz Werla, um dem Grafen Bernhard den Befehl zu überbringen, unverzüglich mit seinen Reitereinheiten nach dem Elm aufzubrechen und sich bei Anbruch des zehnten Tages des Monats den Waldbergen von Westen zu nähern. Graf Thiatmar werde zur selben Zeit von Osten kommen.

Zunächst hatte König Heinrich den Angriff auf das Elmlager persönlich führen wollen, aber die heilkundigen Mönche und Kräuterfrauen, die sich um den Kranken bemühten, hatten es ihm ausgeredet. Es sei für ihn das Wichtigste, hatten sie gesagt, dass er wieder zu Kräften komme. Er würde in der nasskalten Luft unnütz sein Leben aufs Spiel setzen. Schließlich hatte er nachgegeben, die zubereiteten Arzneien geschluckt und voller Ungeduld auf neue Meldungen gewartet. Er wusste, dass er in Bernhard und Thiatmar zwei erfahrene Haudegen hatte, die in der Lage waren, überlegt und trotzdem energisch zu handeln.

Die Leibgardisten hielten abwechselnd vor dem Krankenzimmer Wache. Nur wenige Personen durften zum König vorgelassen werden. Dazu gehörten die Mitglieder der königlichen Familie und der Erzkaplan. Der 21-jährige Kronprinz Otto ging wie ein eingesperrter Löwe im Vorzimmer auf und ab. Er unterhielt sich mit Volkmar, der gerade mit der Wache an der Reihe war. Seit den schon Jahre zurückliegenden, gemeinsamen Jagdabenteuern fühlte er sich ihm freundschaftlich verbunden.

"Ich wollte, ich könnte jetzt da draußen dabei sein!", stieß Otto hervor. „Wenn Vater doch gesund wäre! Er hat es mir nicht erlaubt, mich Thiatmars Truppen anzuschließen. ….. Aber vielleicht ist es auch gut so. Ich möchte ihn andererseits nicht gern hier allein lassen. Mit ihm zusammen die Truppen zu führen, das wäre mein Wunsch gewesen! ….. Dass er ausgerechnet jetzt krank werden musste!"

„Ich habe den Eindruck, dass die Heilkundigen ihr Geschäft verstehen", meinte Volkmar. „Der König wird bald wieder reiten können. Und noch ist der Krieg nicht beendet. Ich habe das Gefühl, dass uns die schwersten Tage noch bevorstehen." Er zog das blanke Schwert aus der Scheide und betrachtete es versonnen. „Und ich bin sicher, dass auch unsere Schwerter bald wieder Blut sehen werden."

Am Abend des zehnten März kam ein Meldereiter auf schweißnassem Pferd vor der Quitlingaburg an. „Sieg, Sieg!", schrie er. Sofort war er von Neugierigen umringt.

Aber er bestand darauf, sofort zum König vorgelassen zu werden. Dieser hatte jedoch den Lärm gehört und war – in einen dicken wollenen Umhang gehüllt – vor die Tür des Palas getreten. Der Bote schritt, gefolgt von einer Menschentraube, auf ihn zu und blieb einige Meter vor ihm stehen. Es entstand eine erwartungsvolle Stille. Der Melder holte tief Luft und rief mit klarer Stimme: „Mein König, die Grafen Thiatmar und Bernhard habe einen glänzenden Sieg errungen! Ihre Truppen haben in einer gut abgestimmten Aktion das Lager der Feinde angegriffen, bevor diese sich wirksam zur Verteidigung formieren konnten. Wo sie es versuchten, wurden sie vernichtend geschlagen. Das ungarische Heer ist völlig zersprengt. Die flüchtenden Gruppen werden unerbittlich verfolgt. Graf Thiatmar läßt dir mitteilen, dass er am Abend des übernächsten Tages mit seinen Kriegern zur Quitlingaburg zurückkehren wird. Graf Bernhard will wieder bei der Werla Stellung beziehen."

Es schien, als ob der König bei dieser Freudenbotschaft noch größer wurde als er ohnehin schon war. Er schritt auf den erschöpften Reiter zu und legte ihm seine fieberheiße Hand auf die Schulter. „Mein Freund", sagte er mit heiserer Stimme, „deine Meldung hilft mir mehr als alle Medizin, die mir hier verabreicht wird. ..... Versorgt den Mann gut! Er hat es verdient!", rief er in die Runde. Darauf traten zwei Mönche auf ihn zu, um ihn wieder zu seinem Krankenlager zu geleiten.

Aber bevor sich Heinrich wieder in die Obhut der Heilkundigen begab, traf er noch eine Entscheidung. Er schickte Meldereiter nach der Pfalz Werla mit einer Anweisung für den Grafen Bernhard, sich nach der Rückkehr vom Elm sofort mit allen Einheiten zur Quitlingaburg in Marsch zu setzen. „Dies war erst der Beginn", sagte er im Kreise seiner Berater, zu denen auch der Kronprinz gehörte. „Meine Hauptaufgabe liegt in Thüringen. Dort wartet der Großfürst *Zoltán* auf mich. ….. Und er soll nicht umsonst warten," fügte er sarkastisch hinzu. „Ich werde reiten; davon lasse ich mich jetzt nicht mehr abbringen!"

Am Vorabend der Schicksalsschlacht

Am 12. März wurde die Ankunft der Truppen von der Werla gemeldet. Graf Bernhard und der am selben Tage eintreffende Graf Thiatmar wurden überschwänglich empfangen. Der König versprach ihnen hohe Belohnungen nach Abschluss der Kämpfe. Die beiden Heerführer teilten ihm zu seiner Genugtuung mit, dass nach ihren Feststellungen am Elm fast alle Befehlshaber der Magyaren in Nahkämpfen ums Leben gekommen waren. Sie hätten sich erbittert gewehrt und seien als tapfer fechtende Krieger gefallen, was den siegreichen Sachsen und Thüringern Respekt abgenötigt habe. Die eigenen Verluste seien dank der eingeübten Taktik vergleichsweise gering gewesen. Das ungarische Nordheer könne als vernichtet angesehen werden. Die Gruppen von Flüchtlingen, die den Reichskriegern entkommen konnten, würden keine große Gefahr mehr darstellen. Sie würden vermutlich versuchen, sich nach Thüringen durchzuschlagen.

Am späten Abend dieses dramatischen Tages, schon bei Dunkelheit, wurde die Ankunft von Boten aus dem Süden gemeldet, die ihre dampfenden Rosse im Laufschritt den steilen Weg zur Pfalz hinaufführten. Die Meldungen ließen Heinrich aufhorchen: Die Ungarn unter dem Oberbefehl *Zoltáns* hatten versucht, die Jechaburg des thüringischen Grafen Wido am Flusse Wipper zu stürmen. Wido war aber ein Schwager des Königs; er hatte dessen Halbschwester geheiratet. Drei Ereignisse hatten die am Rande der Hainleite gelegene Burg gerettet: einmal der Einbruch der Dunkelheit, zum anderen die Kunde von der Vernichtung der Nordarmee und drittens das Herannahen der Truppen des Herzogs Hermann von Schwaben, der mit einer starken Armee von der Werra her ostwärts zog. *Zoltán* habe durch gewaltige, nächtliche Feuerzeichen und bei Hellwerden auch Rauchsignale seine raubend in dem fast menschenleeren Lande umherziehenden Streifscharen gesammelt und sich mit allen Truppen über die Saale in das ebene Land zurückgezogen, wo seine Reitergeschwader sich am besten entfalten konnten. Es schien, als wollte er sich dort der Entscheidungsschlacht stellen.

„Das kann er haben!", rief Heinrich. „Morgen in aller Frühe reiten wir!" Er schlug alle Warnungen der Heilkundigen in den Wind und erteilte seinen Heerführern die entsprechenden Befehle. Im Morgengrauen verließ die gesamte nördliche Reichsarmee ihre Lager bei der Quitlingaburg, zog nach Südosten zum Saalefluss und an diesem stromaufwärts. Nicht weit von der Unstrut-Mündung wartete der König das Eintreffen seiner Südarmee ab, die bisher so gut wie keine Feindberührung gehabt hatte. Als seine Kundschafter am rechten Ufer der Saale und auch in der Nähe des Flusses keine Anzeichen von einer Anwesenheit der Feinde feststellen konnten, ging Heinrich mit seiner gesamten Streitmacht über den Strom und bezog am 14. März an einer strategisch günstigen Stelle auf dem hohen Ufer der Saale ein riesiges, befestigtes Feldlager. Außer einer regen Kundschafter-Tätigkeit von beiden Seiten gab es an diesem Tage keine Kontakte zwischen den feindlichen Heeren.

Am Abend versammelte König Heinrich seine Leibgarde und alle Truppenführer in seinem geräumigen Königszelt, um einen Schlachtplan für den kommenden Tag der Entscheidung zu entwerfen. Denn aus den Berichten seiner Aufklärungs-Abteilungen war zu schließen, dass *Zoltán* keineswegs die Absicht hatte, das Feld widerstandslos zu räumen, sondern sich ebenfalls auf den Endkampf vorbereitete.

„Unsere geschlossenen Reiterformationen haben sich am Elm bestens bewährt", berichteten die Grafen Bernhard und Thiatmar übereinstimmend. „Die Männer brennen darauf, ihren Erfolg hier zu wiederholen."

„Das wünsche ich mir ebenfalls", sagte Heinrich. „Es setzt aber voraus, dass sie uns angreifen und so nah herankommen, dass wir sie überrennen können. Es wäre immerhin möglich, dass *Zoltán* aus den Berichten der Flüchtlinge aus dem Norden seine Schlüsse zieht und uns dazu keine Gelegenheit gibt. ..... Wir müssen sie heranlocken! Mir schwebt da etwas vor. Es ist zwar ein uralter Trick, aber vielleicht ist der Ungar so auf den Kampf versessen, dass er darauf hereinfällt. ..... Ich brauche eine kleine, verwegene Truppe, auf die ich mich voll und ganz verlassen kann: zwei Hundertschaften Fußkämpfer und eine halbe Hundertschaft leicht bewaffnete Reiter. Sie müssen den Feind zum Angriff verlocken, dürfen sich aber nicht zu weit vorwagen. Es muss ihnen immer die Möglichkeit bleiben, sich hinter unserer Hauptlinie in

Sicherheit zu bringen. Die Fußkrieger müssen also gute Läufer sein."

„Dann darf der Feind unsere Bereitstellung nicht zu früh bemerken", wandte Graf Bernhard ein.

„Genau darauf kommt es an", bestätigte ihm der König. „Ruf die Kundschafter zusammen, die das Gelände östlich von hier durchstreift haben! Wir wollen sehen, wo sich unser Aufmarsch am besten verschleiern lässt!"

Bald darauf betraten nacheinander zehn Führer von Erkundungstrupps das große Königszelt. Auf einem zusammenkappbaren Feldtisch wurde ein helles Leinentuch ausgebreitet. Ein Helfer holte verkohlte Holzstücke von einem der vielen Lagerfeuer, an denen sich die Krieger in der frostigen Märzluft wärmten. Heinrich ließ einen der Kundschafter einen groben Plan von dem etwa zehn Meilen breiten Landstreifen am rechten Saaleufer auf das Tuch zeichnen. Wichtig war die Lage von Hügeln und Wäldern, die geeignet waren, dem Feind die Sicht zu nehmen. Die Heerführer betrachteten die Karte nachdenklich und machten verschiedene Vorschläge. Nach einer Weile traf Heinrich die Entscheidung. Er deutete auf einen Punkt der Zeichnung. „Diese Senke hier", sagte er, „die in Nord-Süd-Richtung verläuft, erscheint mir breit genug zur Aufstellung unserer Reiterverbände. Die lange, bewaldete Hügelkette versperrt den Ungarn den Einblick. Wo sie endet, ist der Weg in die Ebene offen. Da haben wir den idealen Bereitstellungsort. ….. Es ist jedoch wichtig, dass die feindlichen Späher nicht so nah herangelassen werden, dass sie unsere Vorbereitungen bemerken können. Dafür müsst ihr unbedingt sorgen!

Und nun lasst uns die Leute aussuchen, die den Feind heranlocken werden!"

Er blickte um sich. Seine Augen schweiften über die Männer seiner Leibwache. „Volkmar Geroldsohn!", rief er und schaute den Genannten, der sich bei dem Anruf straffte, mit großem Ernst an, „Du wirst die Truppe der Lockvögel führen! Ich übertrage dir das Kommando über die gesamten Mannschaften, die dir von den hier anwesenden Grafen Bernhard und Thiatmar zur Verfügung gestellt werden." Er wandte sich zu den Genannten um und fügte hinzu: „Jeder von euch sucht noch heute Abend hundert gute Läufer und fünfundzwanzig Reiter aus, die in der Lage sind, die heikle Aufgabe zu übernehmen! Volkmar hier, der euch allen bekannt ist, hat genug Erfahrung, um abschätzen zu können, wann der Zeitpunkt zum Rückzug gekommen ist". Er blickte seinen Leibgardisten eindringlich an. „Das darf nicht zu früh und nicht zu spät sein. ….. Der Erfolg unseres Unternehmens hängt größtenteils von deiner Entscheidung ab."

In Volkmars Inneren kämpften widerstreitende Gefühle: der Stolz darauf, dass ihm so eine wichtige Schlüsselrolle übertragen worden war, und ein nagendes Gefühl des Unbehagens, wenn er an die tödliche Gefahr dachte, die mit dieser Aufgabe verbunden war. Aber er musste die Sache anpacken, koste es, was es wollte! – Die Kunde von dem verwegenen Plan verbreitete sich draußen bereits wie ein Lauffeuer.

Da ließ sich ein Krieger aus der Gefolgschaft Werla beim Königszelt melden. Es war Gerhard, Volkmars Duellgegner, der danach sein Freund geworden war. „Ich möchte mit dir reiten", sagte er kurz und bündig, wie es seine Art war.

Volkmar lächelte dankbar und schlug seinem Kampfgefährten die Hand auf die Schulter. „Ich freue mich", antwortete er. „Hast du ein schnelles Pferd?"

„Ich denke schon", entgegnete Gerhard.

„Gut", sagte Volkmar. „Bei der Auswahl der anderen verlasse ich mich auf die Grafen."

Die Sterne glitzerten bereits am frostklaren Himmel, als sich vor dem Königszelt nach und nach zweihundertfünfzig unternehmungslustig aussehende, junge Sachsen und Thüringer versammelt hatten, die am nächsten Morgen die Vorhut bilden sollten. Volkmar wies sie eindringlich in ihre Aufgabe ein und schickte sie dann in ihre Zelte, damit sie am kommenden Entscheidungstag ausgeruht waren.

Die letzte Begegnung

Im Morgengrauen des 15. März zelebrierte Erzkaplan Heriger im Feldlager vor einem großen Holzkreuz und unter einem behelfsmäßigen Baldachin aus hellem Leinenstoff unter Mitwirkung mehrerer geistlicher Herren der Hofkapelle eine feierliche Messe. Danach ergriff der König das Wort. Hinter ihm standen rechts und links zwei stämmige Leibgardisten. Einer hielt das königliche Feldzeichen mit dem aufgestickten Abbild des Erzengels Michael, der andere eine mit rotem Tuch umwickelte Lanze.

Den heilkundigen Mönchen war es gelungen, Heinrichs Fieber zu senken. Zwar fühlte er sich immer noch schwach und elend, war jedoch entschlossen, sich nichts anmerken zu lassen. Er bestieg sein Kriegspferd, um für alle sichtbar zu sein. Die Luft war neblig und kalt. Vor ihm standen im großen Halbkreis dicht gedrängt die vielen Hundertschaften von Kriegern aller Stämme des *Regnum Teutonicum* und hinter ihnen die unübersehbare Masse der von den Knechten bewachten, mit dickem Filz gepanzerten Pferde. Die Leiber der Tiere dampften in der kalten Luft, und von allen Mündern wehten weiße Atemfahnen. Heinrich war noch nicht wieder in der Lage, eine weithin schallende Ansprache zu halten. Der Platz wäre dafür ohnehin zu groß gewesen. So waren in Abständen Ausrufer postiert, die seine Worte bis in die hintersten Reihen weitergaben. Heinrich sprach deshalb langsam Satz für Satz mit den notwendigen Pausen.

„Tapfere Krieger des Reiches!", begann er. „Ihr Männer aus den Herzogtümern Bayern, Franken, Schwaben, Sachsen und Lothringen! ..... Heute ist der Tag der Entscheidung! ..... Auf diesen Tag haben wir uns alle gründlich vorbereitet! ..... Unsere Reiter haben glänzende Siege errungen! ..... Eine letzte Bewährungsprobe haben wir noch zu bestehen! ..... Da draußen warten die barbarischen Horden, ... die so oft eure Heimat verwüstet, ... Männer erschlagen und Frauen und Kinder geraubt haben! ..... Heute habt ihr Gelegenheit, Rache zu nehmen ..... !"

Lautstarke Zustimmung unterbrach seine Rede.

„Ein großer Teil der Feinde ..... hat unsere Rache bereits zu spüren bekommen .....!"

In den Reihen der sächsischen Krieger erhob sich lautes Triumphgeschrei.

„Unsere Kampftaktik hat sich bestens bewährt! ….. Lasst uns nun unseren Sieg vollenden! ….. Heute ist der fünfzehnte Tag des dritten Monats! ….. Heute ist der Gedenktag des heiligen Longinus! ….. Und seht: Hier ist die Heilige Lanze des Longinus, ….. die den Körper unseres Herrn Jesus Christus berührt hat …..!"

Er deutete auf den Lanzenträger neben sich, der daraufhin die heilige Reliquie hoch zum Himmel streckte. Ein ehrfürchtiges Gemurmel breitete sich aus.

„Der heilige Longinus, ….. der sich zum christlichen Glauben bekehrte ….. und als Märtyrer für ihn gestorben ist, ….. ist heute bei uns und führt uns zum Sieg …..!"

Ein ohrenbetäubender Lärm brach aus, als Tausende von Kriegern ihre Schwerter und Lanzen gegen ihre Schilde schlugen. In diesem Augenblick drängte sich ein Melder zum König durch und rief ihm etwas ins Ohr. Der König hörte ihm eine Weile zu, nickte und wandte sich wieder an das dicht gedrängt stehende Heer:

„Eben wurde mir berichtet, welche Gräueltaten die ungarischen Horden in Thüringen begangen haben. ….. Gefangene haben ausgesagt, ….. ihr Anführer hätte sie ausdrücklich befohlen, ….. um Angst und Schrecken zu verbreiten! ….. Damit soll es jetzt ein für alle Mal vorbei sein! ….. Vertraut auf den Erzengel Michael ….. und auf den heiligen Longinus! ….. Der Sieg wird unser sein! ….. Lasst uns nun hinausgehen ….. und die Feinde so aufs Haupt schlagen, dass ihnen die Lust auf Raub und Mord für immer vergeht! ….. Ihre Pferde sind schnell,

….. aber unsere sind stärker! ….. Ihre Pfeile sollen uns nicht schrecken. ….. Dafür sollen sie unsere scharfen Lanzen und Schwerter zu schmecken kriegen! "

Die Begeisterung, die der Ansprache des Königs folgte, ist mit Worten kaum zu beschreiben.

Als der Lärm abgeebbt war, erschollen laute Kommandos und Hornsignale. Die Hundertschaften sammelten und formierten sich, und – angeführt von ihrem König persönlich – zogen die von Kampfgeist beseelten Truppen geordnet aus dem Lager in den nebligen, froststarren Märzmorgen hinaus.

Starke Abteilungen von Kundschaftern hatten schon während der Nacht einen dichten Schleier vor das geplante Aufmarschgebiet gelegt.

Sobald die Armee das Lager verlassen hatte, setzte sich Volkmar mit der Elite-Fußtruppe und der Gruppe leichtbewaffneter Reiter vor die Spitze des schwer gepanzerten Reiterheeres. Die Männer der Vorausabteilung waren nur mit Schild, Schwert und Lanze ausgerüstet und trugen außer dem Helm keine Panzerung. Dadurch war das Gewicht der Krieger geringer; sie konnten besser laufen. Und auch die Pferde konnten schneller sein. Volkmar hätte ein jüngeres Pferd bekommen können, doch mochte er sich von seinem altvertrauten, weißen Schimmelhengst nicht trennen, der ihn schon auf so vielen Feldzügen getragen hatte. Zusammen mit Gerhard und den übrigen Kavalleristen ritt er im Schritt vor den beiden Hundertschaften her, die ihre Rundschilde auf den Rücken geschwungen hatten und in Viererreihen folgten. Die von der Kälte geröteten Gesichter leuchteten im Schein der aufgehenden Morgensonne.

In dem vorgesehenen, durch den Hügel gedeckten Bereitstellungsraum machte die Hauptarmee Halt, und die Reitereinheiten formierten sich – wie tausendmal geübt – für die bevorstehende Schlacht.

Volkmar jedoch zog mit seiner Vorausabteilung weiter, bis er in offenes Gelände kam, in dem es nur wenige Busch- und Baumgruppen gab, und das nach den Berichten der Kundschafter bis an einen Fluss reichte, der Weiße Elster genannt wurde. Jetzt galt es, vorsichtig zu sein. In der Ferne waren viele Rauchsäulen zu erkennen. Offenbar befand sich dort das Lager der Feinde. Gerade wollte er seine kleine Streitmacht anweisen, breit auszuschwärmen, um eine größere Masse vorzutäuschen, als der neben ihm reitende Gerhard ihn anrief und nach hinten wies. Man sah einen schwarzen Punkt im Gelände, der schnell näher kam. Bald erkannte Volkmar, dass der treue Greif ihnen gefolgt war. Er hatte es wohl bei der Stute im Lager nicht ausgehalten. Hatte er auch ein Gespür dafür, dass eine große Entscheidung bevorstand? Wollte er seinen Herrn in der Gefahr nicht allein lassen? Den anhänglichen Hund zurückzuschicken, war keine Gelegenheit mehr, denn in der Ebene sah man mehrere Reiter hin und her galoppieren, und dann näherte sich wie ein unaufhaltsames Verhängnis die dunkle Masse eines gewaltigen Reiterheeres, das sich in langsamem Tempo auf das sächsische Vorkommando zu bewegte.

Volkmar ließ seine Männer ausschwärmen und stehen bleiben. In Gedanken schätzte er ab, wie weit er die Gegner kommen lassen durfte, bevor er sich mit seiner Truppe zur Flucht wandte. Da bemerkte er plötzlich, dass die Masse der Magyaren das Tempo erhöhte. Er ließ sie bis auf etwa eine halbe Meile herankommen und gab dann – dem Schlachtplan folgend – den Befehl zum Rückzug. Seine Fußsoldaten rannten zurück, und die Reiterabteilung wendete die Pferde, um hinterher zu traben.

In diesem Augenblick geschah es! Eine starke Gruppe ungarischer Reiter, die unbemerkt in einem Wäldchen im Hinterhalt gelegen hatte, preschte mit wildem Kriegsgeschrei hervor und verwickelte einzelne Gegner in Nahkämpfe. Fünf der Magyaren schnitten Volkmar und Gerhard von ihren Kameraden ab und umkreisten sie auf ihren flinken Pferdchen. Volkmar galoppierte auf einen von ihnen zu und stach mit seiner Lanze nach ihm. Der Ungar ließ sich gewandt wie eine Katze seitlich vom Pferd fallen, um dem Stoß zu entgehen. Bevor die beiden Eingeschlossenen in der Lage waren, sich weiteren Gegnern zuzuwenden, zischten die tödlichen Pfeile.

Volkmar konnte drei Geschosse mit seinem Schild abfangen, wurde jedoch ins Bein getroffen. Der arme Hengst erhielt mehrere Treffer in Brust, Hals und Flanke. Er brach mitten im Galopp in die Knie. Sein Reiter flog in hohem Bogen über den Hals des zu Tode getroffenen Tieres auf den hart gefrorenen Boden. Er hatte Glück, sich dabei nicht die Knochen zu brechen. Mühsam erhob er sich. Seine Bewegungen wurden durch den im Oberschenkel steckenden Pfeil behindert. Schild und Lanze hatte er bei dem Sturz verloren. Trotz all seiner Tapferkeit und Kampfkunst hatte sich nun das Schicksal gegen ihn gewandt. Er musste erkennen, dass die Nornen dabei waren, seinen Schicksalsfaden zu Ende zu knüpfen. Dennoch wollte er wenigstens kämpfend sterben.

Er riss das Schwert heraus und wandte sich dem Gegner zu, der sich seinem Lanzenstoß entzogen hatte und jetzt mit triumphierendem Grinsen auf ihn zu lief. Der Ungar zog eine Kriegskeule aus seinem Gürtel. Bevor er sie jedoch benutzen konnte, sprang ein großer, schwarzer Hund auf ihn zu und verbiss sich in seinem durch hohen Lederstiefel geschützten Bein. Mit einem Fluch zog der Magyare ein krummes Messer und stach es dem Tier mehrmals tief in den Rücken. Volkmar, der sich nur mühsam humpelnd bewegte, konnte den treuen Greif nicht retten. Er biss in grenzenlosem Zorn die Zähne zusammen und streckte seinem Gegner, der ihn lauernd umkreiste, das scharfe Schwert entgegen. Der Ungar hatte seine Schlagwaffe in der linken Hand. >Ein Linkshänder ist ein schwieriger Gegner<, ging es Volkmar blitzartig durch den Kopf.

Da sah er zu seinem Entsetzen, dass Gerhard nicht weit von ihm am Boden lag und verzweifelt versuchte, auf die Füße zu kommen und seine Arme von einer Lederschlinge zu befreien, mit der man ihn vom Pferd gerissen hatte. Ein abgesessener Magyarenkrieger warf sich auf ihn und hob ein Messer zum Stoß. „Gerhard!", schrie Volkmar. Diesen kurzen Augenblick der Ablenkung nutzte der ihn umkreisende Gegner, um mit einem Sprung nach vorn seinem Gegner den Streithammer gegen die Schläfe zu schmettern.

Volkmar sah einen Augenblick lang die ganze Landschaft wie durch einen roten Nebel. Dann sah er sich plötzlich als Knaben am Wasser der Warne spielen. Das dörfliche

Leben zog an seinem inneren Auge vorbei, das Feuer, die Hochzeit, seine Familie, die Feldzüge, alle Stationen seines Lebens. Kein noch so kleines Ereignis wurde ausgelassen. Danach umgab ihn nur noch Dunkelheit, und eine unbeschreibliche Ruhe hüllte ihn ein. Die beiden Pfeile, die ihn in den Rücken trafen, spürte er nicht mehr.

Der Sieg

Hinter der Hauptstandarte mit dem Engelsbild saß Erzkaplan Heriger zu Pferde, gerüstet wie ein Krieger, trug jedoch über dem Kettenpanzer ein helles Hemd mit einem großen, darauf genähten, schwarzen Kreuz. In seiner Linken trug er die in leuchtend rotes Tuch eingewickelte Heilige Lanze. Als die breit ausgeschwärmten Reiterscharen der Feinde langsam näher rückten, hob er sich in den Steigbügeln, streckte die wundertätige Lanze in die Höhe, machte mit groß ausholenden Bewegungen seines rechten Armes das Kreuzzeichen und schrie mit weithin schallender Stimme den christlichen Schlachtruf *„Kyrie Eleison!"* Einige Krieger wussten, dass es „Herr, erbarme dich" bedeutete. Aber auch die große Masse, die es nicht wusste, stimmte in den immer wieder ausgestoßenen Ruf mit ein. So pflanzte der fromme Anruf sich durch das ganze Heer fort, bis er wie ein donnerndes Brausen über die Ebene flog. Darunter mischten sich Kampfrufe in den Mundarten der verschiedenen Stammeskontingente. In einigen sächsischen Gefolgschaften waren auch überlieferte Schlachtgesänge aus heidnischer Zeit zu hören. Bei dem ohrenbetäubenden Lärm wurden viele Pferde scheu und versuchten, aus der festgefügten Phalanx auszubrechen, wurden jedoch von ihren geübten Reitern eisern zurückgezwungen.

Die in großen Pulks, aber in klare Einheiten gegliedert heranziehenden Magyaren antworteten mit ihrem gellenden Kriegsgeschrei:„Huuii, huuii, huuii!" Großfürst *Zoltán* ließ verdutzt seine Truppen anhalten, als er an den verschiedenen Standarten erkannte, dass er hier nicht nur Sachsen und Thüringer, sondern zum ersten Mal ein Reichsheer vor sich hatte. Er ahnte die Gefahr, die von dieser wie ein monolithischer Block verharrenden Armee ausging, doch wollte und konnte er nicht auf seine Vergeltung für die ihm angetane Schmach verzichten.

Und so gab der Großfürst der sieben magyarischen Stämme schließlich das verhängnisvolle Zeichen zum Angriff, indem er die Lanze mit den daran befestigten, rot gefärbten Pferdeschweifen dreimal in die Luft stieß. Seine Reiterscharen setzten sich mit infernalischem Gebrüll in Bewegung. Die struppigen Steppenpferde fielen in einen wilden Galopp. Ihre unbeschlagenen Hufe trommelten über den hart gefrorenen Boden, dass es wie rollender Donner anzuhören war. Die ungarischen Krieger folgten – wie von Heinrich erwartet – ihrer altbewährten Kampfmethode. Kurz vor dem Durchparieren ihrer Pferde entließen ihre kurzen, geschwungenen Hornbögen und ihre Handschleudern eine Wolke von tödlichen Pfeilen und Steinen, die sich wie ein gewaltiger, dunkler Hornissenschwarm zischend in den klaren, frostigen Märzhimmel erhob und klappernd, rasselnd und polternd auf die Helme und Schilde der unbeweglich dastehenden Feinde hinabstieß. Sofort wendeten die Magyaren ihre Pferde und galoppierten zurück, um sich zu einem neuen Anlauf zu sammeln.

Bevor sie jedoch dazu kamen, gellten in ihrem Rücken die Signalhörner ihrer Gegner. Als die Ungarn den Blick wandten, sahen sie zu ihrem Schrecken, dass sich die in mehreren Gliedern gestaffelte Schlachtreihe der Feinde wie eine lanzenstarrende Mauer mit lautem Gebrüll und beängstigender Schnelligkeit auf sie zu bewegte. Das Zentrum des Reichsheeres, das aus stark gepanzerten Reitern auf mattengeschützten Pferden bestand, zielte auf die Mitte der magyarischen Streitkräfte, wo das Feldzeichen *Zoltáns* wehte, während die leichter bewaffneten Flügel rechts und links Schwenkmanöver durchführten, um ihre Gegner in den Flanken zu fassen.

Zoltáns Heerführer blickten auf ihren Großfürsten und warteten auf seine Entscheidung, was nun zu tun sei. Der Oberkommandierende war einen Augenblick lang unschlüssig. Er mochte nicht glauben, was er mit eigenen Augen sah: Seine Reiter schossen noch vereinzelt Pfeile ab, waren aber sehr schnell in den Nahkampf verwickelt, den sie gegen den disziplinert und entschlossen angreifenden Gegner nicht bestehen konnten. Beim Zusammenprall der Reiterverbände gab es in den Reihen der magyarischen Kämpfer schwere Verluste. Ihre Kurzspieße, Krummsäbel, Kriegsbeile und Streithämmer waren zwar für Einzelkämpfe gut geeignet. Hier aber hatten sie eine Lawine aus dichtgedrängten Pferden und langen Lanzen vor sich, die sie zu zermalmen drohte.

Zoltáns Unschlüssigkeit in dieser für ihn ungewohnten Situation hatte zu lange gedauert. Da die Einschließung ganzer Einheiten drohte, wandten sich einzelne Gruppen zur Flucht und rissen andere mit sich. Die verspäteten Befehle ihrer Führer drangen nicht mehr durch. Alle Tapferkeit einzelner Befehlshaber, die das Verhängnis aufhalten wollten, half nicht mehr. Für den Großfürsten *Zoltán* war es der letzte Feldzug, denn er verlor im Nahkampf sein Leben. Schließlich floh die gesamte ungarische Armee vor den unerbittlich nachdrückenden Schwadronen König Heinrichs.

Die Magyaren hatten nicht einmal Zeit, ihr Lager zu räumen. Und so mussten sie alles zusammengeraubte Gut zurücklassen. Auch ihre Gefangenen – meist thüringische Kinder und Jugendliche – konnten sie nicht mitnehmen. Bei der Befreiung der für den Sklavenhandel bestimmten Menschen spielten sich herzzerreißende Szenen ab. Sie brauchten aber nicht zu befürchten, noch einmal in ungarische Gefangenschaft zu geraten, denn zu Lebzeiten König Heinrichs kamen die Feinde aus der magyarischen Steppe nicht wieder.

Die ungarischen Gefallenen wurden in Massengräbern beigesetzt, während die Deutschen – wenn man sie schon so nennen kann – ihre Toten mit nach Hause nahmen, um sie auf den Dorffriedhöfen zu bestatten. Und so fand auch Volkmar seine letzte Ruhe auf dem steinigen Hang oberhalb des Burgdorfes, wo schon Mutter und Bruder lagen. Alle, die ihn gekannt hatten, bewahrten ihm ein ehrendes Angedenken. Er hatte zum Sieg über die Ungarn beigetragen, indem er seinen Auftrag getreulich ausführte, den Feind an die Hauptmacht des Reichsheeres heranzulocken. Dabei hatte er sein Leben geopfert.

Heinrich lebte nach seinem großen Sieg an der Saale nur noch drei Jahre, bis er in Memleben an der Unstrut nach einem Schlaganfall starb. Sein Sohn Otto, der später der Große genannt wurde, vollendete das Werk seines Vaters. Zweiundzwanzig Jahre nach der denkwürdigen Schlacht an der Saale, als eine neue Generation von ungarischen Kriegern herangewachsen war, kam es noch einmal zu einer Kraftprobe mit den Truppen des *Regnum Teutonicum*. Bei Augsburg in Bayern wurden die Magyaren dann so vernichtend geschlagen, dass die Ungarngefahr für alle Zeit gebannt war.

Nachwort

An dem der Sonnenseite zugewandten Hang am Nordrand von Werlaburgdorf sind inzwischen weitere Einfamilienhäuser entstanden. An der Stelle, wo vor mehr als tausend Jahren die Gestorbenen des Dorfes – darunter auch die in den Slawen- und Ungarnkriegen Gefallenen – beigesetzt wurden, spielen heute Kinder, vielleicht späte Nachkommen jener Sachsen und Thüringer, die am Ufer der Warne ihre langgestreckten, strohgedeckten Fachwerkhäuser bauten, ihre kleinen Felder bestellten und ständig bereit sein mussten, zu den Waffen zu greifen. Heute heißen sie Niedersachsen zur Unterscheidung von den Bewohnern des Bundeslandes Sachsen, eines Gebietes, das erst lange nach der Periode, in der dieser Roman spielt, von den Altsachsen im Zuge der Ostkolonisation besiedelt wurde.

Als im Mittelalter in dem größer gewordenen Dorf eine Kirche gebaut wurde, gab man den alten Friedhof auf und begann, die Toten in der Nähe des Gotteshauses zu beerdigen. Die Begräbnisstätte an dem steinigen Hang geriet mit der Zeit in Vergessenheit. Die Schafe und Ziegen der Bauern fraßen die dort reichlich wachsenden Gräser und Kräuter.

Dasselbe Schicksal war der einst so stolzen Pfalz Werla beschieden. Unter Otto dem Großen wurde sie zwar noch einmal erweitert; sie kümmerte jedoch dahin, nachdem sie von den deutschen Kaisern nicht mehr als regionales Verwaltungszentrum genutzt wurde. Die aufblühende Pfalz Goslar übernahm ihre Funktion. Innerhalb der langsam verfallenden Mauern auf dem Kreuzberg über dem Ufer der Oker gab es eine Zeitlang noch ein Dorf, bis auch dieses aufgegeben wurde. Danach benutzten die Bauern der umliegenden Dörfer die Mauern und Gebäude als Steinbruch. Wenn man genau hinschaut, kann man in manchen Fundamentmauern, Hofeinfassungen und Torpfosten noch die Arbeit frühmittelalterlicher Steinmetze erkennen.

Irgendwann wusste niemand mehr, welche Bedeutung der Kreuzberg einmal gehabt hatte. Die Natur hatte alle Reste der Zivilisation mit grünem Bewuchs zugedeckt. Die einzigen Zeugnisse von der Werla waren in Klosterbibliotheken auf lateinisch beschriebenem Pergament zu finden. Aber wo hatte die alte Pfalz gelegen? ----- Unermüdliche Heimatforscher fanden es dennoch heraus. In der Mitte der ehemaligen Kernburg der Pfalz wurde ein Gedenkstein aufgestellt. Und inzwischen entsteht ein archäologischer Park, der die Größe und Bedeutung der alten Königs- und Kaiserpfalz sichtbar und begreifbar machen wird.

Auch der alte Friedhof wurde der Vergessenheit entrissen, indem in der neuen Siedlung am Berghang eine Gedenktafel mit einer erklärenden Beschreibung aufgestellt wurde.

Die Herzogtümer des Ostfränkischen Reiches zur Zeit Heinrichs I.

Ungefähre Grenzen
der sächsischen Gaue
rund um den Harz

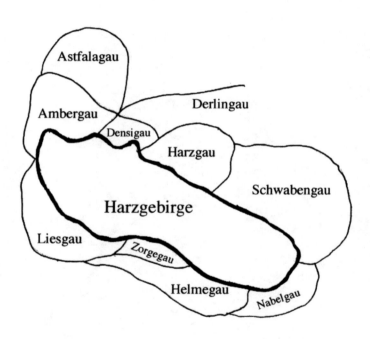

Lageplan der Pfalz Werla

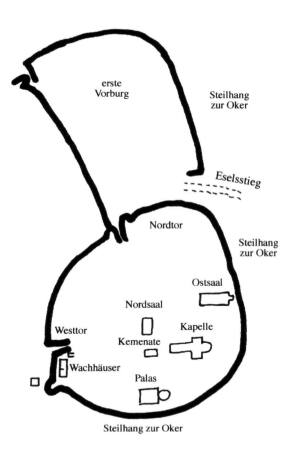

Im Roman erwähnte historische Personen

Arnulf	Herzog von Bayern
Árpád	Großfürst der sieben magyarischen Stämme
Berengar	römischer Kaiser
Bernhard	Markgraf der wendischen Grenzmark des Ostfränkischen Reiches
Brun	vierter Sohn Heinrichs I. (mit Mathilde), später Erzbischof von Köln
Drahomira	Mutter von Wenzel, Herzog von Böhmen
Bulcsú	ungarischer Heerführer
Burchard	Herzog von Schwaben
Dodo	Bischof von Osnabrück
Eberhard	Herzog von Franken (Mainfranken), Bruder Konrads I.
Edgith	Tochter des Königs Edward von Wessex, Gemahlin Ottos
Edward	König von Wessex in England
Erwin	Gaugraf des Hassegaues, Vater von Hatheburg, der ersten Ehefrau Heinrichs I.
Gerberga	erste Tochter Heinrichs I. (mit Mathilde), später Herzogin von Lothringen und danach Königin von Frankreich
Giselbert	Herzog von Lothringen, Gemahl von Gerberga, Schwiegersohn Heinrichs I.
Hadwig	zweite Tochter Heinrichs I. (mit Mathilde), später Herzogin von Franzien (Frankreich nördlich der Loire)
Hatto	Erzbischof von Mainz vor Heriger
Hatheburg	Tochter des Grafen Erwin im Hassegau, erste Ehefrau Heinrichs I.
Heinrich I. („der Vogeler")	bis 919 Herzog von Sachsen, dann König des Ostfränkischen Reiches bis 936
Heinrich	dritter Sohn Heinrichs I. (mit Mathilde), später Herzog von Lothringen, danach Herzog von Bayern

Heriger	Erzbischof von Mainz, dann Erzkaplan Heinrichs I.
Hermann	Herzog von Schwaben nach Burchard
Hermann	Bischof von Köln
Hunward	Bischof von Paderborn
Karl („der Große")	ab 771 Alleinherrscher im Frankenreich, 800 - 814 Kaiser
Karl III. („der Einfältige")	König des Westfränkischen Reiches 898 – 922
Konrad I.	König des Ostfränkischen Reiches 911 – 918, mit den ostfränkischen Karolingern verwandt
Lél	ungarischer Heerführer
Liudolf	Herzog von Sachsen, Großvater Heinrichs I.
Liudolf	Sohn Ottos und Edgiths, später Herzog von Schwaben nach Hermann
Ludwig IV. („das Kind")	König des Ostfränkischen Reiches 900 – 911, letzter ostfränkischer Karolinger der direkten Abstammungslinie, stirbt mit 18 Jahren
Mathilde	zweite Ehefrau Heinrichs I.
Nithard	Bischof von Münster
Nothing	Bischof von Konstanz
Otto („der Erlauchte")	Herzog von Sachsen, Vater Heinrichs I.
Otto („der Große")	zweiter Sohn Heinrichs I. (mit Mathilde), später Kaiser
Richowo	Bischof von Worms
Robert von Franzien	Gegenkönig zu Karl („dem Einfältigen")
Rudolph	König von Hochburgund
Súr	ungarischer Heerführer
Tarhos	Sohn des Großfürsten Árpád
Thankmar	erster Sohn Heinrichs I. (mit Hatheburg), später gefallen im Bruderkrieg mit Otto
Thiatmar	sächsischer Graf
Thiederich	Graf von Ringelheim, Vater der Königin Mathilde
Thietmar	Markgraf an der Ostgrenze des Ostfränkischen Reiches

Wenzel	Herzog von Böhmen
Wido	thüringischer Graf, Gemahl einer Halbschwester Heinrichs I.
Widukind	Herzog von Sachsen bis 792, Gegner Karls („des Großen")
Wilhelm	unehelicher Sohn Ottos I., später Erzbischof von Mainz
Zoltán	jüngster Sohn des Großfürsten Árpád

für den Roman erdachte Personen

Adalbert	Mitglied der Pfalzwache auf Werla
Albrecht	erster Sohn von Volkmar und Gertrude
Astrid	Schwiegermutter von Volkmar
Attila	ungarischer Überläufer
Bence	ungarischer Kundschafter
Bruno	Führer der königlichen Leibwache
Erik	Altknecht bei Ingo, sächsischer Late (Höriger)
Gerhard	Mitglied der Pfalzwache auf Werla
Gerold	sächsischer Friling (freier Bauer) fränkischer Abstammung, Führer der Pfalzwache von Werla, Vater von Volkmar
Gertrude	Tochter von Harald und Astrid, Ehefrau von Volkmar
Guntram	Mitglied der königlichen Leibwache
Harald	Schwiegervater von Volkmar
Hermann	sächsischer Adliger, Herr der Hornburg
Hildebrand	Hunno (Hundertschaftsführer) in der Gefolgschaft Werla
Hiltrud	Ehefrau von Ingo, Tante von Volkmar
Ingo	Bruder der Uta, Onkel von Volkmar, ein Sachse cheruskischer Abstammung
Levente	ungarischer Fürst
Liutger	Mitglied der königlichen Leibwache
Máté	ungarischer Unterführer

Mechthild	Ehefrau des Grafen Thankmar
Otto	Knecht bei Ingo, sächsischer Late (Höriger)
Reginbert	Mönch im Gefolge des Königs
Sibert	Gaugraf des Densigaues
Siegfried	Mitglied der Burgwache auf der Hornburg
Sigifred	zweiter Sohn von Volkmar und Gertrude
Thankmar	Pfalzgraf auf Werla
Thietmar	gefallener Bruder von Volkmar
Uta	verstorbene Ehefrau des Gerold, eine Sächsin cheruskischer Abstammung, Mutter von Volkmar
Uta	Tochter von Gerold und Walburga
Vaclav	daleminzischer Händler
Volkmar	Sohn von Gerold und Uta, Mitglied der Pfalzwache, dann der königlichen Leibwache
Walburga	sächsische Latin (Hörige), Dienstmagd bei Gerold
Wilbert	Mönch auf der Pfalz Werla
Wulf	Wachleiter bei den Verhüttungsöfen des Goselagers

alte Ortsnamen

Bonna	Bonn
Brennabor	Brandenburg
Bruneswiek	Braunschweig
Budusin	Bautzen
Burgdorf	Werlaburgdorf
Colonia	Köln
Gana	Volksburg der Daleminzier in Naundorf/Sachsen
Goselager	Goslar
Liubusia	sorbische Burg bei Diera-Zehren/Sachsen, Ortsteil Löbsal

Lunkini	Lenzen
Magathaburg	Magdeburg
Misnia	Meißen
Nova Corbeia	Kloster Corvey
Pichni	Püchen, westlich der Mulde, nordöstlich von Leipzig
Quitlingaburg	Quedlinburg
Skladheim	Schladen
Sudburg	Teil der heutigen Stadt Oker

Quellen

Thietmar von Merseburg: Chronik, Wissenschaftliche Buchgesellschaft Darmstadt, 2002

Widukind von Corvey: Die Sachsengeschichte, Reclam, 2001

Franz Kurowski: Die Sachsen, Nikol Verlagsgesellschaft, Hamburg, 2009

Hellmut Diwald: Heinrich der Erste, Bastei Lübbe

Aaron J. Gurjewitsch: Das Weltbild des mittelalterlichen Menschen, Verlag C. H. Beck, München, 1997

Bernd Herrmann: Mensch und Umwelt im Mittelalter, Deutsche Verlagsanstalt, München, 1985

S. Fischer-Fabian: Die ersten Deutschen, Bastei Lübbe, 2003

Reinhard Schmoeckel: Bevor es Deutschland gab, Bastei Lübbe 2004

Heinfried Spier: Die alte Harzstraße, Hagenberg-Verlag, Hornburg, 1983

Stadt Oker (Harz): Festschrift anlässlich der Verleihung der Stadtrechte, 1952, Druck Otto Bertuch, Oker

Robert Slawski: Die Königspfalz Werla, Zelter Verlag Braunschweig, 2005

Handschriftliche Chronik und Heimatkunde der Stadt Oker von G. Schucht, 1888

Birgit Czyppul und Thomas Küntzel: Durch Land und Zeit, Die Deutsche Bibliothek, Holzminden, 2005

Internet, Werner Nolte: Geschichte des Mittelalters, Chronologie 10. Jahrhundert

Internet, Wikipedia: Heilige Lanze

Internet, Manfred Hiebl: Genealogie Mittelalter / Liudolfinger

Zeittafel

zur Geschichte des Sachsenvolkes bis zu Heinrich I.

ca. 140	erste Erwähnung durch Ptolemäus. Sitz der Sachsen in Westholstein nördlich der Chauken.
nach dem 1. Jhdt.	Einwanderung von See her ins Land Hadeln.
im 3. Jhdt.	Zuwanderung von Sachsen in den Landkreis Stade.
ca. 300	weiterer Geländegewinn durch Abzug großer Teile der Langobarden von der Niederelbe. Weiteres Vordringen bis Uelzen, Leinemündung, Steinhuder Meer, Petershagen, Oldenburg, Hunte, Wesermündung.
	in Nordalbingien Verschiebung der Grenze von der Linie Pinneberg - Howachter Bucht (= östlicher Teil der Kieler Bucht) bis zur Linie Hamburg – Travemünde.
ca. 350	Ausdehnung nach Westen gegen Franken und Bataver. Gebiet der Sachsen bis zur Ijssel.
4. und 5. Jhdt.	Sachsen sind allen seefahrenden Völkern überlegen (wie später die Wikinger).
ca. 400	Ruderschiffe für 40 Mann, schnelle, seegängige Kriegsschiffe (Typ Nydamschiff, siehe Gottorp-Museum in Schleswig).
ab 408	Sachsen, Angeln und Jüten nach Britannien zur Unterstützung der Kelten gegen Pikten und Skoten nach Aufgabe der römischen Nordprovinzen.
ab 409	Friesen nehmen bei den Britannienzügen der Sachsen von diesen freigegebene Gebiete in Besitz.
bis 450	ungehinderte, freie Ansiedlung von Sachsen in Britannien.

	einer der Gründe für die Auswanderung: Niedergang der Landwirtschaft der Kleinbauern (Landwirtschaft wird von großen Herrenhöfen aus betrieben). Außerdem zunehmende Überflutung und Versalzung der Marschen.
530	Die Thüringer (Hermunduren) stellen sich der weiteren Ausbreitung der Sachsen nach Südosten entgegen. Thüringische Stellung im Pass bei Ronnenberg zwischen Deister und Leine (rechts und links Sümpfe). Der fränkische Teilkönig Theuderich unterstützt die Sachsen gegen die Thüringer. Kämpfe nördlich des Harzes und an der Unstrut. Die Sachsen erhalten das thüringische Gebiet nördlich der Unstrut.
531	Südthüringen (= heutiges Thüringen) wird fränkische Provinz unter einem Herzog. Im ehemaligen Nordthüringen wird Sächsisch Landessprache.
694	Feldzug der Sachsen gegen die Brukterer und Anschluss dieses Stammes an die Sachsen. Die Lippe wird bis nahe ihrer Mündung in den Rhein zu einem sächsischen Fluß. Mit den Brukterern geht der letzte germanische Stamm im großen Volk der Sachsen auf.
ca. 700	Auch der Raum südlich von Ems, Pader, Lippe und Leine wird sächsisches Stammesgebiet.
743	Ein Teil der Westsachsen nimmt die Taufe an.
751	Die Nordschwaben, eine Unterabteilung des sächsischen Stammesverbandes, nehmen das Christentum an.
772 – 804	Sachsenkriege Karls des Großen
814	Tod Karls des Großen.
841	Stellinga-Aufstand: Erhebung der unteren sächsischen Stände gegen den sächsischen Adel. Das alte sächsische Recht aus vorfränkischer Zeit soll

	wiederhergestellt werden. (Stellinga bedeutet Gefährte, Genosse.) Verschwörung mit der Hoffnung, zu den alten Göttern zurückzukehren. Ludwigs des Frommen Sohn Ludwig (später Ludwig II., „der Deutsche") kommt dem sächsischen Adel zu Hilfe und besiegt die Aufständischen.
843	erneuter Aufstand der freien Sachsen, der vom Adel aus eigener Kraft niedergeschlagen wird. Vertrag von Verdun: Aufteilung des Frankenreiches unter die drei Söhne Ludwigs des Frommen. Ludwig II. wird König des Ostfränkischen Reiches (bis 876). Der sächsische Adel regiert weiterhin den sächsischen Reichsteil in der Eigenschaft als fränkische Grafen und Beamte. Die im Ostfränkischen Reich zusammengefassten sächsischen Stämme genießen durch die Schwäche der Karolinger ein weitgehendes Eigenleben.
nach 843	Der ostfälische Graf Liudolf wird der wichtigste und mächtigste Adlige des Sachsenvolkes. Sachsen wird wieder ein echtes Stammesherzogtum. Familienbande zum Königshaus und über die Stammesgrenzen hinweg. König Ludwig III. („der Jüngere") heiratet Liudolfs Tochter Liudgard und lässt seinen Schwiegervater in Ostsachsen frei schalten und walten.
852	Herzog Liudolf gründet das Stift Gandersheim als Reichsstift.
866	Tod Liudolfs. Sein Sohn Otto wird Graf von Südthüringen. Der älteste Sohn Brun übernimmt die Führung im gesamten Sachsenlande.
880	Brun fällt im Kampf gegen die Normannen. Sein Bruder Otto „der Erlauchte" wird sein Nachfolger.

	Otto schlägt Slawenaufstände nieder. Auch sein Sohn Heinrich (der spätere König) ist dabei im Einsatz.
906	Heinrich erweitert die liudolfingische Grundherrschaft durch Heirat mit Hatheburg aus dem Merseburger Grafenhaus um weiteren Besitz an der Saale und in Thüringen. erster Kriegszug Heinrichs gegen die Daleminzier. Gegenschlag der Ungarn.
907	Geburt Thankmars (Sohn Heinrichs und Hatheburgs).
909	Heinrich verlässt Hatheburg und heiratet Mathilde, die Tochter des westfälischen Grafen Thiederich aus dem Geschlecht Widukinds. Damit versucht er auch in Westfalen Fuß zu fassen.
911	Tod von König Ludwig „dem Kind", dem letzten ostfränkischen Karolinger als König des Ostfränkischen Reiches. Franken und Sachsen wählen als Nachfolger Konrad, der mit den ostfränkischen Karolingern verwandt ist. Schwaben und Bayern schließen sich später der Wahl an. Dadurch wird vermieden, dass das Ostfränkische Reich in vier Teile zerfällt. Jeder der vier großen Stämme handelt zunächst für sich. keine freiwillige Unterordnung unter die Reichseinheit. Versuche Konrads, auch das westfränkische Reich unter seine Herrschaft zu bringen, schlagen fehl. Sachsen erhält das Übergewicht im Reich, weil die Bischöfe auf der Seite des sächsischen Herzogs sind.
912	Tod von Otto „dem Erlauchten". Nachfolger als Herzog von Sachsen: Heinrich. König Konrad versucht, Thüringen wieder von Sachsen zu lösen.

	Mit der Übernahme des Herzogtums in Sachsen beendet Heinrich die Loyalität gegenüber Konrad und dem Erzbischof Otto von Mainz. Er bringt die kirchlichen Mainzer Besitzungen in Sachsen und Thüringen an sich.
	Geburt Ottos (Sohn Heinrichs und Mathildes).
913	Heinrich zieht gegen Hatto, den Erzbischof von Mainz, der in Thüringen große Güter besitzt, zu Felde und bringt die Güter mit Waffengewalt an sich.
914	Geburt Gerbergas (Tochter Heinrichs und Mathildes).
bis 915	Heinrich setzt sich gegenüber dem Bruder König Konrads, Eberhard, durch, der im Raume Weser und Diemel amtiert.
	Königin Mathilde gründet die Stifte Quedlinburg, Enger, Nordhausen und Pöhlde (am Südharz zwischen Northeim und Nordhausen).
915	Doppelaktion Konrads gegen Schwaben und Sachsen. Konrads Bruder Eberhard zieht mit einem fränkischen Heer durch Sachsen und wird bei der Eresburg durch sächsische Panzerreiter besiegt. Danach zieht Heinrich zum Hohentwiel (bei Singen westlich vom Bodensee), wo Burchard von Schwaben von Konrad belagert wird. Konrad gibt die Belagerung auf. Heinrich zieht sich in die Pfalz Grone bei Göttingen zurück. Konrad bemüht sich um Frieden, da in den Ungarn ein gemeinsamer Feind entstanden ist. – Herzog Erchanger von Schwaben siegt bei Wahlwies über das königliche Heer.
916	Konrad siegt über die Bayern. Herzog Arnulf von Bayern flieht zu den Ungarn.

Auf der kirchlichen Synode von Hohenaltheim (nordwestlich von Donauwörth) fehlen die sächsischen Bischöfe, da sie sich auf Heinrichs Seite stellen, und die übrigen Kirchenfürsten für die Sache Konrads eintreten. Der geflüchtete Arnulf von Bayern wird abgesetzt. Konrads Bruder Eberhard wird Verwalter des Herzogtums Bayern.

917 Die Ungarn fallen durch Bayern und Schwaben in Lothringen ein.
Arnulf kehrt nach Bayern zurück, vertreibt Eberhard und enteignet die Kirche.
Geburt Hadwigs (Tochter Heinrichs und Mathildes).

918 Vor seinem Tode setzt Konrad seinen Bruder Eberhard als Herzog von Franken ein und bestimmt als königlichen Nachfolger Herzog Heinrich von Sachsen.
Tod König Konrads. Begräbnis im Kloster Fulda.

919 In Fritzlar an der Eder eigentliche Wahl Heinrichs zum König. Zunächst sind nur Sachsen und Franken beteiligt.
Feldzug gegen Schwaben.
Die Ungarn greifen gezielt Heinrichs Güter im östlichen Sachsen an.

ab 919 Die Ungarn dringen regelmäßig in Sachsen und an anderen Stellen ins Reich ein.

920 Hilfeersuchen des Bischofs von Worms. einjähriger Waffenstillstand mit König Karl „dem Einfältigen" von Westfranken. Massenschlägerei zwischen Sachsen und Westfranken.

921 Feldzug gegen Bayern.
Friedens- und Freundschaftsvertrag mit Karl „dem Einfältigen".
Geburt Heinrichs (Sohn Heinrichs und Mathildes).

922	Herzog Robert von Franzien (= etwa Frankreich zwischen Loire und Maas) wird Gegenkönig zu Karl „dem Einfältigen" von Lothringen. Heinrich ernennt den Erzbischof Heriger von Mainz zum Erzkaplan.
923	Schlacht bei Soissons: Robert siegt über Karl, fällt jedoch. An seiner Stelle wird Herzog Rudolf von Burgund, Schwiegersohn Roberts, zum König gewählt. Heinrich kommt vorübergehend zu Hilfe und schließt mit Rudolf einen einjährigen Waffenstillstand. Slawen brennen Magdeburg nieder.
924	Ungarneinfall. Heinrich zieht sich in die Pfalz Werla zurück. Gefangennahme des Anführers des Belagerungsheeres.
925	Waffenstillstandsabkommen mit den Ungarn. Verlobung Gerbergas mit Herzog Giselbert von Lothringen. Geburt von Brun (Sohn Heinrichs und Mathildes).
926	Waffenstillstand mit den Ungarn tritt in Kraft. Reichstag in Worms: Heinrich beschließt Burgenordnung. Aufstellung einer schnellen Reitertruppe. Rudolf, König des Westfränkischen Reiches, verzichtet auf Lothringen (Reichstag von Worms). Damit ist die ostfränkische (= deutsche) Westgrenze gesichert. Städte wie Köln, Trier, Straßburg und Metz werden deutsch. Heinrich erhält von Rudolf die „Heilige Lanze", Sinnbild und Unterpfand für den Anspruch auf Italien. Heinrich nähert sich wieder der Kirche an, die als natürliche Stütze gegen die Stammesgewalten gilt. Heinrich überträgt dem fränkischen Grafen Hermann das Herzogtum Schwaben.

928	Hochzeit Gerbergas mit Giselbert von Lothringen.
929	Feldzüge gegen die Heveller und gegen die Daleminzier. Heinrich gründet die Stadt Meißen als Grenzfestung. Feldzug gegen Herzog Wenzel in Prag. Wenzel wird von seinem Bruder Boleslaw ermordet. Aufstand in Böhmen. Ein schnelles Reiterheer wirft den Aufstand in kürzester Zeit nieder. Zusammenschluss slawischer Stämme gegen das deutsche Reich. Die Redarier gehen über die Elbe und erstürmen die an der Uchte gelegene Gauburg Walsleben. Alle Insassen werden niedergemacht. Heinrich beauftragt den Grafen Bernhard und den Markgrafen Thiatmar mit der Abwehr der Überfälle. Schlacht bei Lenzen (rechts der Elbe, nordwestlich von Wittenberge). Prinz Brun geht nach Utrecht. Geburt von Wilhelm, einem unehelichen Sohn Ottos. Otto heiratet Edgith. Heinrich bestimmt ihn zu seinem Nachfolger.
930	Geburt von Liudolf (Sohn Ottos und Edgiths).
932	Feldzüge gegen Abodriten und Sorben. Eroberung der Burg Liubusia in der Lausitz. in Erfurt Reichssynode und gleichzeitig Volks- und Heeresversammlung. Synode zu Dingolfing. Als im Herbst die Abgesandten der Ungarn den jährlichen Tribut abholen wollen, werden sie mit leeren Händen zurückgeschickt.
933	Ungarneinfall durch Thüringen. Heinrichs Truppen warten im Norden Sachsens. Alle Herzöge haben den Aufgebotsbefehl befolgt. Teilung in zwei große Kampfgruppen. Auch die Ungarn teilen sich auf.

Die beiden nördlichen Teilheere eröffnen die Schlacht. Überwältigender Sieg der sächsischen Panzerreiter.
Das Gros der Ungarn belagert die Jechaburg des Thüringers Wido, erfährt von der Niederlage des Nordheeres und marschiert gegen Heinrichs Hauptheer. Schlacht bei Riade am 15.3. endet mit einem Sieg Heinrichs.
Die Ungarn kehren zu Lebzeiten Heinrichs nicht mehr nach Deutschland zurück.
Heinrich hält ein kleines Berufsheer weiterhin unter Waffen.

934

Kampf gegen die Ukrer in der späteren Uckermark an der unteren Oder.
Die eroberten Gebiete werden nicht in das Reich einbezogen, sondern unter die Oberhoheit von Markgrafen gestellt, die zur Einziehung der Abgaben berechtigt sind: an der Unterelbe Bernhard und Thietmar, bei Merseburg Siegfried, ein Vetter Hatheburgs.
Dänen dringen in Nordalbingien (= Land nördlich der Elbe) ein. König Hardeknut Gorm hat Dänemark geeint. Sein Unterkönig Knuba hat seine Grenze ins deutsche Reichsgebiet hinein verschoben.
Gegen Heinrichs Heer muss Knuba kapitulieren. Er lässt sich taufen, verpflichtet sich zu Tributzahlungen und lässt sein Land in das Reichsgebiet eingliedern.
Damit ist der Raum um die Schlei und der angrenzende Teil Nordalbingiens wieder zum Reich zurückgeholt. Das Gebiet zwischen Eider und Schlei (etwa der von Rendsburg und Schleswig begrenzte Ost-West-Streifen Schleswig-Holsteins) wird neuer deutscher Grenzgau. Erzbischof Unni von Bremen beginnt dort Missionstätigkeit.

935	Heinrich plant einen Zug nach Rom. Schlaganfall Heinrichs I. auf der Pfalz Bodfeld im Harz, wo er die jährliche Jagd eröffnen will.
936	Tod Heinrichs I. nach einem zweiten Schlaganfall in Memleben an der Unstrut. Beisetzung in Quedlinburg.

Der Autor, der auch sein eigener Lektor war, bittet seine Leser um Nachsicht, falls der Druckfehlerteufel ihm hier und da ein Schnippchen geschlagen hat.